Synergy Creation
Human Resources Business Partner

协同创造

人力资源业务合作伙伴

丘 磐 ◎ 著

经济管理出版社

图书在版编目（CIP）数据

协同创造：人力资源业务合作伙伴/丘磐著. —北京：经济管理出版社，2018.7（2018.12 重印）
ISBN 978-7-5096-5850-5

Ⅰ.①协… Ⅱ.①丘… Ⅲ.①企业管理—人力资源管理 Ⅳ.①F272.92

中国版本图书馆 CIP 数据核字（2018）第 139228 号

组稿编辑：申桂萍
责任编辑：高　娅
责任印制：司东翔
责任校对：王淑卿

出版发行：经济管理出版社
　　　　　（北京市海淀区北蜂窝 8 号中雅大厦 11 层　100038）
网　　址：www.E-mp.com.cn
电　　话：(010) 51915602
印　　刷：三河市延风印装有限公司
经　　销：新华书店
开　　本：720mm×1000mm/16
印　　张：18
字　　数：303 千字
版　　次：2018 年 7 月第 1 版　　2018 年 12 月第 3 次印刷
书　　号：ISBN 978-7-5096-5850-5
定　　价：58.00 元

·版权所有　翻印必究·
凡购本社图书，如有印装错误，由本社读者服务部负责调换。
联系地址：北京阜外月坛北小街 2 号
电话：(010) 68022974　　邮编：100836

前言 Preface

我也没有想到，自己会在不到一年的时间里再写一本管理类书籍。自从2017年3月经济管理出版社出版了我的《企业常青的十七堂课——管理创新与变革》以来，那本书伴随我屡屡出现在讲台上，不到一年时间，已经第二次印刷。EMBA和MBA课程学员及企业管理层学员对此书给予了较高的评价，有些企业集团甚至集体采购，这对于我来说的确是一个很大的鼓励。

人力资源管理课程是我从国家事业单位科研人员到高等学校管理学院大学教师后，承担的第一门课程。讲授的时间超过了我第一本书课程讲授的时间。更为关键的是，人力资源管理是教育部学科分类中，一级学科工商管理（代码：1202）中的二级学科人力资源管理（代码：120202），是可以授予博士学位的专业，足以说明这门学科的成熟。在人力资源图书、文章如此浩瀚的今天，再写这个方向的著作，的确需要勇气和能力。

勇气是有的，但能力够吗？

在我长达20年的人力资源课程的教学实践中，特别是针对企业界培训课程的授课与具体的企业咨询方案中，这门学科在我口中，从人力资源管理概论的讲授，深化到具体绩效管理与绩效考核模块、薪酬设计模块、管理层测评模块的讲授。每次讲授都有新的感悟，有时是点滴模糊，有时有茅塞顿开之感。这些感悟渐渐变成了我自己的语言和理解，并且让我毫不犹豫地在下一次的授课中表达出来，最终形成了我的风格。这种风格一直延续至今，受到市场的欢迎和认可。

我不敢说自己有能力写人力资源的著作，但是把自己的感悟，特别是在企业管理实践中有感悟的东西表达出来，是不是可以对社会和学员提供一些有意义的观点、方法和方案呢？我想这是可以的吧。因此对这本书的写作，我的原则是：有感知的我才写，没有感知的、想不清楚的问题，要大段模仿别人的东西，坚决不写。这也造成了本书实际上只写了人力资源管理的四大模块，即概论部分；管理层招募与使用的测评部分；绩效管理与企业运营策略部分；薪酬设计与企业运营策略部分。换句话说，本书尚未涵盖人力资源管理的所有模块。

在人力资源管理课程教学实践中，我越来越觉得大学学习人力资源管理专业的毕业生，很难承担目前企业的人力资源管理工作，这些同学中很多人拘泥于人力资源管理本身的知识，而对所服务企业的行业情况、产品情况和企业业务流程情况一片空白，最终沦为从事简单的人事管理之境地，老板不满意，自己也很尴尬。

现代企业人力资源的管理人员，一定要首先成为企业人力资源业务合作伙伴（Human Resouse Business Partner，HRBP）。他们要深入企业部门中去，深刻理解企业的发展战略和部门的业务及基本的业务流程，这样才能使企业的人力资源管理与企业战略衔接，真正使人力资源成为人力资本，得以在某个具体企业和部门彰显。本书力求从人力资源业务合作伙伴的角度，来审视人力资源问题和提供解决方案，因此本书取名为:《协同创造：人力资源业务合作伙伴》（*Synergy Creation: Human Resources Business Partner*）。

本书第一篇以六章的篇幅，阐述了人力资源管理在21世纪的主要内涵，即人力资源的获取、保持、发展、评价和调整中的关键问题。

本书第二篇以四章的篇幅，讲授和提供了对招募和使用管理层员工的一套有效测评工具，包括素质中的情商测评、职业性格测评、职业锚测评和岗位胜任力测评。在这一部分中特别分析了MBTI职业性格测试和九型人格测试的应用差异和具体案例，并提供了职业锚测评的四个个案分析，供读者实践学习。

本书第三篇以四章的篇幅，剖析了绩效管理与企业运营策略的关系。企业宏观的绩效管理可以分为四大环节，即目标确定、绩效管理、绩效考核与激励发展。在企业中观绩效管理方面，关键是绩效目标的确定，在企业绩效的微观管理方面，存在三纵九横结构。这些目标的制定导致了关键指标的适度性，并通过具体案例详尽地解释了适度目标的确定方法。在第三篇中还专门用一章的篇幅讲授了KPI的寻找、确定方法，以及企业战略和市场对寻找KPI的影响，并提供了企业各个部门大量的分类KPI。在本篇中指出，企业绩效考核有三种不同范式，并尽可能全面准确地介绍了几种实用有效的绩效考核方法，以及绩效考核结果的具体运用。

本书第四篇的体量也是四章，围绕企业薪酬设计与企业运营策略展开。指出员工、企业和社会看待薪酬的视角差异很大，因此薪酬是劳资矛盾和社会矛盾的焦点。好的企业薪酬系统应当达到四大公平，即外部公平、内部公平、个人公平和过程公平，这样员工对企业薪酬的感知就是正面的，在这一篇里构建了在组织内达到四大公平的基本框架。企业的战略薪酬是在传统薪酬的基础上加入了市场不确定因素和企业战略因素，通过薪酬的动态调整体现这些因素。企业的横向薪酬设计应当满足对员工生活的保障和达到企业发展的战略意图，横向薪酬比例的调整还可以为员工的短期激励和长期激励做出制度性安排。企业薪酬的纵向设计不但体现了企业的战略意图，还配合了企业的组织变革，这方面的内容在最后一章中做了阐述，并提供了解决方案。在这些解决方案和案例中，引出了"权变薪酬""重叠薪酬"和"宽带薪酬"的概念，使之通俗易懂、融会贯通。

从以上介绍可以看出，本书包含了概论、招募、绩效和薪酬四大模块，后三大模块体量厚重，内容各自独立，但紧紧围绕人力资源业务伙伴这一主题，形成了一定的系统性、逻辑性和完整性。

建议读者从头开始阅读，如果您没有时间，可以看看目录中每一章、每一节的标题，以及每章后面的"本章要点归纳"。顺便提醒一句，如果您从中间某篇看起，仍然不影响您对问题的理解，因为每一篇、每一章，甚至每一节均有较强的自身逻辑和独立性。

本书在写作过程中，遵从"图表化"原则，力图加强本书的"可读性"和"可视性"。图表和文字环环相扣，遥相呼应，希望您阅读时能够感受到笔者的初心和付出的辛苦努力，使您阅读此书能够轻松愉快。

目录 Contents

导　语 / 001
　　一、企业运营中的三匹马——人力资源在当代企业运营中的地位 / 001
　　二、HRBP 是企业发展战略对人力资源要求的根本方向 / 006

| 第一篇 |

当代企业人力资源管理的五项任务

第一章　关于人力资源的获取 / 015
　　一、工作分析是人力资源管理最基本的文件 / 015
　　二、岗位与人无关 / 016
　　三、人力资源规划及招募 / 018

第二章　关于人力资源的保持 / 020
　　一、保持员工的积极性和工作热情 / 020
　　二、保持员工安全与健康的工作环境 / 022
　　三、保持员工对企业的满意度 / 024

第三章　关于人力资源的发展 / 026
　　一、以大规模的"科学培训"解决基层员工的发展问题 / 026
　　二、对中层员工实施专门辅导和目标管理解决其发展问题 / 027

三、做高层员工的职业生涯规划 / 028

第四章 关于人力资源的评价 / 030
一、员工工作态度的评价 / 030
二、员工评价之绩效考核 / 032

第五章 关于人力资源的调整 / 035
一、因流程改进带来的人事调整应当成为常态 / 035
二、因业绩提升带来的人事调整成为绩效考核后的重要工作 / 037
三、因业务拓展带来的人事调整要尽可能纳入制度化管理范畴 / 038

第六章 企业所有干部都是人力资源的管理者 / 043
一、企业人力资源工作不能"两张皮" / 043
二、人力资源的管理活动要主动配合企业战略 / 045

|第二篇|

战略资源：企业管理层招募和使用的测评方法

第七章 管理层招募和使用之基本素质与技能 / 051
一、企业管理层招募和使用模型 / 051
二、考察应聘管理层岗位者的基本素质 / 053
　　附录 7-1　情商测评问卷 / 055
三、关注应聘管理层岗位者的基本技能 / 058

第八章 把握职业性格与岗位的匹配 / 064
一、职业性格 / 064
二、MBTI 职业性格测试及其应用实践 / 066
　　附录 8-1　MBTI 职业性格测试问卷 / 069

第九章 九型人格测试在职业性格中的应用及其实践 / 081
一、九型人格还没有得到主流心理学界的认可 / 081

二、九型人格的应用效果以及与 MBTI 的比较分析 / 082

  附录 9-1 九型人格测试问卷 / 083

三、九型人格测试职业性格判读 / 098

第十章 职业锚与岗位胜任力模型 / 108

一、反映职业选择价值观的职业锚 / 108

二、关于五种基本职业锚的特征说明 / 109

  附录 10-1 人才职业锚测评问卷 / 112

三、职业锚测评问卷的应用个案分析实例 / 119

四、"漏斗测评"的落脚点——岗位胜任力模型的应用 / 122

  附录 10-2 某集团管理层人员胜任力模型（条文式）/ 125

  附录 10-3 销售岗位胜任力模型测试问卷 / 125

第三篇
绩效管理与企业运营策略

第十一章 绩效管理在企业运营中的基本流程 / 135

一、宏观、中观与微观的企业绩效管理 / 135

二、工作量化与绩效的目标管理 / 139

三、绩效管理中"适度目标"的确定 / 143

第十二章 企业内各岗位关键指标的寻找与确定 / 149

一、不同类型企业寻找 KPI 的思路 / 149

二、寻找 KPI 的工具 / 151

三、关于目标分解和 KPI 的来源及其比例 / 153

四、确定、梳理、分解 KPI 的总结 / 157

  附录 12-1 企业各部门考核推荐的 KPI / 158

第十三章 绩效考核的主要方法及其实践 / 166

一、绩效考核的三种范式 / 166

二、绩效考核的主要方法之比较类方法和特征类方法 / 168

  附录 13-1 管理类定性工作能力指标（三阶梯式 KPI 锚定词）/ 176

附录 13-2　管理类定性工作态度指标（三阶梯式 KPI 锚定词）/ 177
　　三、行为方法类之行为锚定评分法 / 178
　　四、综合类绩效考核法 / 180

第十四章　绩效考核的几个重要问题和考核结果的后续处理 / 190
　　一、绩效考核系统在企业中的建立 / 190
　　二、工作可量化程度和员工成熟度对选择绩效考核方法的影响 / 193
　　三、绩效考核级别设置与考核结果的处理 / 195

第四篇
企业薪酬设计与企业运营策略

第十五章　薪酬的作用与企业战略薪酬 / 203
　　一、薪酬发展回顾与当代理论支撑 / 203
　　二、薪酬是企业劳资矛盾和社会公平的焦点 / 205
　　三、现代薪酬的适应方式和企业的战略薪酬 / 207

第十六章　企业薪酬设计的关键是员工对公平的感知 / 215
　　一、薪酬系统设计的外部公平 / 215
　　二、企业内的岗位价值决定薪酬的内部公平 / 221
　　三、薪酬要公开吗？——关于个人公平与过程公平 / 227

第十七章　企业横向薪酬结构与企业运营策略 / 233
　　一、横向薪酬结构概要 / 233
　　二、横向薪酬结构的比例设计与企业运营 / 238
　　三、浮动薪酬长期激励的制度化安排 / 244

第十八章　企业纵向薪酬结构与企业运营 / 252
　　一、薪酬纵向结构的几个关键要素 / 252
　　二、如何确定企业薪酬线和具体岗位中值 / 257
　　三、相邻级别薪酬幅度的关系设计与企业用人策略 / 260

|四、薪酬等级数量的确定和宽带的运用 / 262

参考文献 / 271

后　记 / 273

导　语

一、企业运营中的三匹马——人力资源在当代企业运营中的地位

如果我们把一家企业比作一驾马车的话，那么有三匹马拉着这驾马车向前跑。中国北方把中间那匹马叫作"辕马"，就是最使力而且掌握这驾马车方向的马，然后左边一匹"套马"，右边一匹"套马"，所谓左膀右臂，如图1所示。

图1　企业运营中的"三匹马"

我们的问题是，如果企业是这驾马车，你认为中间那匹辕马是企业管理中的哪个模块？有人说是战略，战略是前瞻性计划的提出，不是一个管理模块，战略一旦提出并在企业内达成共识，就是如何关起门来把其做好的具体工作。因此，那匹辕马肯定不是战略。

通常来说，一家企业盈利，它不一定不倒闭，一家企业亏损，它也不一定会倒闭，也就是说，一家企业倒闭不倒闭不在盈利不盈利。如果一家企业盈利，都是账面盈利，应收账款收不回来，连员工的工资都发不出去，这家企业员工是要闹事的，企业很难长时间撑下去；如果一家企业亏损，银行认为这家企业的下一个项目比较好，用企业的不动产来抵押，银行愿意给这家企业贷款，它还会倒闭吗？显然不会。所以一家企业倒闭不倒闭在于企业有没有"现金流"（Cash Flow）。也就是说，这家企业目前账面上有没有可以动用的资金。就像一个家庭一样，如果今天连买米买菜的钱都没有，那这个家庭还怎么维持？

那么在企业里（不论是制造业还是服务业），是哪一个管理模块把企业的产品或者服务变成现金流呢，当然是营销模块。销售可以理解为"一手交钱一手交货"的环节，但是为了促成这个最后环节，要不要做品牌、要不要做推广、要不要做策划、要不要做活动，这一系列活动我们可以称为销售的辅助活动。如果从功能来划分，我们可以把销售看作"直线部门"，把那些辅助活动看作"参谋部门"，为直线部门服务，我们把这两块合起来叫"营销"。

所以，企业中最重要的管理模块一定是营销管理模块，它是直接产生现金流的部门，我们还没有看到，哪家企业的大老板不是亲自抓市场、亲自抓营销的。

那么你认为"左膀右臂"中的"左膀"，第二重要的是哪个管理模块呢？这个不难回答，观察国内很多私营企业，老板是管营销的，老板娘是管什么的？是财务啊。企业支出的钱、赚来的钱的来龙去脉关乎企业的生存和发展。现代企业财务管理，可以大体上分为静态管理与动态管理。所谓静态，就是财务三大报表：资产负债表、现金流量表、损益表。应当说这三大报表，都是"马后炮"，已经发生的资金流量的事后反映。"马后炮"很重要，现在企业内大多数财务人员就是在做这些工作。但是对企业来说，还有一部分是财务的动态管理，目前看来，集中在三个方面：一是企业资产重组，二是企业包装上市，三是企业引进战略投资者。这三方面工作的动态性和前瞻性对企业财务管理提出了更高的要求。

除了营销管理、财务管理以外，说到"第三匹马"，就是笔者这本书讲授的主题，即人力资源管理。营销也好，财务也好，都是要把合适的人放在合适的岗位上，千方百计让他们做出成绩。这是人力资源管理最重要的目的。当代人力资源管理包含人力资源开发，而且开发在前，管理在后，也就是说，不能为管人而管人，是为企业绩效而管人，这就是开发的含义。

任何一家企业的主要负责人都是亲自抓这三个模块的，即业务、财务、人事。甚至一个大学校长都是如此：他要抓招生，没有与学校水平匹配的生源，这所学校也就没有存在的可能；他要抓财务，如果不能把钱用在刀刃上，这所大学也就没有影响力；他要抓人事，大学之大不在大楼，在大师。

因此，在世界各国商学院的 MBA 课程体系中，都有人力资源管理这门核心课程。通过上述表述，我们可以清晰地看到人力资源管理在企业运营中的重要地位，人力资源管理工作的确已经进入企业的战略层次。

另外，要补充说明的是，如果这家企业是大中型企业，在"辕马"正前方还应当有作为"前锋"的一匹套马，小企业一般是没有的，那就是研发。像格力、美的、海尔、华为这样的规模企业，没有研发是不可想象的。

企业的人力资源的开发与管理工作的重心是以企业业务为导向，一切都是为企业业务服务的。2018 年 3 月，华为总裁任正非有一个内部讲话，他提出，人力资源工作系统不能满足于专业运作，必须了解一线业务实际需求，人力资源主管必须来源于业务领域，来源于一些成功的项目经理、成功的主管。人力资源主管必须是业务先锋，这样才明白管什么，也才找到明白人，不然怎么识别人才呢？没有这种业务经验的人力资源人员，要先从一般职员做起，而且不能权力过大，权力在主管手里，他先从做好支撑工作开始。

任正非还谈道：要让人员跳出人力资源自我封闭的体系外面支循环，人力资源队伍包括干部系统的人员，要保持 1/3 的队伍参加到作战队伍中、混杂在作战队伍中，不断地循环轮回。不循环对业务太不知晓，就无法与业务有共同语言，就不能很好地识别人才和洞察问题，就只能起到秘书的作用。人力资源干部不要强调自己是来锻炼的，要强调自己是来参战的，在战火中是有牺牲和淘汰的，我们没有锻炼这个名词。我们要摸索解决合理的干部和职员循环。

笔者认为，任正非的这段发言，很好地诠释了当代人力资源的定位与在企业中的发展方向，值得仔细玩味。

【延伸阅读】

　　国内外关于人力资源在企业运营中的地位、作用的研究有很多，这里笔者推荐由美国哈佛商学院著名战略学家迈克尔·波特提出的"价值链分析法"（见图2）。该方法是由迈克尔·波特在1985年出版的著作《竞争优势》中首先提出的。这种分析方法把企业内外价值增加的活动分为基本活动和辅助性活动，基本活动涉及企业内部后勤、生产经营、外部后勤、市场销售、售后服务。辅助性活动涉及企业基础设施、人力资源管理、技术开发、采购等，基本活动和辅助性活动构成了企业的价值链。

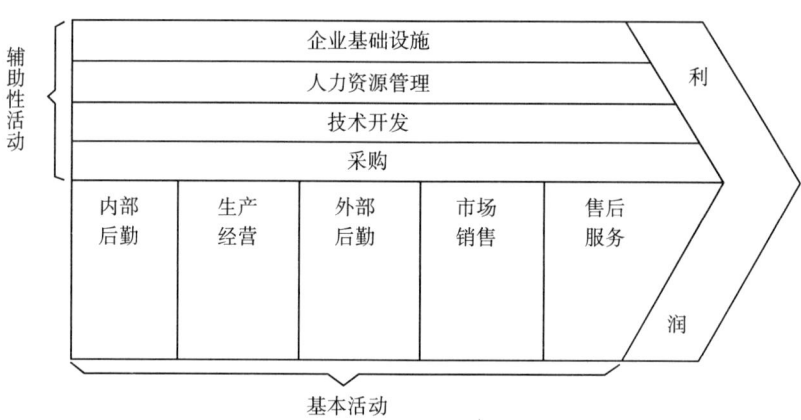

```
辅助性活动
    ┌─ 企业基础设施 ─┐
    │  人力资源管理   │ 利
    │   技术开发     │
    └──  采购  ────┘
    内部  生产  外部  市场  售后   润
    后勤  经营  后勤  销售  服务
```

图 2　波特的价值链分析模型

　　在企业的实际运营中，并不是每个环节都创造价值，实际上只有某些特定的价值活动才真正创造价值，这些真正创造价值的经营活动，就是价值链上的"战略环节"。企业竞争优势，实际上就是在价值链某些特定的战略环节上的优势，比如人力资源的优势。

　　运用价值链的分析方法来确定企业的核心竞争力，能够比较清楚地了解企业组织的资源状态。而且，企业的优势既可以来源于价值活动所涉及的市场范围的调整，也可以来源于企业之间的协调或价值链的内部整合给企业带来的最优化效益。例如，整合企业人力资源管理与其他企业关键环节的关系与互动。针对某家具体企业而言，波特的价值链模型分析如图3所示。这是一家复印机生产厂家的价值链模型。

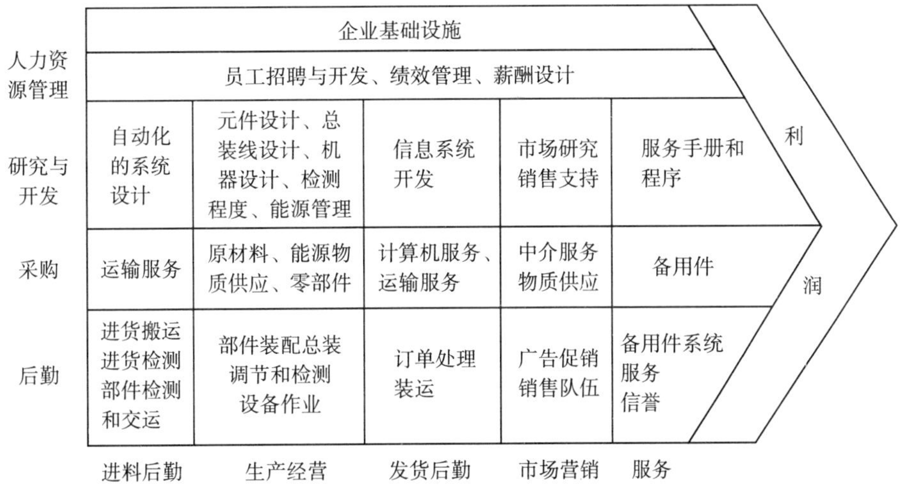

人力资源管理	企业基础设施				
	员工招聘与开发、绩效管理、薪酬设计				
研究与开发	自动化的系统设计	元件设计、总装线设计、机器设计、检测程度、能源管理	信息系统开发	市场研究销售支持	服务手册和程序
采购	运输服务	原材料、能源物质供应、零部件	计算机服务、运输服务	中介服务物质供应	备用件
后勤	进货搬运进货检测部件检测和交运	部件装配总装调节和检测设备作业	订单处理装运	广告促销销售队伍	备用件系统服务信誉
	进料后勤	生产经营	发货后勤	市场营销	服务

图 3　某复印机生产厂家的价值链模型

从图 3 中我们可以看到，人力资源管理，在价值链中的战略作用，即人力资源管理在价值链各个环节所增加的价值。人力资源管理活动几乎覆盖了企业基本活动中的从进料后勤到客户服务的所有板块。

从严格意义上来讲，企业人力资源管理属于管理层的问题，要配合企业战略层的决策，提供支撑服务。最终要解决的问题是在企业战略指导下的组织效率与效能，也就是在保持企业效益的基础上控制企业的成本费用。图 4 展示了人力资源管理在企业战略中承上启下的基本定位。

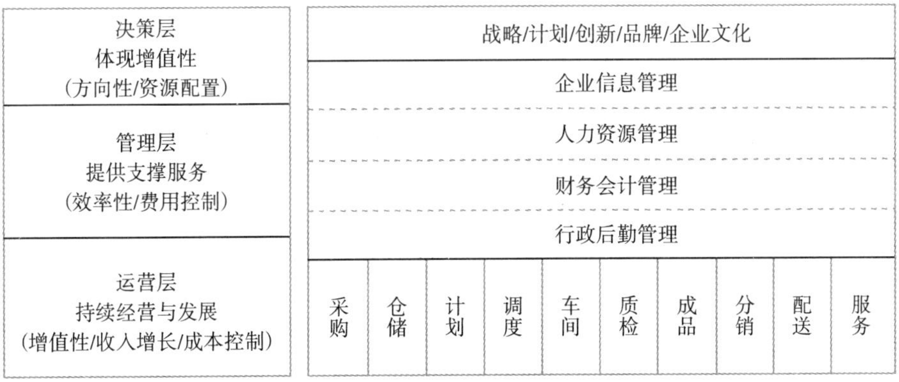

决策层 体现增值性 (方向性/资源配置)	战略/计划/创新/品牌/企业文化	
	企业信息管理	
管理层 提供支撑服务 (效率性/费用控制)	人力资源管理	
	财务会计管理	
	行政后勤管理	
运营层 持续经营与发展 (增值性/收入增长/成本控制)	采购 | 仓储 | 计划 | 调度 | 车间 | 质检 | 成品 | 分销 | 配送 | 服务	

图 4　人力资源管理在企业战略中的任务

二、HRBP 是企业发展战略对人力资源要求的根本方向

2017年1月16日在深圳软件产业基地，由国内人力资源知名网站三茅人力资源网发布了其编制的《2016年中国HR生存发展现状白皮书》，这其中有很多有价值的数据和分析结果。据称这是国内最大规模的一次人力资源调查，抽取了25825个人力资源样本，选取了地域、行业、职级、模块、企业性质、工作年限、企业规模、是否科班八个维度，对人力资源从业人员的薪酬、能力、现象三个方面做了现状调查，经过分析解读之后，最终形成了这本白皮书。在这本白皮书中，最引起笔者注意的就是企业对HRBP的需求。

人力资源业务合作伙伴（HR Business Partner，HRBP），实际上就是企业派驻到各个业务部门或事业部的人力资源管理者，主要协助各业务单元高层在员工发展、人才发掘、能力培养等方面的工作。其主要工作内容是负责公司的人力资源管理政策体系、制度规范在各业务单元的推进和落实，协助业务单元完善人力资源管理工作体系，并帮助培养和发展各业务单元中各级直线干部的人力资源管理能力。将人力资源和其自身的价值真正内嵌到各业务单元的价值模块中，使企业人力资源工作，从上至下真正进入到企业的战略层次和具体的落地环节。

人力资源业务合作伙伴这个岗位的出现，是企业发展对人力资源提出的现实需求，是伴随着人力资源部门职能分化和升级而出现的，特别顺应了目前企业组织阿米巴经营模式化和互联网时代的赋能型平台组织模式。与HRBP相伴随而生的还有人力资源共享中心（HR Shared Service Center，HRSSC）和人力资源专家（Human Resources Specialist，HRS）。人力资源共享中心是指在招募、薪酬福利、差旅费用报销、工资发放等基础工作方面为各事业部提供全方位统一服务。人力资源专家是指由公司内外部人力资源专家，在员工安置、员工发展、薪酬、组织绩效、员工关系和组织关系等方面，提供专业性建议和设计有效的解决方案，为公司变革服务。

HRBP岗位的出现不是偶然的，因为未来企业发展受数字化技术冲击前所未有，产业效率不是线性增长，也不是指数增长，而是断点突变式爆炸增长。这给企业带来的最大问题就是人力资源与战略的整合。在此形势的逼迫下，人力资源

管理已经从后台的管控,走向前台的与企业和部门的业务协同,共同进行企业价值创造,这一颠覆性转变是激活组织和激活个体的保障。

HRBP、HRSSC 和 HRS 的出现都体现了人力资源的生存发展与企业战略必须紧密结合的客观要求,实际上指明了人力资源工作未来的发展方向。但是根据白皮书的报告,这方面中国企业的基础还极其薄弱。在白皮书中,调查取样规模最多的是千人以下的中小企业,占 83.67%,人力资源从业人员中非人力资源专业科班出身人员占 74.67%。这基本反映了目前国内企业人力资源的现状(见图 5 和图 6)。

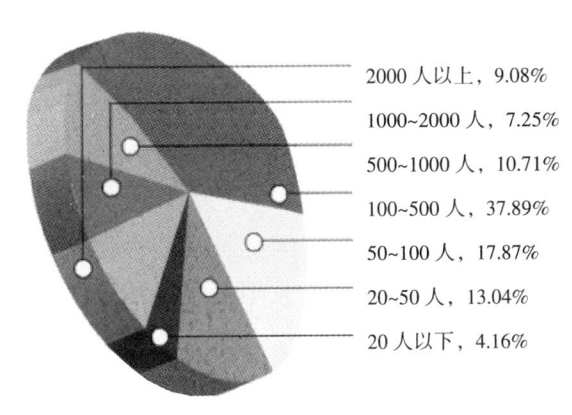

图 5 企业调查取样规模比例

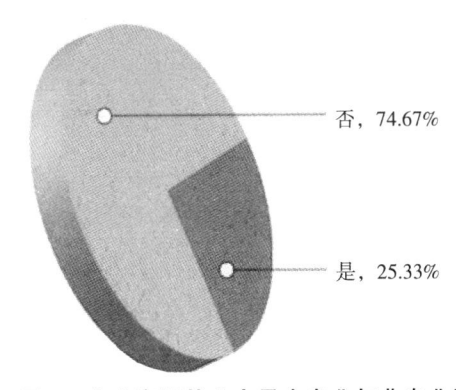

图 6 人力资源从业人员中专业与非专业比例

在大学专业学习人力资源管理专业的大概占所有从业人员的 1/4。这显示了中国大学培养的人力资源管理专业毕业生的现状,但也不一定是坏事。很多在大学本科就读人力资源专业的学生,从高中考上来,没有任何企业运营的概念,尽管学校开设了一些专业课和专业选修课程，大多数学生还是对企业的运营非常茫然。导致这些学生毕业以后从事人力资源管理工作，没有办法深入企业实际，甚至不知道自己服务的企业的产品和服务是怎么制造和提供的，企业的客户群体是谁。这样的人力资源管理者在企业里面还比较多。他们热衷于书本上的招聘、绩效考核、薪酬设计的方法和套路，盲目追求所谓的科学性，不了解市场和企业现实，显现出极大的不适应性，企业决策层也很难采纳他们的建议，更不用说进入企业战略层了。而从其他专业转入人力资源管理工作的人员相对而言知识面宽了很多，对企业的了解也相对多一些，但是其对人力资源系统全面的理论知识明显不足。以上情况可以从图7和图8中得到反映。

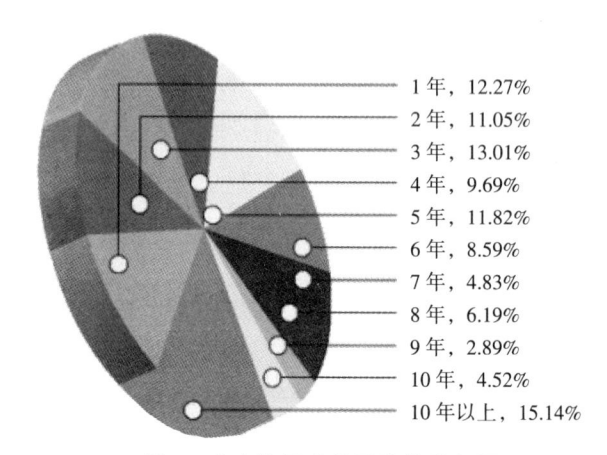

图7 人力资源人员平均从业年限

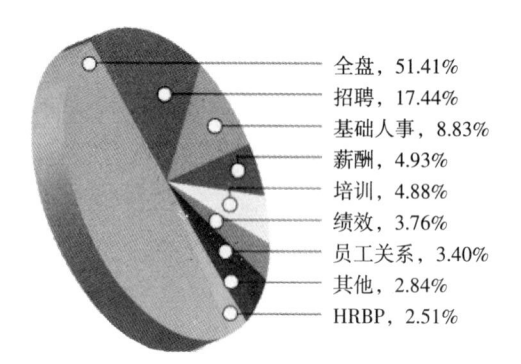

- 1年，12.27%
- 2年，11.05%
- 3年，13.01%
- 4年，9.69%
- 5年，11.82%
- 6年，8.59%
- 7年，4.83%
- 8年，6.19%
- 9年，2.89%
- 10年，4.52%
- 10年以上，15.14%

图8 人力资源人员从业各项工作比例

- 全盘，51.41%
- 招聘，17.44%
- 基础人事，8.83%
- 薪酬，4.93%
- 培训，4.88%
- 绩效，3.76%
- 员工关系，3.40%
- 其他，2.84%
- HRBP，2.51%

在图7中，从事人力资源工作不满5年就因各种不适应而流失的人员占46.02%，近乎一半。说明国内培养的人力资源专业毕业生的从业状况并不理想。

世界三家最大的会计师事务所之一毕马威（KPMG）的中国总部设在上海。据报道，这家公司只招收中国"985"大学的毕业生，而且什么专业毕业的学生都要，就是不要会计专业的。这一开始听起来真是匪夷所思，后来看到毕马威的解释，真是茅塞顿开。毕马威认为，他们的客户各行各业的都有，如果一个毕马威的专业人员去做账查账，只懂会计而没有这个专业的背景，是无法了解行业的发展情况和企业的业务流程的，因此很难发现问题和解决问题。而中国"985"大学给毕马威提供了在各行各业有很好的专业训练的毕业生，虽然他们不懂会计，但是毕马威懂。毕马威可以集中培训他们会计知识，但是没有办法教给他们某行业系统的专业课程，没有办法让他们对工作的行业有深刻的认知。毕马威的智慧与决策，真是"细思极恐"！

话说回来，从事人力资源工作也是如此。你只懂人力资源，没有行业背景、没有本行业的专业基础，对服务的企业工作流程不清楚，对行业的发展不了解，怎么可能做好这家企业的人力资源工作呢，更不用说主动去与企业发展运营和战略对接了。从这个意义来讲，笔者认为，比较理想的人力资源，应当是MBA毕业生，或者本科学习其他专业，研究生层次学习人力资源管理专业比较好。纯本科人力资源专业的大学生甚至人力资源专业的大专生从事企业人力资源工作并非理想状况。

图8反映了国内人力资源从业人员在各个岗位上的比例，其中负责全盘工作最多，占51.40%，说明中小企业中多数人力资源工作没有明确的专业划分，符合中国企业实际。在HRBP岗位人员最少，只有2.51%，一方面说明很多企业没有意识到设置这个岗位的战略意义，另一方面也说明能够担当这个岗位工作人员的缺乏。在HRBP岗位上的人员，工资也相对比其他岗位工资要高，这从另一个侧面说明了这方面人才的匮乏（见表1和表2）。

表1　专员级别各模块平均工资（2016年）

单位：元

模块	专员
基层人事	3541
其他	3608
招聘	3903
全盘	4123

续表

模块	专员
员工关系	4131
绩效	4352
薪酬	4404
培训	4650
HRBP	4811

表2　经理级别对企业业务熟悉程度与工资的关系（2016年）

单位：元

对企业业务和自身业务熟练程度	经理级别薪酬
不了解	5801
比较不了解	6612
比较了解	6969
非常熟悉	7344

表1中专员级别的工资HRBP是最高的，而表2中在经理级别上来看，对企业业务和自身业务熟悉的人事经理薪酬也是最高的。这些数据反映了进入企业战略层次的人力资源的重要性和市场价值。

人力资源业务伙伴（HRBP）、人力资源共享中心和人力资源专家共同组成了现代人力资源管理的"三驾马车"，其中HRBP是人力资源内部与业务经理沟通的桥梁，他们既熟悉人力资源各个职能领域，又了解企业业务需求；既能帮助业务单元或事业部更好地维护劳资关系，协助业务经理更好地利用人力资源管理制度和工具管理员工，也能利用其自身的人力资源专业素养，发现业务单元中存在的各种问题，从而将提出和发现的问题交付给人力资源专家（或领域专家）和企业的决策层，更好地解决企业发展瓶颈问题和设计更加合理的工作流程。

现代企业的人力资源工作必须是面向客户的人力资源架构，这样的架构把人力资源部设计为两个部分：一部分是面对业务部门的人力资源经理，即HRBP，他们直接进驻到业务板块或事业部开展人力资源工作；另一部分是支援HRBP的支持组，即人力资源共享中心（HR Shared Service Center，HRSSC），他们的职责包括日常的薪酬福利操作、招募渠道建设以及公司级培训项目支援等。由于支持组已经解决了大部分日常性、事务性的工作，HRBP可以专注于为业务部门提供

"一站式"的人力资源解决方案服务。

面向客户的人力资源架构有两种操作模式：一种可以称为"事业部型"，即HRBP不隶属于人力资源部而是归所在业务部门管辖，人力资源部只负责对HRBP进行专业方面的指导，不直接对考核关系负责。另一种可以称为"HR代表型"，即HRBP是由人力资源部派驻到各业务单元的，其考核关系隶属于人力资源部，HRBP在业务上帮助业务经理进行相应的人力资源工作，但是其考核关系、晋升、领导关系等则由集团人力资源部统一管理。以上两种模式各有优劣，在事业部模式下，HRBP与业务部门的联系更为紧密，更能深入理解业务部门的需求，但由于缺乏人力资源部的有力支持，HRBP很容易成为业务部门的一名专职人力资源干部，因为除了战略管理和专业服务的职能外，一般事务性的工作也需要由其来操作，而在HR代表型模式下，由于HRBP隶属于人力资源部，其可能在融入业务部门上存在一定的困难，HRBP可能会被业务部门认为是集团人力资源部派驻到本部门进行监视管理的人员而遭到排斥，无法正常地开展工作。

在面向客户的人力资源架构下，HRBP容易陷入琐碎的日常事务而无法自拔，他们与人力资源共享中心之间的职责区分也不够明确。针对这些缺陷，有些公司尝试把人力资源部分为三个部分：在HRBP组和人力资源共享中心之外，增设了人力资源研发组。前两部分基本与面向客户的人力资源架构相同，而人力资源研发组则主要负责人力资源最新工具的研发、最新人力资源市场信息报告的整理，并为HRBP组提交给业务部门领导的政策报告提供全方位的技术支持。这样一种全新的架构被称为平衡发展式的人力资源架构。

国内华为公司在人力资源管理方面的一个独特之处就是设立了人力资源管理委员会（HRMC）、人力资源管理部和干部部三个职能机构，并对这三者的职责进行了明确的分工。人力资源管理委员会相当于人力资源专家，其职责是从宏观角度来进行思考，负责管理、监督公司级人力资源决策与活动，为业务发展提供支持，同时就人力资源领域的战略问题向董事会提供建议，以支撑公司的增长和战略。人力资源管理部相当于人力资源共享中心，其职责有九个方面，是人力资源管理六大模块的细化。而干部部是人力资源管理部的下属执行机构，相当于HRBP，负责将人力资源管理部制定的制度进行细化，在公司的统一框架内，把各项政策、制度转化为与本部门业务特点紧密结合的、具有可操作性的政策和制度。华为公司的人力资源管理部门的这种划分具有一定的积极意义。

当下，企业需要更多的HRBP类型的人力资源工作者，他们充当企业的战略伙伴，是业务部门目标管理的高手，平衡业务部门劳资关系和员工关系，成为员工管理中紧急、混乱事务的处理者。其中，他们战略的影响力是最重要的，这取决于他们对业务流程的熟悉程度和岗位的设计能力。而是否具有人力资源科班出身和具体某项人力资源的经验并非最为关键。

未来的人力资源工作者必须能用企业的业务语言来阐述本企业的人力资源管理问题，能理解企业业务部门的问题，给出具体的分析和诊断，并给予弹性的解决方案，能积极推动业务结果导向的绩效管理模式，能随着市场的变化和企业战略做出企业动态薪酬的设计和实施，能通过关注企业战略设置绩效考核方案推进考核等，这是企业人力资源管理今后工作的方向。

随着互联网，特别是移动互联网技术的广泛应用，数字化时代正在来临，企业的人力资源小数据、行业的人力资源大数据今后会越来越容易获得和得以在企业中应用，这使人力资源的数字化、动态管理和监控成为可能。只要我们掌握了一定的人力资源管理技术和方法与人力资源管理的发展规律，这些数据和工具都会为电子人力资源管理提供应用和发展空间。

本书正是以人力资源业务合作伙伴为视角来审视企业人力资源管理各模块的工作。借此为企业管理层招募与使用、企业战略绩效管理和企业战略性薪酬设计，带来新的、可实施的、便于企业操作的方法和方案。如果能够达到如此目的，也就完成了本书的基本使命。

谨以此篇导语，代为序。

Part One 第一篇 当代企业人力资源管理的五项任务

第一章 关于人力资源的获取
第二章 关于人力资源的保持
第三章 关于人力资源的发展
第四章 关于人力资源的评价
第五章 关于人力资源的调整
第六章 企业所有干部都是人力资源的管理者

| 第一章 |
关于人力资源的获取

一、工作分析是人力资源管理最基本的文件

人力资源管理的第一项基本任务就是组织对员工的"获取"。

在一个组织中,是先有方丈还是先有庙?当然是先有庙,然后再去找合适的方丈。那我们可以尝试找找看,首先方丈要是男的,性别要先确定下来,女的叫尼姑;那这个方丈年龄上要不要有要求呢,当然要,年纪太轻道性不够,年纪太老体力不支,我们需要找35~55岁的;这个方丈要不要有文化水平的要求,当然要,新时代的方丈至少要有学士学位;这个方丈要不要有一些管理能力,当然要,要率众僧念佛进行法事;这个方丈要不要有交际能力,当然要,他要给寺庙化缘维持寺庙财务来源……这个也要,那个也要,我们把这些要的东西统统写在纸上,然后拿着这张纸满世界找方丈,看谁符合这张纸的要求,谁就来做寺庙的方丈,这叫作人事相符。

人事相符的反义词是"因人设岗"。因人设岗现象在私企里很少,在国企里时常有这样的例子,一位关系人物的孩子要来应聘,我们本来没有岗位需要,但是这个人必须要。企业领导问这个女孩,你会干什么啊?女孩回答,我什么都不会。那又不可以让她太累,领导就说办公室加一个文员吧。这样的事情就是因人设岗。其实,就算是国企,如果很多员工都是这样进来的,这家企业也不会经营

长久。所以，企业内的绝大多数人还是以人事相符的形式进来的。

现在的问题是，把刚才那些要求写在纸上，那这张纸又叫作什么，这就是本节要论述的关键，这张纸的内容叫作"工作分析"，这是术语。工作分析一般要解决一个岗位的三个问题：一是岗位职责，就是管理者通常所说的岗位说明书；二是岗位规范，岗位规范说明了这个岗位做到什么程度属于合格；三是任职条件，描述了什么人有资格被安排到这个岗位上。

岗位职责、岗位规范、任职条件共同组成了这个岗位的"工作分析"。工作分析没有针对具体的人，是对岗位的全面描述，把岗位描述清楚了以后再去招人。从理论上来讲，企业里的任何一个岗位，包括清洁工、食堂的厨工都应当有一张工作分析。为什么这样讲呢，因为工作分析与制定这个岗位的工资有关，岗位的责任大小决定了薪酬的多少；工作分析与考核这个岗位有关，岗位规范写清楚了这个岗位的主要考核方向；工作分析与招募这个岗位的人有关，任职条件中可以找到招募这个岗位的主要考核维度。所以可以说，工作分析是企业人力资源管理最基本的文件，用通俗的语言来说，工作分析是企业管人的最基本的东西。

一般来说，绝大多数企业内的岗位，是不用从无到有来做工作分析的，现在各个企业内的岗位高度同构化。除非个别因为技术进步带来的新岗位以外，人力资源管理者都可以从行业内其他企业或行业外其他企业中找到相似的岗位。把他们已有的工作分析拿来，根据本企业的实际做出一定的修改，是可以满足本企业岗位需要的。也就是说，工作分析不必从一张白纸做起。

二、岗位与人无关

我们现在来画一张图（见图1-1），最右面的是企业内的某一具体岗位，岗位的左面是什么，在这个左面又是什么？

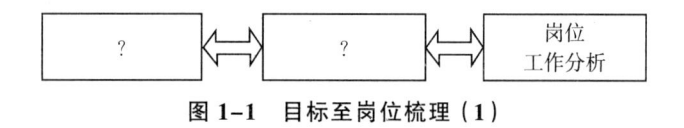

| ? | ⟷ | ? | ⟷ | 岗位
工作分析 |

图1-1　目标至岗位梳理（1）

在图1-1中，岗位左面的箭头是双向的，中间的箭头也是双向的，说明岗位左面的内容和中间的内容，在企业内是来回反馈、反复磨合产生的。在这里提示一下大家，最左面的是这个企业的"业务流程"（见图1-2）。

```
业务流程  ⇄  ?  ⇄  岗位工作分析
```

图1-2　目标至岗位梳理（2）

什么是业务流程呢，对一个制造业而言，从采购原材料开始，到产品制造出来，经历了什么过程，是如何运作的，这是某个具体制造企业的运作流程；从一个服务业来讲，从接待客户开始，到服务客户完成，送走客户，这位客户经历了什么，都是什么部门、岗位接待的客户，都为客户做了什么，这是一个服务业的服务流程。现在我们可以回答，左面是流程，右面是具体的岗位，中间是什么？就是"组织架构"。组织架构是为流程服务的，用组织架构把业务流程支撑起来，组织架构搭建以后，所谓的谁来做事，具体岗位也就浮出了水面（见图1-3）。

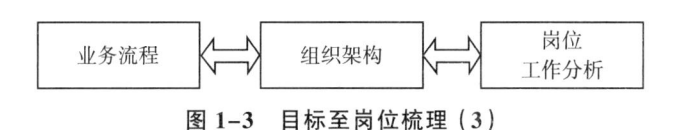

```
业务流程  ⇄  组织架构  ⇄  岗位工作分析
```

图1-3　目标至岗位梳理（3）

例如，一个企业要不要采购原材料，当然要，这是业务流程要求的。那应当搭建什么样的组织架构来支撑这个流程呢，即采购部，采购部是一个组织架构；但是谁来采购呢，即采购员，采购员当然是一个岗位。所以管理者应当牢记，从流程看架构，从架构看岗位。也就是说，企业内的每一个岗位都不是凭空出现的，是根据业务流程设置的。其实，讲到这里，并没有完。我们知道业务流程左面还有两项内容（见图1-4）。

```
企业战略目标  ⇄  ?  ⇄  业务流程  ⇄  组织架构  ⇄  岗位工作分析
```

图1-4　目标至岗位梳理（4）

最左面的我们知道，是这家企业的战略目标，而战略目标和业务流程中间的位置，就是在战略方向下，企业具体选择的任务或者项目（见图1-5）。因此，管理者应当记住20个字：从目标看任务，从任务看流程，从流程看架构，从架构看岗位。也就是说，企业内的每一个岗位，都和企业的战略目标息息相关。

```
企业战略目标 ⇄ 具体任务(项目) ⇄ 业务流程 ⇄ 组织架构 ⇄ 岗位工作分析
```

图 1-5　目标至岗位梳理（5）

三、人力资源规划及招募

企业内各个岗位工作分析有了，接下来就要做人力资源规划，人力资源规划要解决三大问题，即组织要什么规格的人；各类规格的人在一定的时间内要多少；这些规格的人什么时候要。

一般来说，组织内的人事需求，首先是由各级直线干部，特别是基层干部提出的，因为他们是具体做事的部门，他们最能感到工作中的人事压力。所以，企业往往每年年底，要求各部门直线干部提出他们的人员需求。这是做人力资源规划的第一步。当各个直线部门把他们的需求报给人力资源部时，人力资源管理部门往往会"温柔一刀"。是不是作为职能部门的人力资源部领导比直线领导更高明？显然不是。但是他们站的立场与直线部门领导站的立场是不同的。直线部门领导看到的是任务对人员的要求，由于工资奖金都不是在直线部门发放的，直线部门领导往往从"屁股指挥脑袋"的本位观点出发，人员当然是多多益善。但是作为职能部门的人力资源管理部门，与直线部门的关系却是"给直线部门提供专业的业务指导和在宏观上配置资源的关系"。因此，人力资源部门会核实直线部门的实际需求情况和在整个企业中的分配平衡问题。换句话说，人力资源干部起到宏观调控的作用，但是要保证直线干部微观搞活。

当然，这个人力资源规划最后的执行文本，还必须报给企业老板审批。往往报给老板审批的时候，老板会再"砍一刀"。老板"砍这一刀"，就没有那么温柔了，他这"一刀"考虑的不是需求的问题，而是企业吸收了这些员工带来的效益与产生的成本之间，是否能够平衡及企业是否能够承受的问题。换句话说，老板考虑的就是两个字：成本。在这一点上，人力资源从业者要理解，可以从人力资源的角度向领导提供专业建议，但是也要换位思考，从老板的角度考虑问题，这样才能使人力资源工作进入企业的战略层次。

一般来讲，人力资源规划在企业中都是年度规划，当年度规划形成并得到企业高层的批准以后，就到了具体的招募、选拔、委派上岗的具体环节。总而言之，从做企业内具体岗位的工作分析开始，到委派上岗之前的所有的人力资源管理活动，都可称为获取。

【本章要点归纳】

企业组织内要做到"人事相符"，工作分析就是最基础的文件。工作分析要解决三个问题：一是岗位职责；二是岗位规范；三是任职条件。企业战略与岗位的关系是：从目标看任务，从任务看流程，从流程看架构，从架构看岗位。人力资源部门是职能部门，它和直线部门的关系重点在于两点：一是给直线部门提供专业的人力资源管理的指导；二是在企业宏观层面，给某个具体直线部门合理地配备人力资源，达到人力资源部门宏观调控、直线部门微观搞活的目的。用学术一点的话来说，就是人力资源部与直线部门通过沟通互动，要在人力资本开发与使用上，在整个企业层面达到战略平衡。

| 第二章 |
关于人力资源的保持

一、保持员工的积极性和工作热情

人力资源管理的第二项基本内容是人员的"保持"。这个保持有两个含义，一是保持员工工作的积极性，二是保持员工安全和健康的工作环境。

一个人能干（一个成功的招募，可以说已经基本解决了这个人能干不能干的问题），但是他不想干，在企业里这样的人比不能干的人的负面影响更大。因为不能干的人，也不知道这个工作怎么干，最多干不了而已。而能干的人不想干，他有很多办法，或公开或隐藏，那些隐藏的办法甚至管理者也很难发现和辨别。

对组织而言，让员工想干的方法一定是系统性和全面性的，最重要的还不是激励问题。假如你的孩子在外面玩得手很脏，回家就抓吃的东西，你会让他先去洗手。孩子说，老爸你怎么总管我呢，你怎么回答：家有家法，族有族规，没有规矩，不成方圆。一个家庭都需要这种东西，一个组织更需要。组织内的规矩叫作"制度设计"。企业要在企业顶层设计一些基本制度，这些制度大致可以分为两类：一类是奖的制度；另一类是罚的制度（包含薪酬、绩效管理、工作制度等）。如果一家企业把这两类制度设计得比较公平合理，就会在企业和员工中形成重要的"行为导向"，这些是指导员工行为的、体现组织意志的纲领性、全局性、战略性文件，也是构成企业"管理平台"最核心的东西。

一般认为一家企业的管理平台应当由三大制度体系支撑（见图2-1）。这三大制度规范，如果能够有效指导员工的日常行为，就说明这个企业管理平台是有效的。如果哪方面的制度规范缺失或者存在严重问题，那这家企业的管理平台就是倾斜的，员工不可能在平台上正常运作，这是企业管理"硬"的一手。

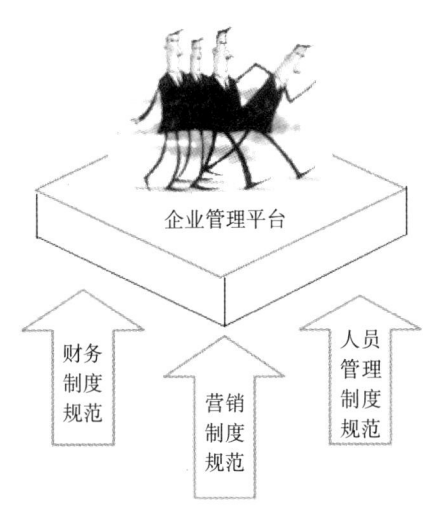

图 2-1 企业管理平台的搭建

在一个家庭中，父母管教孩子，肯定有一个人唱黑脸，一个人唱白脸，那个唱白脸的，在企业里叫作"有效激励"。有效激励一般有三类方法：一是物质激励，二是精神激励，三是目标激励。在这三类激励方法中，对大多数人最有效的方法就是物质激励，物质激励中最有效的方法，就是现金（Cash），而非钱（Money）。

一位老板对他看好的员工讲：好好干，我会给你股份的。这句话对这位员工有多大的激励作用？这位员工可能心里会想，你还给我股份呢，你的企业能不能撑到年底还不一定呢。反过来，员工问老板，既然你那么看得起我，为什么给我那么低的工资呢？没错，工资就是"Cash"！这位员工戳到了老板的"软肋"。而精神激励就是给予员工荣誉和荣耀，使他成为组织中知名度比较高的正面形象。这反过来又给该员工带来了更大的责任感，是一个很好的正循环。

有的时候，物质激励和精神激励会失效，这也是现在国内员工激励中经常发生的问题。老板对一个"90后"的员工说，好好干，多拿奖金。该员工问老板，可以多拿多少？老板说，如果干得好，一个月可以多拿1000多块钱呢。员工说，老板啊，我不想那么累。这个"90后"员工家庭条件很好，看不上这1000多块钱，而企业也的确不可能在现有的管理体制下，奖励给他10000多块钱。老板说你不要钱，我评你为劳动模范，给你证书、给你奖状。"90后"员工说你别给我这些东西，我家抽屉里没地方放……

这样的员工似乎是刀枪不入，这个时候目标激励可能会起作用。笔者在大学工作了20多年，比较了解大学刚毕业的学生，在刚毕业的第一年，他如果和自己的同学在工作境遇和收入方面去比，好的和差的也就相差千八百块钱。但是三年以后再去比，这个时候好的和差的相对差距就比较大。如果我是老板，可能会这样和这位"90后"说：你跟着我，让我带带你，三年以后，你和你的同学相比，你一定会甩他们好几条街。就算你三年以后要离开我们企业，这三年里你学到的东西给你打下了今后的职业基础，你在这个基础上转到别的平台，也一定不会差。总而言之，我能让你快速成长！现在国内的"90后"和未来的"千禧一代"，对"快速成长"抱有很高的期望。

目标激励属于"自我激励"的范畴。自我激励是人生最强大的激励。有效激励从整体来说，属于让员工想干的"软"的一手，在企业，"双管齐下、软硬兼施"是保持员工积极性和工作热情的好方法。

二、保持员工安全与健康的工作环境

保持员工安全与健康的工作环境这个问题，在珠江三角洲和长江三角洲的很多私营企业里都有很大的现实性。一位员工来找老板说，老板太不人道了，老板吓了一跳，说我怎么不人道啦。员工说现在车间里面的温度，每天都有40℃，工友每天都有人中暑晕倒，你要给我们安装空调。

如果我是老板我可能会和员工说，你少安勿躁，天气那么热，不要着急。我马上就通知电工班，装两台大功率电扇对着吹，加强空气流通。还请你告诉工友，我已经让食堂煮凉茶了，一会儿就送到。结果这个员工说：我没说这个，我说你给我们安空调！而我会说你如果一定要安空调，那好，你到人力资源部去结账办手续……

企业为什么就不答应这位员工的诉求呢，有人说是成本问题，千万不能这样想，员工每天都有中暑晕倒的，你还说成本？真是残酷的资本家！不给员工安装空调，是因为企业老板对保持员工的安全与健康的工作环境把持着一条底线，这条底线就是现行的劳动保障制度与相应的法律法规。

如果今后中国发展得像发达国家了，国家提高了对劳动者的保护措施，制定了新的劳动保障制度与法律法规，那企业就必须执行。而现在国家没有规定温度超过40℃要安装空调，企业就可以不安装。而老板安装两个大功率电扇对着吹，给员工煮凉茶，有没有必要，当然有必要，这是企业家对员工的人文关怀。

【延伸阅读】

我在大学教学生涯中，有这样一件事情，让我难以忘怀。有一位女同学上课经常坐在前排，感觉长相略差些，戴副小眼镜。客观地说，这样的同学一般不会引起授课老师的注意。但有一次课间休息时，我偶尔看到她姓氏后面的名字叫"抛锚"，怎么叫这个名字，我就开始和她聊天，原来她父母都是海边的渔民，生了好多女孩子，就盼男孩，她是第四个，结果还是女孩。刚好他父亲的渔船在抛锚时知道了她出生的消息，而且又是女孩，不知道是不是灰心丧气，反正就是随口给她起了这个名字。

这位同学在讲述这件事情时，表现出淡淡的忧伤，让我不忍。我问她目前找到工作没有，她回答没有。我就帮她联系了一家单位，让她去面试。后来由于比较忙，这件事情我就忘记了。过了大概一个月的时间，我收到了她给我的微信，告诉我她没有被录取，但是老师的人文关怀令她感到温暖。她用了"人文关怀"这个词，让我当时就十分动容。

那么什么是人文关怀呢？是承认人不仅作为一种物质生命的存在，更是一种精神、文化的存在。是承认人无论是在推动社会发展还是实现自身发展方面都居于核心地位。人文关怀是完全接受人的价值，是追求人的社会价值和个体价值的统一。企业的人文关怀应当是制度以外的，对人的这种主体性的无条件接受。这个主体性不仅是物质生活、精神生活，而且还应当包括整个社会生活。在企业中，不仅要创造条件满足员工的生存需要、精神需要，更要着力于人的自我发展、自我完善的需要。

三、保持员工对企业的满意度

企业员工满意度是指企业员工对企业的实际感受与其期望值比较的程度。员工满意度又称雇员满意度,是企业的幸福指数,是企业管理状况的"晴雨表"。人力资源管理工作要了解企业员工心理和生理两方面对企业环境因素的满足感受,并能引导员工做出适应性改变。

20世纪50年代后期,美国心理学家赫茨伯格调查发现,人们对诸如本组织的政策与管理、工作条件、人际关系、薪酬等,如果得到满足就没有不满意,得不到满足就会不满意,赫茨伯格称为"保健"因素,而对于成就、赏识和责任等,如果得到满足就会满意,如果得不到满足就不会产生满意感,但也不会不满意,赫茨伯格称为"激励"因素。

在组织行为学理论研究的结论中,员工满意度对员工绩效的影响,主要体现在企业员工的离职率和旷工率下降,而与该员工绩效提升的关系很小。因此,我们可以得出的结论是:员工满意度可以消除员工的不满情绪,创造一种对组织的正面情绪和营造积极向上的组织氛围,以其感染新加入者,并且能够对已在组织内的负面员工形成其内省的压力(比如,为何别人都认为好,我却感到一团糟,是不是我的感觉有问题)。满意度可以带来组织层面的"公民意识",既然是公民,就有责任与义务,这是员工管理中梦寐以求的事情。所以我们可以得出的结论是:不要把员工满意度看成是立竿见影的提升绩效的手段,而应当把其视为长期组织建设的重要任务,这是组织行为学告诉我们的原理之一。有权威机构的研究表明,员工满意度每提高3个百分点,企业的客户满意度将提高5个百分点。员工满意度达到80%的公司,平均利润率增长要高出同行业其他公司的20%左右。

那么人力资源如何才能长期保持员工对企业的满意呢,一般来说要关注以下五个方面:一是工作环境,在保持安全和健康的基础上,要尽可能地舒适;二是工作群体的氛围,包括上级的信任、支持、指导,同事的相互了解和理解,以及下属领会意图、完成任务情况、得到尊重,以及合作的和谐度、信息开放程度等;三是工作内容,工作本身与性格、兴趣的吻合,是否符合职业发展目标,工作强度的容忍度;四是企业背景,对企业历史、文化、战略的理解认同度,个人对企业决策的参与度，对企业前景的认知；五是个人观念，理想主义、消极心态和个人利益。综上所述，保持员工对企业的满意度不是一个单方面的问题，而是一个系统工程。

一般来说，人力资源工作人员如果能掌握程序公平的方法，并用这些方法对待以上各方面的问题，的确可以取得非常好的效果。在企业运营中，对员工而言，没有所谓的绝对公平，总有各种事情让员工产生各种不满，这是客观存在的。也就是说，总会有一些员工受到这样或者那样的委屈，从而影响他们的工作热情，也即事情的结果对他们不公平。这时人力资源应当做什么？苍白无力的安慰、不负责任的许愿，还是沉默无语的应对……这些都不对。人力资源要知道，程序公平和结果公平是互不隶属、各自独立的。也就是说，如果在程序上多与接受结果者解释沟通，可以部分化解结果不公平带来的负面影响。

美国企业很早之前有一个经典案例：公司降薪10%，有主动向员工解释和沟通的部门和没有解释和沟通的部门比较的结果是，前者员工盗窃企业原材料的比例明显低于后者员工的比例。解释和沟通就是把做这件事的程序尽可能公开，让员工的思维参与其中，便于员工换位思考。我们说公开性带来公平性。程序正义很重要，当程序正义了，结果就比较容易被别人接受，尽管也许并不是愉快地接受。程序公平与结果公平互不隶属、彼此独立，这种特性，人力资源要积极善用。

【本章要点归纳】

人力资源管理的第二项任务是保持：保持员工工作的积极性；保持员工的安全和健康的工作环境；保持员工对企业的满意度。

在保持员工工作积极性方面，是直线干部每天的工作和责任。首先要通过奖惩制度的设计给员工以正确的行为导向，对"90后"的员工要经常采用"目标激励"的方法，给他们设定成长目标，帮助他们达成该目标，让他们快速成长。

在保持员工的安全和健康的工作环境方面，企业管理层执行的底线是现行的劳动保障制度。

在员工对企业的满意度方面，尽可能在保健因素方面给予员工心灵的抚慰，并对涉及员工重大利益的事项尽可能程序公开，努力做到过程公平。

| 第三章 |
关于人力资源的发展

一、以大规模的"科学培训"解决基层员工的发展问题

人力资源管理的第三项基本内容就是员工的"发展"。员工的发展问题可以从三个层面考虑:一是基层普通员工的发展;二是中层管理人员和技术骨干人员的发展;三是企业高层和核心员工的发展。

任何层级的员工都有发展问题,就是农民工也不例外,比如,来到城里快一年了,马上到春节回家和乡亲们说点什么,在城市里都长了什么本事,这是人之常情。对基层员工我们以大规模的"科学培训"解决该员工的发展问题,力求在短期内使基层员工具备一定的操作技能,例如,从一个农民变成一个"工",即所谓的"农民工"。这个称谓尽管存在争议,但是它很好地体现了一个人的蜕变。

"科学培训"是企业精细化管理的精髓之一。主要体现在由专家设计各种标准化、系列化、程序化的操作模板,然后对基层员工集中培训模板,要求基层员工不折不扣地执行模板,以达到基层员工素质的均衡性,整体上提高其工作质量和运作效率,在有限成本下达到企业运营最优。[1]

---

[1] 对于"科学培训"本身的阐述,请参见笔者另外一本著作《企业常青的十七堂课——管理创新与变革》,经济管理出版社2017年版,第37-40页。

这里要指明的是，企业基层操作模板本身既带有某种专门技术，也同时存在某种管理方法，是集技术与管理于一身的，某个特定行业和操作领域的正确实践指导。因此，基层员工掌握了某种模板，也就掌握了一定的技术技能和管理技能。在他们的有些人中，还会继续深化和创造新的行之有效的模板，解决新的操作问题，成为行业的优秀技术工人和优秀技师，甚至成为企业的核心员工，这正是企业应当鼓励基层员工职业发展的方向。

二、对中层员工实施专门辅导和目标管理解决其发展问题

企业中层员工，包括管理干部和技术骨干的发展问题，有两个方向：一是在企业里实施组织学习，进而把企业变成学习型组织；二是对中层员工实施目标管理。在目标引导下，让优秀的人才脱颖而出。

对于第一个问题，首先要讲一下"组织学习"。组织学习有三个要点：一是企业出钱出力，请员工来学习；二是学习的内容是由组织精心挑选的，学什么不学什么，员工没有决定权；三是员工完成学习后回到企业，广泛传播、广泛应用，在整个企业中达到"共享"。如果一个企业组织把这样的组织学习经常化、制度化、规范化，那么这样的组织就是学习型组织。

在学习型组织中，企业管理干部和技术骨干在构建自己的职业生涯时，有些人会找到"抓手"，结合企业战略发展要求，有效对接，获得有力的组织支撑。在这里有一个问题有必要向人力资源提出，这就是企业派遣人员长期外出学习，是否应当建议企业与被培训人员签署某种协议。这个协议的主要内容为对学习的要求和学习后为企业服务的年限等，这一方面体现了权益对等，另一方面也会让被培养的员工有压力和责任感，而且比较好的方法是，还要求被培训人员交一定比例的费用，企业可以明确不要这个费用，但是如果被培训人员没有达到学习要求，这笔费用是不能退回的。这样的做法符合成人学习规律和企业、员工双方的共同利益。

"目标管理"是彼得·德鲁克在1954年出版的《管理实践》这本经典的管理学著作中提出的，现已得到了企业管理界的广泛认同和积极实践。惠普公司创始人戴维·帕卡德在《惠普之道》中说过：没有任何管理原则比"目标管理"（Management by Objective）原则对惠普的成功有如此大的贡献。企业将总体目标叙述得清清楚楚，并且征得大家的同意支持，在达成目标的过程中，员工在权限范围内，有自行决定最佳做事方法的弹性。这是分权管理的哲学、自由企业的精髓。

惠普老板说出了目标管理对中层员工的培育作用。对企业而言，设定目标本身就是一件充满挑战的工作。关于这个问题，SMART 目标设定法是必须遵守的，即目标明晰（Specific）、可评测（Measurable）、可实现（Achievable），与工作（Relevant）和时间（Time）相关。另外，目标中要有过程类的管理目标，结果与过程并重，人与事并重，分享与共识是实践目标管理的重要精神。

对中层员工目标管理的最重要环节是定期检查与分析，以达到控制和督促的效果，也可以培育中层员工的责任感。还应当借助检查的结果对中层员工的工作进行总结和指导。在这个环节中，人力资源如何协助直线干部，及时把握机会提供教导是关键。企业要激发员工的脑力及主动思考能力，表现出色的要给予奖励；对于没有完成目标的员工，应帮助分析原因，激励管理层员工克服困难以更好地完成工作任务。综上所述，目标管理可以最大限度地发挥管理层员工的主动性和创造性，设定并执行既定的目标，是培育他们领导力的重要途径，也引导出他们职业生涯的发展方向。

三、做高层员工的职业生涯规划

高层员工不但包含企业高层管理人员，还应当包括掌握了企业所需要的某种特殊技能的核心员工。对他们的发展问题，除了将少数人纳入接班人培养计划以外，大多数人倾向于让企业做他们的"职业生涯规划"。职业生涯规划最早起源于 1908 年的美国。弗兰克·帕森斯（Frank Parsons）针对当时美国大量年轻人失业的情况，成立了世界上第一个职业咨询机构——波士顿地方就业局，首次提出了"职业咨询"的概念。从此，职业指导开始系统化。到 20 世纪五六十年代，舒伯等提出"生涯"的概念，于是生涯规划不再局限于职业指导的层面。

职业生涯规划（Career Planning）就是对员工职业进行持续、系统的计划过程。一个完整的职业生涯规划由职业定位、目标设定和通道设计三个要素构成。笔者理解的职业生涯规划不是生涯规划，生涯规划与企业组织没有太大关系。而职业生涯是指个人与组织相结合，在对一个人职业生涯的主客观条件进行测定、分析、总结的基础上，对该员工兴趣、爱好、能力、特点进行综合分析与权衡，结合时代特点，根据自己的职业倾向，确定其最佳的职业奋斗目标，并为实现这一目标组织做出行之有效的安排。也就是说，职业生涯规划突出了组织的作用。组织对个人事先做出了某种安排和承诺，没有这种安排和承诺的是个人生涯规划，不是职业生涯规划。如果组织肯为个人做出安排和某种承诺，那这个人当然是高层员工和核心员工。例如，企业安排某位员工去某大学学习一年的大数据课程，因为该员工数理基础好，又有计算机特长，而且对企业文化认同度很高，在送他去学习时，明确告诉他企业的战略意图，一年以后企业要开展营销大数据分析工作，他学成归来就要承担这项工作。该员工的兴趣特长得到了发挥，又顺应了企业发展战略的需求，还给他的职业生涯勾画了明确的方向，这位员工怎么会离开组织呢。

【本章要点归纳】

科学培训是企业基层员工职业发展的普惠方法，使基层员工短期内掌握一定的操作技能。

对中层员工的发展问题，企业应当为他们花钱，用"走出去、请进来"的方法，使这部分员工提升企业所需要的技术能力和管理能力。同时，本着权利和义务对等的原则，应当和被培训者签订培训协议。另外，最好被培训者也要承担一部分培训费用，中层员工参与的做法，可以激励他们的学习热情和树立正确的学习态度。培养人才的方式很多，但是在工作中用目标管理的方法促进人才成长是非常好的方法。在中层员工的发展问题上，应当制定过程类的管理目标，结果与过程并重，人与事并重，分享与共识是实践目标管理的重要精神。

对高层的发展问题，除了将少数人纳入接班人培养计划以外，大多数人倾向于让企业做他们的"职业生涯规划"。所谓职业生涯规划，就是将该员工的特长和企业的发展战略对接，并且企业对该员工具有某种承诺，没有承诺的是员工的个人生涯规划，不是企业的职业生涯规划。

| 第四章 |
关于人力资源的评价

一、员工工作态度的评价

人力资源管理的第四项基本内容就是对员工的"评价"。这个评价有两个方面内容：一是对员工工作态度的评价；二是绩效考核。

应当说，对员工工作态度的评价是企业内各级直线干部每天的责任，是绩效过程管理的主要内容。根据企业管理平台制度的规定，对员工实施日常管理和奖惩。在员工态度方面，有很多是绩效管理方面的内容，绩效管理是围绕目标进行的员工行为的过程管理，与绩效考核截然不同，这涉及企业各级直线干部的管理能力和领导力问题。

在这个方面，经典的理论来自亨利·明茨伯格（Henry Mintzberg）研究的管理者角色定位。明茨伯格认为管理者扮演着十种角色，这十种角色可被归纳为三大类：人际角色、信息角色和决策角色（见表4-1）。明茨伯格在《管理工作的本质》一书中解释说："角色这一概念是行为科学从舞台术语中借用过来的。角色就是属于一定职责或者地位的一套有条理的行为。"

在表4-1中，与员工工作态度评价最密切相关的是领导者行为、组织的发言人和混乱的处理者这三个关键角色。在激励与指导下属方面，前面谈到了三大激励问题（物质、精神与目标激励），而这里主要阐述一下指导员工方面的问题。

表 4-1　明茨伯格管理者角色定位与行为描述

管理者角色	管理者行为描述
一、人际角色	
领头人	代表机构出席各种场合，往往需要相应级别的人
领导者	激励和指导下属
联络者	与外部人员保持接触
二、信息角色	
监控者	接收大量信息，成为信息的中枢
传播者	把从外部或下属那里获得的信息传播给机构的其他成员（选择性传播）
发言人	向内外界发布各种有关组织的计划、政策等信息
三、决策角色	
战略制定者	根据组织所处发展阶段制定组织发展战略
混乱处理者	针对混乱和危机等做出决策
资源分配者	确定人员、资金、精力和时间等方面资源的分配
对外谈判者	代表组织对外与组织相关者进行业务谈判

第一，要让员工会干。作为一个直线干部就是要成为员工的业绩顾问，当员工工作力不从心时给予具体的、适时的、针对性的指导。第二，要为员工合理配置资源，一位直线干部掌握的资源有四项，即人、财、物和时间，管理者要为接受任务的员工合理配置。第三，有效授权，授权最大的好处就是培育下属对工作的责任感，其次才是培养其工作能力，最后是让管理者从细小烦琐的事务中脱离出来。第四，要在恰当的时候为员工做出榜样，榜样按照俗语来说，就是"打样""标杆"。"打样"是告诉员工要做成什么样子，"标杆"是告诉员工要做到什么高度。因此，榜样对下属是有很大压力的，我们在员工态度管理方面，很多时候需要给员工这样的压力。

在发言人方面，直线干部要及时向员工发布明确的、清晰的和一贯的信息，帮助员工确定目标，打消员工在工作态度方面的侥幸心理，这是向内部发布。另外，要向上级汇报本部门的工作信息和向同级通报本部门的工作信息，汇报的作用一是让上级领导有效把控，二是便于领导为本部门配置资源。通报的作用是展示本部门的工作亮点，希望企业其他部门能够给予理解、协调、配合和支持，也便于调动本部门员工的工作热情。

在混乱的处理者方面，企业内部员工管理事务可以分为两类：一类是常规事务，对这类事务，管理者判断员工工作态度的依据是现有制度组成的管理平台，管理者要维护平台的权威性；另一类是混乱事务，对混乱事务，制度以外的，或者紧急的事情，管理者要拿出魄力从最难的关键点予以及时解决。此类事情如果经常发生，就要求管理者找到规律性的东西，及时制定制度约束员工的行为，不断完善管理平台。

二、员工评价之绩效考核

为什么要考核绩效？有这样一个例子，三四个同学大学刚毕业，志同道合成立了公司，开始创业，这个时候要不要绩效考核，这个问题不用问吧，考核才奇怪，都是自己的钱。大家想法高度一致，就是只要公司能够盈利就行，考核干什么。可是当这家4个人的公司变成了40人的公司、80人的公司后，要不要在公司实施绩效考核呢，这个问题就比较复杂了。

如果这家公司大多数员工从事研发性质的创新类工作，大多数员工思想意识高度一致，素质也都比较高，那就要淡化绩效考核。反之，就要强化绩效考核。讲到这里，我们知道了：绩效考核是人为地在组织中挑起员工矛盾的一种方法。正是因为公司规模大了，员工多了，不是每个人都是股东，出现了雇佣者，出现了劳资关系，有些人努力，有些人可能由于各种原因，不那么努力，绩效不那么理想，如果不考核就会在组织内出现不公平的现象，干好干坏都一样，甚至干得好的人在经济利益方面反而吃亏，那这个组织怎么生存下去？第一，这是要实施绩效考核的根本原因之一，即在组织中创造公平环境；第二，公司管理层是把员工绩效与员工的浮动收益（包括奖金、年薪、股票期权）结合起来，把员工的浮动薪酬作为调控员工绩效行为的手段；第三，通过绩效考核与员工晋升渠道挂钩的方法，在组织内部形成鼓励员工自我掌握人生的组织文化，搭建员工在组织层面、制度层面的晋升阶梯。

2007年初，日本索尼公司前常务董事天外伺朗在日本《文艺春秋》杂志上发表了题为《绩效主义毁了索尼》的文章。中国网站给予了广泛的转载和评论。但是严肃的评论分析文章很少，更多的是新闻类的标题党，骇人听闻，甚至出现了这样标题的文章:《绩效考核害死索尼!》和《如果你要让一个公司退步或者消失,那就用绩效考核制度吧》。

笔者找来了天外伺朗的原文,他的主要观点是原来索尼有很多"激情集团",员工充满挑战精神。但是由于索尼过分地把"业务成果和金钱报酬直接挂钩,职工是为了拿到更多的报酬而努力工作",作为企业所有工作的激励原则(这就是天外伺朗称为"绩效主义"的东西)逐渐使员工失去工作热情。在这种情况下是无法产生"激情集团"的。为衡量业绩,首先必须把各种工作要素量化。当时索尼公司为统计业绩,花费了大量的精力和时间,而在真正的工作上却敷衍了事,出现了本末倒置的倾向。另外,因为要考核业绩,几乎所有人都提出容易实现的低目标,挑战精神也就不复存在。创新受到压抑,业绩压倒一切,各业务部门互相拆台,都想方设法从公司整体利益中为本部门捞取好处。

天外伺朗说得很好,这就是绩效考核运作不当产生的结果。正如我前面指出的,"绩效考核是人为地在组织中挑起员工矛盾的方法",不同人员、不同工作在绩效考核上要区别对待,不要什么都是"绩效主义"。

绩效考核是周期性的,这个周期与行业性质有关,总体而言,制造业的考核周期要比服务业长,制造业非流水线企业要比制造业流水线企业长,这既涉及员工心理问题等主观问题,又涉及行业工作特点的客观问题,比较复杂。这部分内容的详细分析会在绩效考核章节为读者展开。

另外,一家企业绩效考核成功的标志是什么,其实就是能够顺利地把浮动薪酬发下去,这个顺利就是达到"大多数人满意"。这个满意是动态的,不是一成不变的。也就是说,在组织内部的某段时间,真正体现了多劳多得,真正体现了为企业创造价值的人能够得到公平对待。反过来,就是让"少数人"不满,让他们有压力,这个压力导致两方面的结果:一是末位淘汰,二是改进绩效。这两条都是企业组织所需要的结果。

综上所述,企业考核越简单越好。这个简单的程度,能够达到企业内"大多数人满意"为止。换句话说,绩效考核没有绝对的公平,要把员工的行为定量化,本身就是一种模糊的方法,因此不存在绩效考核的绝对公平。

【本章要点归纳】

　　对员工工作态度的评价，属于绩效过程管理的内容，是企业各级直线干部每天的责任。工作态度评价的依据是企业内由制度组成的管理平台。

　　对管理者而言，与员工工作态度评价最密切相关的是：领导者行为、组织的发言人和混乱的处理者三个关键角色。扮演好管理者角色，是绩效过程管理成功的重要因素。

　　对员工的绩效考核，是员工评价的第二项主要内容。绩效考核是人为地在组织中挑起员工矛盾的一种方法。企业把浮动薪酬与员工绩效挂钩，把员工的浮动薪酬作为调控员工绩效行为的手段。绩效考核成功的标志是企业内"大多数人满意"，因此绩效考核越简单越好。绩效考核是对人的评价，把员工的行为定量化，本身就是一种模糊的方法，不存在绩效考核的绝对公平。

| 第五章 |
关于人力资源的调整

一、因流程改进带来的人事调整应当成为常态

人力资源管理的第五项基本内容就是人事的"调整"。这方面内容包含三个方面：一是因企业流程改进带来的人事调整；二是因员工业绩提升带来的人事调整；三是因企业业务拓展带来的人事调整。

在本书第一章第二节中，已经论述了流程改进给企业带来的组织结构调整，组织结构调整带来了岗位的变化。这种变化是企业积极作为带来的变化，对企业运营有着重大意义。对这个问题的认识，必须从企业的盈利模式讲起。一个企业通常的"盈利模式"无非两点：一是开源；二是节流（见图5-1）。

从企业节流的角度来说，如果能比竞争对手节约成本，就等于掌握了市场价格的主导权，同样开拓了企业的盈利空间。企业运作过程中，有两大成本：一是固定成本，二是可变成本。对固定成本而言，任何企业都没有明显的节约空间：你在某个城市取得1平方米的生产用地，和你的竞争对手没有什么差别；你用1吨水、1度电的价格和你的竞争对手也是一样的。而且，越是开放成熟的市场，这些东西对任何企业越是几乎一样的。

我们再来考察一下企业的可变成本，一个企业的可变成本有两个方面，第一个可变成本是人工成本，每个月要给员工发放工资，要求企业每月必须有很大的

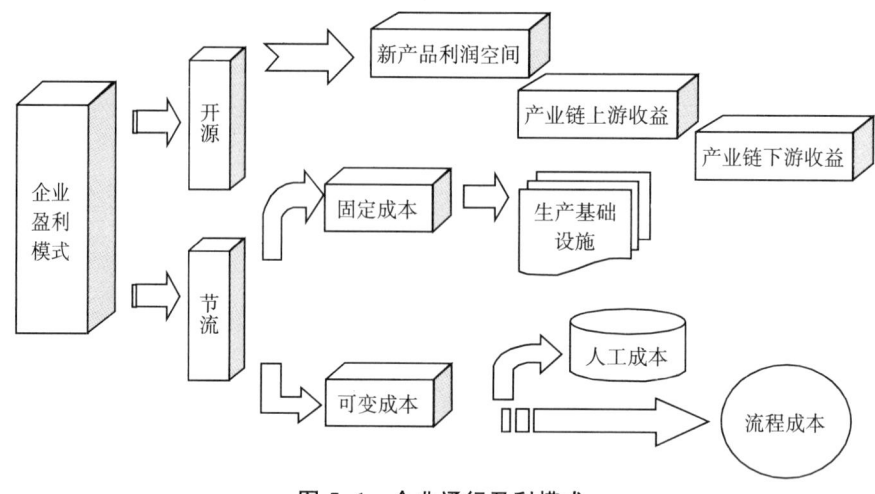

图 5-1　企业通行盈利模式

现金流支撑。这个成本现在看来也是没有办法降下来的。中国社会在转型时期，国家还在依据经济发展不断地提高员工最低工资标准，未来中国的人工成本只可能是"水涨船高"。如果人工成本降不下来，那第二个可变成本就是流程成本。

在流程方面，企业管理者有巨大的改进空间：别人用六个步骤完成的工作，我们用四个步骤可以完成；别人用五个人完成的工作，我们用三个人可以完成。这样我们就已经精简了流程。所以，人力资源工作者应当牢记16个字：

关注流程—优化流程—精简流程—再造流程。

只有关注了流程，才能发现自己企业或者部门流程存在的问题；优化就是"小打小闹"，局部改进；如果觉得优化都无法满足管理者的要求，那就走到了精简流程阶段，真的要砍掉某些部分；如果有了新技术手段，对现在的流程评估的结果，与其改进，不如推倒重来，那就是再造流程。再造流程就是休克疗法，首先将你打晕，然后按照我们设计的程序让你苏醒过来。

我们知道，流程一变，就会带来组织架构的调整，组织架构调整，就会带来岗位的变动：有些岗位消亡了，有些岗位被赋予新的工作内涵，有些新的岗位诞生了。因此我们还应当再加一项：

关注流程—优化流程—精简流程—再造流程—发展才是硬道理！

没有变化，对企业和员工而言就没有机会，变化带来机会，不变就没有机会，所以我们说发展才是硬道理。如果企业中的一个重要岗位的工作内容几年都没有发生任何变化，这肯定不是什么好事，这只能说明这个企业或部门的工作流程从来没有变过。你没有变，你的竞争对手在变，你就已经被远远地甩到了后面。

这方面的工作，人力资源是可以大有作为的。要关注企业战略与发展变化，在组织架构调整阶段要积极介入，帮助直线干部适时完成岗位合并的职责定位和员工的担当条件，如果是新的岗位，要及时做出新岗位的工作分析，提供完整的岗位描述资料，便于直线干部安排员工转换或者应聘新的岗位，并提供相关的培训建议。

二、因业绩提升带来的人事调整成为绩效考核后的重要工作

小的人事调整在企业中可能随时都在进行，可是大的人事调整一定是在绩效考核之后进行的。绩效考核提供了企业组织人事调整的最基本和最公平的依据。

绩效考核本身也具有激励发展的功能。人力资源在这方面要为企业管理层提供战略咨询，从企业未来发展方面提出人事变动的依据和方案，这方面国外的经验值得借鉴。有一种方法称为"替换规划法"。它的原理是，根据绩效考核的结果，记录员工的动态绩效水平，给出未来潜在提升的可能性和方向性，提供给决策层，作为人事调整的基础（见图5-2）。

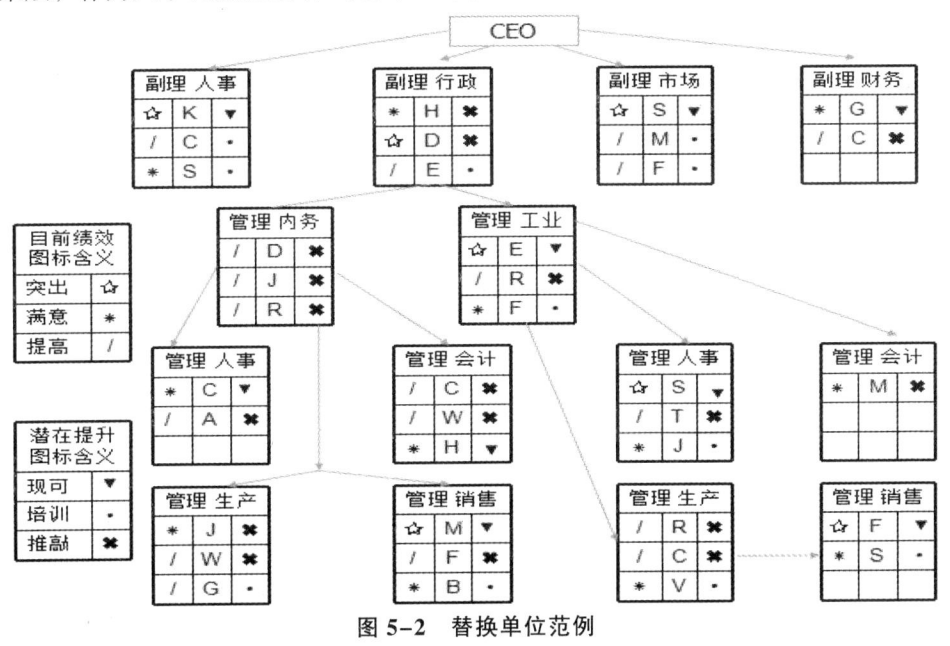

图5-2 替换单位范例

图 5-2 最左面的是目前绩效图标的含义，用三种符号给出了绩效考核中得到的结果，空心五角星表述绩效"突出"，星号表示绩效"满意"，斜线表示绩效"有待提升"。左下面表示给决策层的潜在人事调整的建议，倒三角表示不必调整，黑点表示有培训的必要，叉号表示有考虑人事调整的必要。

例如，我们分析在图 5-2 中的第二行左数第二个表格中的"副总经理行政"栏，共有 H、D、E 三位在岗干部。其中 H 绩效处于"满意"层次，而 D 是"优秀"层次，明显好于 H，而 E 绩效处于"提高"的不满意状态。由于 D 是绩效满意，显然在只考虑绩效的单一因素时，D 潜在提升的可能性应当在 H 前面，因此 D 现在的职位安排是有待推敲的，也就是说，他的安排是不恰当的。同理，H 现在的安排也显示了不恰当性。而 E 由于业绩不尽如人意，他的安排已经排在最后一位，没有调整空间，只能加强对他的培训与督促。

显然，这个记录是动态的，每次绩效考核都会做出修正，并为每一位被记录者在一定时期内做统计结论（比如三年内的统计），适时提供给决策层作为人事任用参考，也可以在企业高层讨论用人会议上给予建议。应当强调的是，这种替换单位方法的应用，必须绝对保密，只有人力资源部长级人员和企业决策层知道其存在和结果。在填写这个表格时，要求具有相当的客观性和权威性。但是，这个客观性还是应当来自每次的绩效考核结果，尽可能排除高层管理者个人的喜好因素。

三、因业务拓展带来的人事调整要尽可能纳入制度化管理范畴

在移动互联网时代，经常能看到快速成长裂变的公司，这类公司最头痛的问题就是对人才的渴求。对工作在这样公司的员工而言，意味着有极好的发展机会。这里特别适合那些敢打敢拼，勇于奉献的年轻人，这样企业的人力资源也大有作为。一般来讲，企业必须明确自己的用人原则，从企业文化和发展的角度来讲，企业用人原则可以归纳为两句话，一是"圈内用德，圈外用才"；二是"先儿子，后女婿"（见图 5-3）。

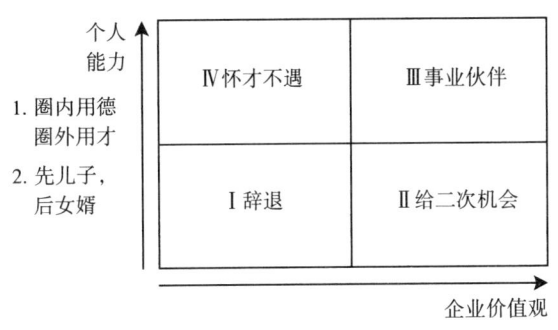

```
            个人
            能力↑
                 ┌─────────┬─────────┐
                 │Ⅳ怀才不遇 │Ⅲ事业伙伴│
1. 圈内用德      │         │         │
   圈外用才      ├─────────┼─────────┤
2. 先儿子，      │Ⅰ辞退    │Ⅱ给二次机会│
   后女婿        │         │         │
                 └─────────┴─────────┘ → 企业价值观
```

图 5-3　企业的用人原则

企业"圈内"指的是已经在企业工作的员工，"圈外"指的是企业外部的人力资源。已经在册的员工的德比才重要，这是因为如果这个员工非常能干，但是与老板对着干，那这位老板是不是更加倒霉。因为这位员工不是一般人，有很多办法对付老板。问题是，"圈内用德"这个"德"有没有标准？有人说是忠诚、正直等，其实都不对，这个德就是指老板的"德"。因为一个企业老板的价值观直接影响到这个企业的制度，老板提倡什么，反对什么，反映了老板的价值观，他会用他的价值观对制度进行设计和修正。那么一名员工在企业内部就要顺应这些制度，这名员工长期在这个制度下工作，就会形成他的行为习惯，长期的行为习惯就会演化成这个组织内的工作氛围，工作氛围的确定化就是这个组织的文化。因此从这个意义上来说，我们就得到这家公司企业价值观的形成链：企业家的价值观—企业的制度设计—员工的服从—多数员工的行为习惯—企业内部的工作氛围—企业的文化。也就是说，老板的文化就是企业的文化，这在私企里，表现得尤为突出。

那么老板的"德"有没有糟粕，有没有与时代发展不合拍的东西，当然有。可是他是老板，他的价值观通过制度约束着员工，作为员工在这方面的话语权是不大的。所以，社会舆论应当时时提醒我们的企业家，他的价值观有没有不与时俱进的东西，是不是应当经常审视自己的价值观，跟上社会的步伐。另外，如果作为一名员工，老板在上面讲话，他在底下唱反调，就是他的价值观与老板格格不入，如果他又非常能干，那这个人在组织里就非常麻烦，属于"怀才不遇"的类型。因为他越能干，老板越不会用他。因为老板知道这个员工的想法和他的想法南辕北辙，路线方针不同，这样的人怎么用呢，用了怎么放心呢？

我们不可以说"怀才不遇"的人的"德"不好，只能说，"怀才不遇"的人在组织内比较麻烦。这样的人只有两条出路，第一条路是收敛自己的价值观，夹起尾巴做人，变得"乖"一点，听话一点，但是这一条对于一个有本事的人非常难，因为他的潜意识、潜台词经常是"此处不留爷，自有留爷处"。如果是这样，那就剩下了第二条路，即走人，找到一个价值观符合自己的组织。这就是"圈内用德"的含义。

企业圈外就不同了，我经常到其他大学管理学院去授课，我当然是这所大学圈外的人，我的"德"当然不用这所大学管。但是如果有一天我要调到这所大学，成为这所大学的教授的时候，那这所大学的人事部门，要不要去了解一下我的过去，再看看我的现在，又展望一下我的将来？当然要，因为我现在是什么教学科研状况，学校要求什么标准，我能不能达到，如果达不到，我自己难受，学校也难受啊，因为我要到学校圈内来了，必须要了解。可是我现在在圈外，学校知道我可以讲这门课，并且讲得还不错，市场的反馈很好，而且我有我的市场价格，学校又能接受这个价格，我如果有时间就定了。当我在某个特定时间，站在某个学校的某间教室的讲台上给这所大学组织的学员授课的时候，我不能说和这所学校没关系，我是代表这个学校来给大家授课的。可是这门课程结束的时候，我离开了这所大学的校门，我还和这所学校有什么关系？这就是"圈外用才"的概念，归纳起来两句话，即但求所用，不求所有；调动全社会的人力资源为我服务。可以用你就可以，不一定拥有你，因为拥有你太贵，又或者有风险，又或者代价太大，还要解决你妻子的工作问题、住房问题等，很麻烦。

"先儿子，后女婿"，这里将已经在册的员工比喻成儿子，外面调进的人比喻成女婿。当企业发展出现机会的时候，人力资源应当眼光向内找人才，如果有，坚决把这个人推上去，如果实在没有需求的人才，要和员工说抱歉，我们必须也只能从外面引进人才。怕就怕内部的员工可以，你不用，要从外部调人进来，这就是"招了女婿，伤了儿子"。企业领导层必须清楚的是，高端员工从外部招募有一个最大的风险，就是价值观风险。企业从内部提拔人，知根知底，对企业文化的认同度比较好，对企业有感情，这是非常难能可贵的。因此，人力资源要坚持"内部提拔，优于外部招募"的原则。

图5-3中，第一象限的员工能力低，价值观与企业抵触，在企业里的表现调皮捣蛋，一事无成。这样的员工企业肯定辞退。第二象限的员工能力比较低，但是价值观和企业非常一致。这部分员工往往都是和企业老板一起创业的老员工，

他们在企业前期的发展过程中，做出了极大的贡献，而且这个企业的企业文化是他们与企业家共同创造的，对企业有比较深厚的情感。但是由于年龄比较大，文化水平比较低，在新时期跟不上企业发展的步伐。然而他们资格老，有话语权，大多在重要岗位上，优秀的年轻人提拔不上来，他们也很难承担新时期的企业发展任务，这样的员工在很多私营企业里都有。企业管理层当然不会让他们走，如果真是这样，那就是"卸磨杀驴"。一般的做法是，再给他们学习培训的机会，看他们能否跟上时代的步伐。但是他们当中的绝大多数人没有办法实现"华丽转身"，多数人学习培训效果不彰。那只能走第二条路，进行转岗处理。但是一般来说，工资待遇应当保持不变。第三象限的员工，这些人能力强，认同企业的价值观，是老板志同道合的事业伙伴，形成企业核心团队的备选人才就应当是这部分人。最糟糕的是第四象限的员工，他们是怀才不遇的人。

企业人力资源应当帮助老板梳理企业用人原则，说服老板用科学的理念选人、用人和培养人。并且建立企业动态人才库，做好核心员工的业绩和专业技能进步的记录，建立提拔用人的制度规范，在企业发展急需人才的时候，向企业决策层提供人才使用建议和咨询，把高端人力资源的开发作为企业人事调整中的重要工作。

讲到这里，通过五章的梳理，我们对何谓现代企业人力资源管理已经很清楚了，即对人力资源的获取、保持、发展、评价、调整这五大环节在企业中的运作过程，就称为现代企业人力资源管理。

【本章要点归纳】

对人员的调整问题，一是要把因为企业流程改进带来的岗位调整，作为企业的常态。这是因为关注流程、优化流程、精简流程、再造流程，发展才是硬道理。流程一变，导致企业的组织架构发生变化，组织架构的调整，带来了岗位的变化，因此我们说发展才是硬道理。

二是企业内大的人事变动往往是绩效考核之后进行的，绩效考核提供了企业组织人事调整的最基本和最公平的依据。在组织内实行"替换规划法"，可以实现动态的岗位调整目标。

三是要把企业因为业务拓展带来的人事调整尽可能纳入制度化管理范畴，这涉及企业的用人原则，即"圈内用德，圈外用才"和"先儿子，后女婿"。对"圈内用德，圈外用才"的解释是：企业的德就是老板的价值观。"圈外用才"是说，但求所用，不求所有，能够调动全社会的人力资源为企业服务是根本宗旨。对"先儿子，后女婿"的解释是内部提拔优于外部招募。企业的管理团队中，价值观一致比技术和能力本身都重要。

何谓当代企业人力资源管理，就是对人力资源的获取、保持、发展、评价、调整这五大环节的运作过程。

| 第六章 |
企业所有干部都是人力资源的管理者

一、企业人力资源工作不能"两张皮"

很多企业的直线干部认为,企业的人事工作都是人力资源部的事情,与直线干部没有多大关系,因而对这个企业的人事制度的心态与员工的心态毫无二致。对人力资源的工作不但不理解,更谈不上支持,是一种被动的执行,当这个人事制度与本部门的利益有冲突的时候,更多的是站在部门立场,给人力资源的工作带来很大阻力。

很多人力资源干部对本企业的业务流程不清不楚,对企业基层的工作方式方法不了解,对企业战略理解不透彻,出台的人事制度与企业的基层工作脱节,陶醉于所谓的"科学方案",不理解、不知晓管理的本质。方案高悬,很难落地。这些现象造成了企业人力资源工作的"两张皮"现象,在很多企业中非常突出,导致直线干部与人力资源干部都有意见,遇到需要协同的事情,就开始吵架。这种状态,怎么可能遑论人力资源进入企业战略层次。

其实,企业内所有干部都是人力资源的管理者,这在企业各项人力资源活动中体现得非常突出(见表6-1)。

表 6-1　直线干部与人力资源干部在人力资源管理方面的分工

职能	直线干部的活动与责任	人力资源干部的活动与责任
获取	提供职务分析、职务描述及职务要求有关资料，使本部门人力资源计划与企业战略一致；对申请人进行面试，结合审阅人事部门提供的资料，对录用和委派做出决定	工作分析的组织与文件编写，人力资源规划制定，监督人员招聘、选拔、录用、委派，使之符合企业要求，职务申请人背景调查、体检、记录和保管人事档案
保持	与下属面谈，对下属指导与教育，保持信息畅通，化解矛盾，提倡集体协作，职工参与，尊重下属，公平对待，按劳授奖	设计沟通渠道与制度，制定工资奖酬系统及福利保健制度，处理劳资关系，为职工合理要求提供服务
发展	在职培训，指导员工制订个人发展计划，给下属提供工作反馈，进行工作再设计	制订培训计划，培训组织与管理，提供职业发展咨询服务
评价	员工工作态度的评价，绩效考核，员工满意度调查	设计绩效评价系统和员工满意度评价系统，对绩效考核进行指导并提供服务
调整	纪律维持，对升降、调迁、惩罚和解聘做出决定	提出人事调整意见，落实直线干部的决定，提供退休咨询服务

表 6-1 中，横向是直线干部与人力资源干部的活动与责任，纵向是刚刚分析过的人力资源管理的五大任务。以人力资源的获取工作为例，直线干部要对其下面的具体岗位向人力资源干部提供职务分析的资料，人力资源干部要用这些资料来研究和撰写该岗位的工作分析。在招募方面，应聘者最先见到的是人力资源干部，他们面试的应该是应聘者的背景资料（包括学历、工作经历、人员基本素质、身体条件等）。背景资料过关，再送给直线干部面试，直线干部主要是面试该岗位要求的专业技能。

例如，评价环节，车间里的一名员工拿着刚刚下发的绩效考核文件来找他的车间主任说，"主任，你看这是什么东西啊，如果按照这个方案考核我们，我们大家都吃亏，太不合理了"，车间主任接过这个方案看了看，也部分同意这名员工的说法，他也认为这份文件如果实施起来问题很多。他这样回答他的下属："人力资源部真是吃干饭的，这种方案也拿得出来。"试想如果是这样的情况，这个车间的绩效考核工作还能不能进行下去呢？其实这位主任的立场错了，他没有意识到自己也是人力资源管理的工作人员。他起码应当向他的下属表明这样的态度："你的意见很好，说明你认真看了。我们可以向人力资源部反映我们的意见，我相信他们会考虑的，但是在人力资源部还没有提出修改方案之前，我们部门要坚决执行这个方案，因为这一条对你不合理，对大家都是一样的。有意见可以提，但是方案要坚决执行。"毫无疑问，直线干部只有表明这样的态度，这个部门的绩效考核才能进行下去。

关于企业所有干部都是人力资源的管理者，这样的教育工作，只靠人力资源的努力显然是不够的，必须由企业的决策层不断地宣导才能得以实现，这也是老板和非人力资源管理干部学习人力资源课程的必要性的具体体现。

二、人力资源的管理活动要主动配合企业战略

经常听到很多企业的人力资源干部抱怨企业决策层对人力资源工作不重视，开展人力资源管理活动困难重重。深究其原因，是因为人力资源的管理活动没有进入企业战略层次。换句话说，人力资源管理活动没有从专业角度主动配合企业战略的要求。表 6-2 是一家企业战略的提出和企业对人力资源管理活动提出的要求。

表 6-2　企业战略决策与人力资源管理活动的主动配合

公司战略决策	对人力资源管理活动的要求
添置新生产设备	对职工培训，使其掌握新的操作技术和技能
建设新工厂	部分职工调往新的企业，就地招聘新员工，组织员工培训
采用低成本竞争策略	调整奖酬制度，对职工进行教育，使其了解实施新措施的理由。技术培训，掌握新的节料、节能、增效技术和工艺
产品外销策略	选拔和培训海外销售人员，调整奖酬制度适应海外情况
兼并扩张策略	在被兼并的企业原有职工中进行选择、留用、培训工作，安置剩余人员，调整奖酬系统，使兼并企业与原企业统一

当企业要添置新的生产设备时，人力资源管理部门必须主动联系直线部门领导，把对新的操作技术和技能的培训提到议事日程，并且做出方案交由直线部门领导实施；当企业要建设新的工厂时，人力资源部门应当及时出台员工调入新企业的相关政策，并向决策层提出就地招聘新员工的计划请决策层审批，真正让决策层感到"兵马未动，粮草先行"；当企业采用低成本的竞争策略时，人力资源部门要调整企业的薪酬制度。这一点，有一个很好的例子展现给读者。

在广东有一家生产家电的企业，就是采用低成本的竞争策略，首先在国内把德国西门子的同类产品淘汰出局，因为西门子是最贵的；接下来采用相同的手

法，把日本东芝、日立的产品淘汰出局；后来这家企业又采用低成本的竞争策略，把国内北京、上海、浙江的同类产品淘汰出局。现在国内生产这个产品的企业只有两家。而另外一家，没有和这家企业打价格战，而是在产品的科技含量方面略微存在优势。这家企业就是格兰仕，产品就是微波炉。另一家企业就是美的集团。

这里我们有一个疑问，就是格兰仕是怎么做到的？因为从企业的生产成本来说，无非是两个：一是固定成本，二是可变成本。从固定成本来看，任何企业都没有明显的节约空间，前面已经分析过。如果固定成本没有办法改变，那就要分析一下企业的可变成本，一个企业的可变成本有两个方面：第一个是人工成本，每个月要给员工发放工资，要消耗和挤占企业很大的现金流。第二个是流程成本。以格兰仕来说，我们宁可相信它的生产流程比较先进，可以节省一部分钱。但是我们知道，一般来说人工成本和流程成本相比较的话，还是人工成本占的比例大。那么格兰仕的微波炉那么便宜，格兰仕员工的工资在行业内会不会很高，如果不高，谁来这家企业应聘呢？这的确是个问题。

原来格兰仕在采用低成本竞争策略的时候，人力资源部门已经在薪酬制度上做了相应的调整。我们知道，员工最大的收入来自两个方面：一是基本工资，二是奖金。基本工资是固定的，奖金是随着业绩浮动的。但是这两部分中有一个比例问题。格兰仕在采用低成本竞争战略的时候，是把基本工资的比例提高而将奖金的比例降低，还是相反？当然是相反。这样使得那些能干的员工，收入不但没有减少，还有不同程度的增加。而普通工种的员工和那些可替代性比较大的岗位的员工，他们的收入的确有所降低。但是在这种情况下，他们要走，这家企业怕不怕，当然不怕，"铁打的营盘，流水的兵"。因为这个岗位的人员好替代，技术含量不高，再招募就是了。

因此，人力资源工作在企业里"有为才有位"，如果能够做到上述情况，那这家企业的人力资源部门的确是制定和实施企业战略不可或缺的部门。另外，企业人力资源战略不但是企业战略的组成部分，同时也要服从于企业经营战略。它们之间的关系如图6-1所示。

从企业人力资源管理战略来看，分为三个层次：一是战略层的接班人计划和人力资源各方面的管理活动规划；二是管理层具体的执行方案的设计；三是运作层各种方案在基层的实施过程。本书将把讨论重点放在管理层和运作层，这将形成本书鲜明的应用特色。

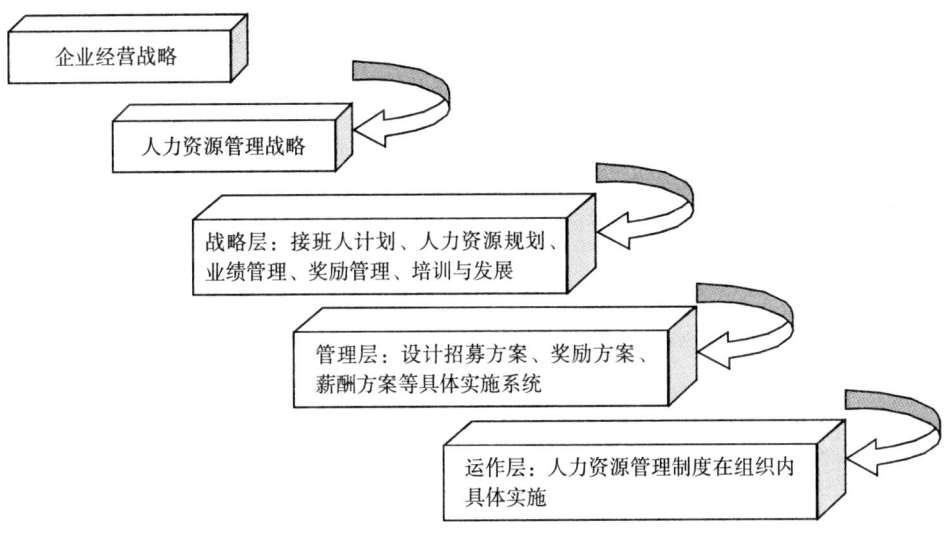

```
企业经营战略
  ↓
人力资源管理战略
  ↓
战略层：接班人计划、人力资源规划、业绩管理、奖励管理、培训与发展
  ↓
管理层：设计招募方案、奖励方案、薪酬方案等具体实施系统
  ↓
运作层：人力资源管理制度在组织内具体实施
```

图 6-1　企业战略与人力资源战略的关系

【本章要点归纳】

企业内的所有干部都是人力资源的管理者，直线干部和专职人力资源只是分工不同而已。这样的教育工作，只靠人力资源的努力显然是不够的，必须由企业的决策层不断地宣导才能得以实现，这也是老板和非人力资源管理干部学习人力资源课程的必要性的具体体现。

企业的人力资源管理活动要主动配合企业战略，这方面分为三个层次：一是人力资源战略层；二是人力资源管理层；三是人力资源运作层。人力资源应当经常问自己，企业的人力资源管理活动有没有从专业角度主动参与和配合企业战略的要求。人力资源工作在企业里真的是"有为才有位"。

Part Two | 第二篇

战略资源：企业管理层招募和使用的测评方法

第七章 管理层招募和使用之基本素质与技能
第八章 把握职业性格与岗位的匹配
第九章 九型人格测试在职业性格中的应用及其实践
第十章 职业锚与岗位胜任力模型

|第七章|

管理层招募和使用之基本素质与技能

一、企业管理层招募和使用模型

一家企业的管理层,就是这家企业运营的核心管理团队,他们在企业中承担着承上启下的使命。承上,就是理解和自觉执行企业的战略意图,与企业决策层保持高度一致;启下,就是把上级的战略目标进行有效分解,变成本部门的目标,并拿出本部门的执行方案,调配本部门的资源强力实施。因此,不论怎么强调企业管理层员工的作用都不为过。

对管理层员工的招募和使用,现代企业往往采用一系列客观测评的方法,以避免由于企业招募人员的水平不高,把优秀人士提前淘汰出局,这样的例证很多。另外,面谈招募管理层,需要面试官有很高的水平,能够对应聘者做出正确判断。这样的结果导致,一是招募成本高,二是主观性大,招募信度和效度都不是很高(信度:应聘者工作结果的稳定性和一致性程度不互相矛盾;效度:应聘者真正品质与测度品质之间的符合度)。所以,招募和使用企业管理层最好的方法是,首先通过一系列科学测评手段,使该应聘者的客观条件和主观愿望与企业岗位基本匹配之后,再由决策层做出录用与否和安排什么岗位的决定,这样的选择也符合 e-HR 未来发展的方向。

在招募和使用管理层问题上,首先不能求全责备,人无完人的概念应当首先建立起来，图 7-1 说明了这个问题。图 7-1 的左图中，如果企业要寻找一位领导型的人物，那他本人的业务成就可能不是很重要，因为外行是可以领导内行的。但是作为领导，他的影响力、人格魅力要大一些；中间图显示，企业要寻找一位管理型的人物，那他在企业中基本上是唱"黑脸"的，因而不能苛求这个人有多少亲和力，反过来他本人的业务能力和影响力要大一点；右图中如果企业要招募某个方面的专业人士，那考虑他的影响力和亲和力也没有太大的意义，关键这个人是否有真才实学，这才是最重要的。

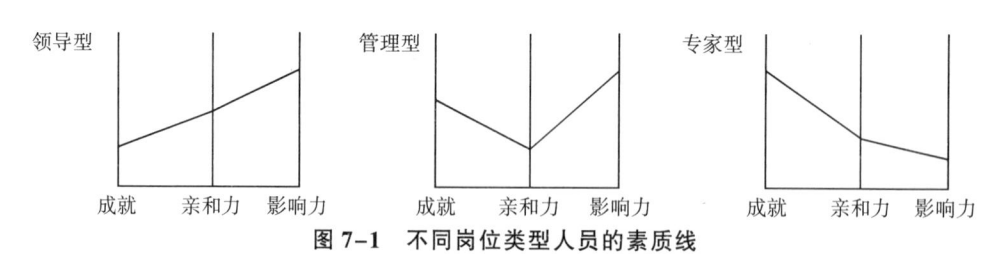

图 7-1 不同岗位类型人员的素质线

鉴于以上分析，笔者在这里提出一个管理层招募和使用模型供企业参考（见图 7-2）。图 7-2 显示了招募管理层的一个有机系统，中间部分是要解决应聘者与具体岗位的"适配性"，这个适配性问题是从该应聘者"职业性格"开始的，了解其职业性格与岗位的匹配问题这是一个客观问题（性格是有遗传因素的）。然后要了解该应聘者选择职业的价值观与应聘岗位的匹配问题，即该应聘者的"职业锚"是什么（职业锚将在第十章第一小节论述），这是主观问题。最后要了解的是该应聘者在这方面的现有能力与应聘岗位的匹配问题，即所谓的是否有"胜任力"或者"岗位素质"问题，这样又回到了客观问题。即客观评价到主观

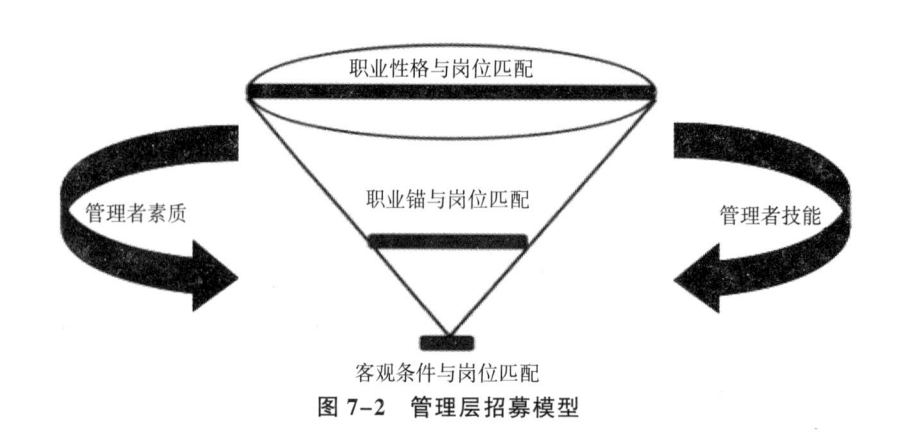

图 7-2 管理层招募模型

评价，再到客观评价的循环（笔者把其称为"漏斗测评"），因为我们可以把这三项测评看作一个"漏斗"，问题抽丝剥茧，层层挖掘递进，最终找到适合的人才。"漏斗"左右是应聘者普遍应当达到的素质和基本的技能。其招募顺序应当是先解决了左右两个基本问题，筛选以后，才进入"漏斗"。即应聘人员素质考察—基本技能考察—职业性格测试—职业锚测试—岗位素质模型考察或测试。

二、考察应聘管理层岗位者的基本素质

素质是一个人在社会生活中思想与行为的具体表现。素质一般定义为：人与生俱来的以及通过后天培养、塑造、锻炼而获得的身体上和人格上的性质与特点。它包括身体素质、心理素质和文化素质。人的素质一旦形成就具有内在的相对稳定性。因此可以这样认为，人的素质是以人的先天禀赋为基质，在后天环境和教育影响下形成并发展起来的内在的、相对稳定的身心组织结构及其质量水平。

管理者的基本素质一般可以归纳为：素质=智商+情商。智商（Intelligence Quotient，IQ）主要是由遗传决定的，无法改变。比如，别人的孩子高考，一考就是600多分，我们的孩子高考一考就是300多分，如果把这个300多分的孩子送去补习一年，能否达到600分？答案是你我都知道的事情。

目前世界上并没有特定的题目来测试智商。以美国流行的智商测试方法来看，智商如果是80以下（占人口的27%），很难进行基本的技能训练或语言交流；100~109属于正常（占人口的46%），具有一般的理性判断的能力；120~139属于比较高的智商（占人口的10%），是十里挑一的聪明人，大部分技能、知识都可以学会，绝大部分技能都可以自学，很多杰出政治家和军事家都在这个智商范围；140属于高智商（占人口的1%），百里挑一，在大部分人看来绝对是天才，有独立的抽象思维能力，可以同时看到问题的多个角度，智力活动上追求自由，难以管理驾驭，是罕见的政治家、企业家、医生、律师、文学家的智商范围；160属于超高智商，出类拔萃，万里挑一，卓尔不群，洞察问题的多个方面，很难与绝大部分人进行思想交流，经常拒绝融入社会或不为社会所容，有独立开创人类智力活动新领域的能力，一些杰出工程学家、科学家、音乐家是这样的智商范围；180是超级天才，思维超前于时代，经常被社会当作疯子，划时代

哲学家的智商范围。从以上的统计结果可以得出一个很有意思的结论：从社会成功的角度看，最佳智商值在 140 左右。

但是，事实往往不是如此，很多智商平平的人也做到了管理层的最高位置。一个大家都熟知的例子，就是美国前总统小布什。据英国《泰晤士报》2006 年 9 月 10 日报道，根据加利福尼亚州立大学心理学家迪安·基思·西蒙顿的研究，小布什的智商估计在 111.1~138.5，而美国大学毕业生的平均智商约为 120，也就是说，在受过高等教育的人群中，耶鲁大学毕业的布什的智商处于平均值左右。西蒙顿称，布什的智力水平实际上可能高于估算的智商，因为他有比较强的"开放性"。所谓"开放性"指的是一种认知倾向，正面表现为对新鲜事物感兴趣，富有想象力和创造性，对知识、各种艺术形式、非传统观念和行为具有高度的接纳能力。

笔者认为，西蒙顿所说的开放性，就是指人的另一种能力，即情商（Emotional Quotient，EQ）。情商的概念最早是由美国心理学家约翰·梅耶（新罕布什尔大学）和彼得·萨洛维（耶鲁大学）于 1990 年首先提出的，但当时并没有引起全球范围内的关注。直至 1995 年，时任《纽约时报》的科学记者丹尼尔·戈尔曼出版了《情商：为什么情商比智商更重要》一书，才引起全球性的 EQ 研究与讨论。丹尼尔·戈尔曼接受了萨洛维的观点，认为情智包含五个主要方面：一是对自我的了解：监视自己情绪时时刻刻的变化，能够察觉某种情绪的出现，观察和审视自己的内心体验，它是情商的核心，只有认识自己，才能成为自己生活的主宰；二是自我管理：调控自己的情绪，使之适时适度地表现出来，即能调控自己；三是自我激励：能够依据活动的某种目标，调动、指挥情绪的能力，它能够使人走出生命中的低潮，重新出发；四是识别他人的情绪：能够通过细微的社会信号，敏感地感受到他人的需求与欲望，这是认知他人的情绪，与他人正常交往、实现顺利沟通的基础；五是处理人际关系，调控自己与他人的情绪反应的技巧。**笔者把情商的五条，概括为"三个我，一个你，一个我们"。三个我：认识自我、控制自我、激励自我；一个你：体察你的情绪；一个我们：在你的情绪和我的情境中，创造我们的平衡。**

情商这五种表现，恰恰是一个企业管理者应当具备的品质。因此，绝大多数人的智商是差不多的，但是情商却相差很大。当我们要求一位有很好的开发能力的技术人员有多高的情商，不现实也没有意义，因为他的主要工作在于自己领域里的研究创造，他情商不足也没关系，企业会为他创造平台弥补，而一名企业中层管理者，他的智商不一定要很高，他处理企业实际问题的能力、人际关系的维护、创造适宜工作环境的方法、调动资源的能力却非常重要。因此，我们在招募企业管理层的时候，的确有必要测量一下他们的情商。关于情商的测试，国内外有不少版本，以笔者的应用实践来看，美国 David A. Whetten 和 Kim S. Cameron 的"情商测试问卷"的应用效果比较理想，见附录7-1。[①]

一般我们希望管理层的应聘者测试情商要高于70以上。当然，这个测试方法，尽管笔者做了一些符合中国人表达习惯的修改，但是文化背景还是有一些问题，因此在使用的时候应当注意结论只能作为一个参考。

附录 7-1

情商测评问卷

David A. Whetten　Kim S. Cameron

一、答题须知

不要去猜怎么做才是对的，你平常是怎么反应的就怎么选择，也不要多思考，就是第一反应是什么就是什么。

二、问卷说明

此问卷来自 David A. Whetten 和 Kim S. Cameron：《管理技能开发》（第七版），庄猛升、吴秀云、杨冰等译，清华大学出版社2008年版。笔者整理并改写了部分语言表达，使之符合中国人的表达习惯。

1. 当我心烦意乱的时候，我会：

A. 分析自己为何如此

B. 会发火，有某种程度的爆发

C. 隐藏情绪，尽量保持平静

2. 当有人公然把我的成果和创意据为己有的时候，我会：

A. 什么都不做，就这样，免得引发冲突

B. 期盼他能提到我，如果能得到赞扬的话，我会很高兴

[①] 该问卷来自 David A. Whetten 和 Kim S. Cameron：《管理技能开发》（第七版），庄猛升、吴秀云、杨冰等译，清华大学出版社2008年版。

C. 感谢他，因为他起码提到了我，我会努力向别人解释我所做的贡献

3. 当我准备接近某人，并且试图和他聊天，但是他毫无反应的时候，我会：

A. 通过一个话题让这个人对我有兴趣

B. 询问他是否愿意谈论他的心事

C. 离开这个人，去找其他人聊天

4. 当我进入一个人际圈子的时候，我通常会：

A. 安静一下，等有人来跟我说话

B. 努力寻找一些可能让别人高兴的话题，去主动地说

C. 想办法成为聚会的灵魂人物，吸引大家的注意力

5. 对于非常重要的问题，我通常会：

A. 自己下决心，不太在乎他人的观点

B. 左右衡量，在下决心之前，与别人讨论

C. 听取多数人的意见，做出和他们一样的决定

6. 当我特别不喜欢某个人，这个人对我反倒有兴趣的时候，我会：

A. 直接告诉这个人，我对他的话题不感兴趣

B. 客气但冷淡地做出反应

C. 不理睬此人，并避免与他再接触

7. 我所在的单位中，有两人为某问题针锋相对，争论不休，我会：

A. 找到一个他们两个都认为重要并且能够接受的观点

B. 鼓励口头上的争论，只要不伤和气

C. 建议他们停止争论，冷静下来

8. 我参加一项集体活动，当轮到我最后一搏且对活动结果有很大影响时，我会：

A. 紧张，希望自己不要表现失常

B. 紧张又兴奋，因为表现自我的机会终于来了

C. 紧张，尽力专注我自己

9. 我有一个重要的事情希望提前下班，但是单位要求加班，这样才能按时完成工作任务，在这种情况下，我会：

A. 取消我个人的事情，留下来加班

B. 夸大我的事情的重要程度，对我的重要性

C. 为错过的加班，在以后尽量寻找一种补偿

10. 当有人非常生气，对我大喊大叫的时候，我会：

A. 也非常生气，我是不会这样受气的

B. 躲开，因为这样争辩毫无好处

C. 先听着，然后试图和对方讨论或者解释此事

11. 当我遇到有人遭遇不幸或者重大损失的时候，我会：

A. 真不知道该说些什么安慰的话或做些什么事情安慰他

B. 告诉他我也很悲伤，希望能够帮到他些什么

C. 与他分享自己也遇到过类似的事件，及其当时的经历

12. 在组织中，有人在讲很难忍受的黄色段子的时候，我通常会：

A. 指出这样不好，并转移话题

B. 忽略这样的浑段子，避免对方不悦

C. 真的如坐针毡，告诉对方我的真实感受

评分标准：

一、情绪意识

1. A：10　B：0　C：0
5. A：5　B：10　C：0
9. A：0　B：0　C：10

二、情绪控制

2. A：0　B：5　C：10
6. A：10　B：5　C：0
10. A：0　B：0　C：10

三、情绪诊断

3. A：5　B：10　C：0
7. A：10　B：5　C：0
11. A：0　B：10　C：0

四、情绪反应

4. A：0　　B：10　C：0
8. A：0　　B：5　　C：10
12. A：10　B：0　　C：5

结论：

平均值：70 分。

在美国的统计显示：

（1）有 25% 的人超过 86 分，这部分群体情商很高。

你是一个快乐的人，不易恐惧担忧，对工作你热情投入、敢于负责，你为人更是正义正直、同情关怀，这是你的优点。你的情绪智慧不但是你事业的助力器，更是你事业有成的一个重要前提条件。

（2）有 25% 的人低于 54 分，这部分群体情商比较低下。

你常常不能控制自己，你极易被自己的情绪所影响。很多时候，你容易被激怒，这是非常危险的信号。你的事业可能会毁于你情绪的失控和对他人和事物的忽略。鉴于此，最好的解决办法是能够给不好的东西一个好的解释，保持头脑冷静，善于观察，使自己心情开朗。

（3）其中又有 25% 的人在 71~85 分，这部分群体在平均分以上。

（4）25% 的人在 55~70 分，这部分群体在平均分以下。

（5）一般情商达到 70 分左右都可以，如果相距 70 分太远，要注意控制自己的情绪。

三、关注应聘管理层岗位者的基本技能

美国学者罗伯特·卡茨（Robert L. Katz）的《高效管理者的三大技能》这篇哈佛经典文章首发于 1955 年，此文是作者针对当时美国企业界寻找"理想经理人"的狂热而撰写的个人研究成果。在当时人们普遍认为，有一种类型的人最适合担任经理人，因此，只要找出这类人的性格特质，然后按图索骥就可以寻找到具有这类性格特质的管理者。

卡茨认为，如果人们只盯住某些特定的性格特质（Trait）或素质，反而忽视了真正应当关心的问题，即这个人究竟能做成什么事情，倘若如此就是本末倒置。因此，他提出了管理的"技能"学说。他解释说，"技能"（Skill）一词，指的是一种能力，这种能力可以是后天培养的，并不一定要与生俱来；这种能力要在实际行动中得以展现，并不仅仅蕴藏于潜能之中。因此，根据行为结果来评判一个管理者，比根据他表面上的性格加以评判更加有效。因为技能比性格特质更容易辨认，技能是展现在外部的，可以观察和评估，而内在的性格则不易辨识，常常被曲解。

卡茨提出有效的管理者应当具备三种基本技能，即技术性（Technical）技能、人际性（Human）技能和概念性（Conceptual）技能（见图7-3）。

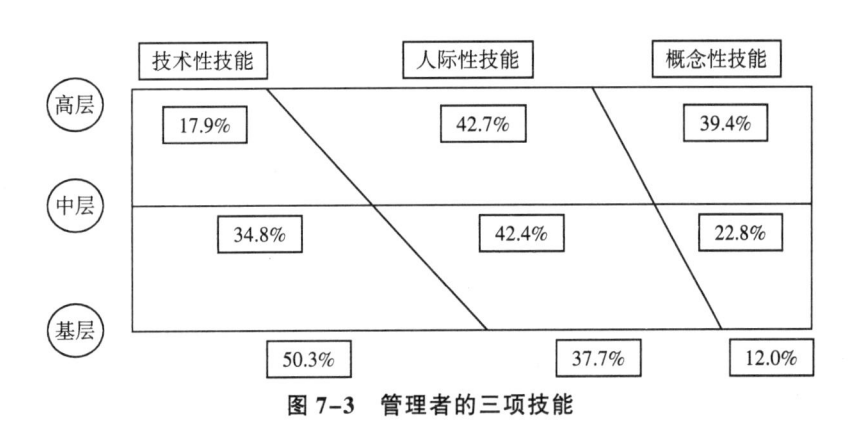

	技术性技能	人际性技能	概念性技能
高层	17.9%	42.7%	39.4%
中层	34.8%	42.4%	22.8%
基层	50.3%	37.7%	12.0%

图7-3 管理者的三项技能

技术性技能指的是对某项活动，尤其是对涉及方法、流程、程序或者技巧的特定活动的理解程度和熟练程度。对于外科医生、音乐家、会计师或者工程师之类的职业，我们很容易想象出他们在履行专职工作时所表现出的技术性技能。技术性技能涉及的是专业知识和专门领域的分析能力，以及对相关工具和规章制度、法律条文的熟练运用。在图7-3中的百分比数字，是罗伯特·卡茨调查的结果，他认为这三大技能中，对高层、中层和基层管理者的要求是不同的。例如，技术性技能，属于操作层面，越是基层管理者，技术性技能就应当越强，越是高层管理者，这方面的要求也就越弱，从最高到最低相差32.4%。很多情况下，尽管管理与领导在执行方式上有很大不同，但是经常见到管理者与领导者的身份是重合的，从此意义上来说，上面的数据也充分证明了"外行可以领导内行"。换句话说，你的下属在某些方面，特别是技术领域方面比你专业、比你强很正常，并不妨碍你对他的领导。

然而，当你也是这方面的专家，同样可以提高你的领导力。目前，中国国内99.99%大学校长本身都是博士生导师，有没有必要？当然有必要，因为他们领导和管理的下属中很多就是博导，如果他们不是博导，下属可能会认为校长说的话不专业或没有水准等。因为在领导力理论中，权力的运用有一条就是"专业权力"。所以应当说，外行可以领导内行，但是不要以外行为荣，要通过自己的努力，逐渐过渡到内行，管理者要保持一个持续学习的态度。越是员工素质高的企业和部门，管理者的技术性技能也就越显得重要。

在卡茨提出的三种技能中，技术性技能是最具体的和为我们所熟悉的。关于这方面的考察，人力资源要配合直线干部来完成判断，必要时要由直线干部给予测评，提供结论性意见。

技术性技能主要是"处事"的能力，而人际性技能则是"待人"的能力，这种能力就是情商。人际交往技能高超的人，不仅意识到自己对于他人和集体所持有的态度、假设和信念，而且能够看到这些情感的作用和局限性。他接受这样一个事实：世上存在与自己不同的观点、感受和信念，他不会为此而感到沮丧。因此，他可以比较准确地理解他人言行的真实含义。同样，他也能准确地洞悉对方的语境。对人际性技能的考察，人力资源可以在情商测试和交谈中了解应聘者，并做出判断。

概念性技能是指以整体视角看待企业的能力。这种能力包括分析、判断、抽象、概括，并迅速做出决断的能力。具体包括系统性、整体性能力，识别能力，创新能力，抽象思维能力。

概念性技能其实还反映了管理者的价值观，比如对风险的态度、思维的开拓性，其中有一些领导力的要求，就连罗伯特·卡茨本人都说，概念性技能可能有些是与生俱来的。因此，对高层管理者，概念性技能就成了管理取得成功的首要技能。从概念性技能的调查结果来看，卡茨调查的结果最让人震撼：高层与基层管理者相比，竟高出3.28倍！

对概念性技能的测评，可以采用模拟测评方法，有以下五种：一是公文处理：一般应提供五种不同类型的公文，如文件、电话记录、备忘录等，考核其综合文字能力；二是谈话：电话交谈、接待来访、拜访有关人士；三是无领导小组：给出一个题目，请几个被测试者自由讨论，观察每个人的主动性、说服力、口头表达力、自信心，考察其心理压力的承受能力和人际交往能力；四是角色扮演：扮演特定角色，考察其心理素质和潜在能力；五是即席发言：给出一个题目，稍做准备，即席发言，考察理解能力、语言组织表达力、风度、思维能力等。

当然，这三类技能的重要性是相对的，会随着管理层级的不同而发生变化。对于低层管理者，最需要的是技术性技能和人际交往技能。对于中层管理者，管理的成效主要取决于人际性技能和概念性技能。高层管理者最重要的还是概念性技能。这种方法使我们摆脱了过去那种单纯辨别领导者性格特质的方法，而是通过观察和分析管理流程来判断管理者的技能。基于这种方法，我们可以判断不同管理层级最需要的技能，这一点显然在管理人员的挑选、培训和提拔等方面大有用武之地。

【延伸阅读1】

一个人去花鸟市场买鹦鹉，看到巷子口挂着一只鹦鹉，这只鹦鹉大小适中、毛色亮丽、气宇轩昂。他一看标价300元，就和卖鹦鹉的人说："老板这鹦鹉也太贵了吧。"卖鹦鹉的回答他："不贵啊，你看这么漂亮的鹦鹉，我还训练了很长时间，它会说话啊，吃饭了吗、你好、再见都会说的。"买鹦鹉的人想了想，是啊，会说话的鹦鹉300元，好像也不算太贵，就没吭气，又往巷子里面走。这时候他发现第二只鹦鹉挂在那里，和第一只一样，也很漂亮，但是一看标价写的是600元。他问卖鹦鹉的："这两只不是一样吗，怎么那个300元，这个600元？"卖鹦鹉的说："外观一样，内涵可不一样啊。""怎么不一样？"买鹦鹉的问。"我告诉你"，卖鹦鹉的说，"这个鹦鹉不但会说你好、再见，还会说，How do you do, How are you, fine, thank you。哦，会说中、英两国语言的鹦鹉！买鹦鹉的人又接着往里走，发现了第三只鹦鹉，是一只老鹦鹉，毛色灰杂，老态龙钟，精神萎靡不振，在那里睡觉。买鹦鹉的人心想，这个老鹦鹉肯定不值钱，结果凑上去一看，标价900元。就忙问卖鹦鹉的："我就不相信这个老鹦鹉会法语还是德语？会一国语言你卖300元，会中、英文的你卖600元，那这个是不是会说三国语言？"卖鹦鹉的人笑了："你可没说对，这个老鹦鹉不会说话，卖900元是因为刚才那两个鹦鹉叫这个老鹦鹉为领导！"

领导可以什么都不会,但是他会八个字,叫作:知人善任,调配资源。他发现"第一只鹦鹉"有学会一国语言的能力就安排他去学,他发现"第二只鹦鹉"有学会两国语言的能力,又安排他去学,结果这"两只鹦鹉"回来了以后,整体上提升了组织的战斗力和竞争力。你说说这是谁的功劳……

【延伸阅读2】

外行是可以领导内行的,这没有问题,但是如果你也是这方面的内行,当然可以提升你的管理能力和领导能力。中国的大学校(院)长中,有一位比较特别,就是查良镛先生(金庸先生)。1999年4月,查先生受聘为浙江大学人文学院院长(1999年4月至2004年12月),那时的查先生别说博士学位,连学士学位都没有(查良镛1944年考入重庆中央政治大学外交系,因对校内学生政治行为不满而向校方投诉,反被退学)。但是现在的查先生著作等身,当然有资格做浙江大学人文学院的院长。有意思的是,据说查先生在浙江大学当人文学院院长时,有人讥讽他学问不够,他低头纳言:"别人指责,我不能反驳。唯一的办法就是增加自己的学问。"结果他86岁跑到英国剑桥大学认真读了硕士,又读了博士,然后又来念北大的博士。终于在2010年,英国剑桥大学授予查良镛荣誉院士和哲学博士学位。

2007年6月,香港凤凰卫视中文台曾经播放过鲁豫采访查先生的节目,节目中鲁豫问86岁的查先生,您这么大年纪了还去读书干吗?查先生笑答:读着玩。问:那老师怎么教您啊?答:老师也不怎么教我。问:那你和剑桥的同学怎么相处啊?答:他们啊,孙子辈哦。问:在剑桥有没有什么有意思的事情,讲来听听。答:有啊,同学们去问老师问题,老师和他们讲,你们不要来问我,去问查教授!

这段笑谈,查良镛先生讲起来很轻松,但是他把英国剑桥的博士学位看得重不重,当然非常重,他要加强这个浙江大学人文学院院长的"专业权力"。所以,外行可以领导和管理内行,但是不要以外行为荣,要通过自己的努力,逐渐过渡到内行。管理者要保持一个持续学习的态度,这一点,非常重要。

【本章要点归纳】

　　企业管理层团队是一个企业最重要的战略人力资源。招募企业管理层最好的方法是，首先通过一系列科学测评手段，使该应聘者的客观条件和主观愿望与企业岗位基本匹配之后，再由决策层做出录用与否的决定，这样的选择也符合 e-HR 的发展方向。

　　管理层招募的模型中，从大的方面来讲，对管理层员工有两方面要重点考察：一是管理者素质，二是管理者基本能力。管理者素质就是智商加情商。智商是先天的，情商是可以通过后天学习实践改变的，对管理者而言，情商的重要性大过智商的重要性。管理者的能力有三种：一是技术性技能；二是人际性技能，即情商；三是概念性技能。在技术性技能的分析中，我们知道外行可以领导内行。在概念性技能中，越是高层领导，就越应当有比较高的这种技能。这种技能有某种天生的成分。

| 第八章 |

把握职业性格与岗位的匹配

一、职业性格

在第七章第一节中，笔者曾提出企业管理层招聘模型。除了应聘者的素质和基本技能以外，就是对应聘者职业性格、职业锚和胜任力模型的测评（见图8-1）。笔者把其称为"漏斗测评"。漏斗的最上方就是职业性格测评。

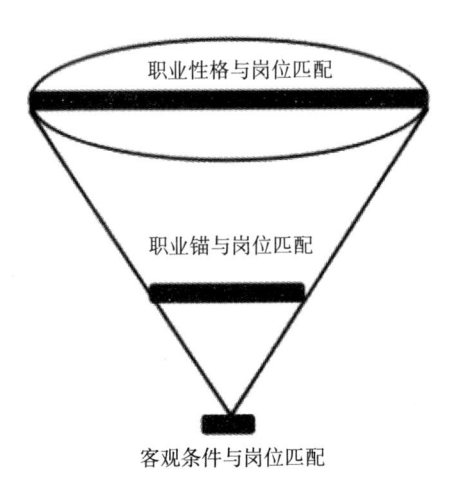

图 8-1　管理层人员漏斗测评

说到"职业性格"（Occupational Character），首先就要讨论一下什么是性格。

性格是一个人对现实情况下，表达的相对稳定的态度，以及与这种态度相应的、习惯化了的行为方式，我们把这东西称为人格特征。

一个人的态度决定了他的行为方式，稳定的态度会使与这种态度相适应的行为方式慢慢形成习惯，自然而然地表现出来。性格是在社会生活实践中逐渐形成的，一经形成便比较稳定，它会在不同的时间和不同的地点表现出来。但是并不是一成不变的，而是可塑的。性格在一个人的生活中形成，当生活环境发生重大变化时，一定会带来他性格特征的显著变化。但是总体而言，由于性格具有遗传性质，完全改变一个人的性格是比较困难的。我们经常说"江山易改，本性难移"大概就是这个道理。

当代心理学认为：一个人的性格由态度特征、意志特征、情绪特征和理智特征四部分组成。性格的态度特征主要指，这个人是如何处理社会各方面的关系的，即他对社会、对集体、对工作、对劳动、对他人以及对待自己的态度。例如，对集体和个人是热爱还是比较淡漠，是谦虚谨慎还是比较张扬，对金钱的态度是比较大度还是比较节约，是比较有责任感还是比较放任等。

性格的意志特征是指，这个人对自己行为自我调节的方式。例如，是行动计划性比较强还是比较随意，是独立行事还是比较从众，是比较果断还是比较优柔，是比较大胆还是比较谨慎等。

性格的情绪特征是指，这个人的情绪对他活动的影响，以及他对情绪的把控。例如，情绪稳定还是比较容易激动，乐观开心还是有忧患意识等。

性格的理智特征是指，这个人在认知活动中的表现。例如，独立性与相信专家、现实性与富于幻想、全面思考与独辟蹊径等。

研究证明，性格形成的因素很复杂，主要体现在以下三个方面，分别是基因遗传因素、成长期发育因素以及社会环境的影响因素。可以说它既有来自于本身的因素，也具备着相应的环境影响。通过以上阐述可以看出，性格本身是没有什么好与坏的分别的，各种不同性格的人都有在社会上成功的范例，例如，世界范围内绝大多数伟大的艺术家、文学家很多都是分裂型性格，如海明威、川端康成、三毛、张国荣等（分裂型性格是一种性格，不是心理疾病）。

【延伸阅读】

笔者在 2016 年 9 月华南理工大学工商管理学院，为广东省国资委二级企业法人代表讲授人力资源课程，这些学员都是国企的一把手，那天我刚好讲到职业性格问题。课间休息的时候，一位老总来找笔者聊天，他告诉笔者，他是广州远洋货轮公司的董事长，他们培养一位远洋货轮的海员一般要两年时间，成本很高。但是这些海员工作以后，很多人跑了一趟北美航线（美国加拿大航线），回来就辞职了，说什么都不干了。老总问为什么，海员回答说他们一旦上了这条航线，三个月是见不到陆地的，一开门就是大海。的确，试想一下，海上哪有 Wi-Fi 啊，哪有电话啊。就是船长拿着个卫星电话做紧急联络用，那是海员可以随便用的吗？老总说他们能做的就是抽烟、喝酒，再就是望着无边无际的大海。这位董事长总结说，他们受不了孤独，所以一上岸就辞职，说这不是人干的活……

他说，"丘老师你是搞人力资源的，能不能给我设计一个什么测评问卷之类的东西，我在招收培养海员的时候，先测测他，看他能不能受得了孤独，这样就可以避免我好大的成本"。其实这位董事长说的就是一个问题，即：职业性格。

二、MBTI 职业性格测试及其应用实践

人的性格职业是多种因素造成的，而且一个人往往不是单一的职业性格。另外，在社会环境发生很大变化，或者在个人逆境和顺境的情况下，职业性格可能都会发生一些变化，而且这种变化是有基本规律可寻的。例如，在同事朋友之间，有些人做了我们大跌眼镜的事，其实这样的人只是双重性格而已。以前我们看到的是他性格的一面，他性格的另一面我们并没有发现。

现在社会上有色彩与性格的说法，甚至还上了电视节目，这只能说是娱乐性节目而已，与科学判断不能同日而语。另一些讲授九型人格的人士（九型人格是国外的一种评判性格与职业性格的方法，后面会详细讲解），不经测试，就通过这个人的表象推定某人是所谓的"几号"，在授课中炫耀，把职业性格标签化，

这完全不是对职业性格研究的科学态度，也完全违背了九型人格开发者的初衷。因此，不要把职业性格测试庸俗化和标签化，这也不符合客观规律。另外，笔者也不赞同在线的职业性格测试，从实践来看，效果不好。因为在线测试一方面有网上阅读与书本阅读的区别，无法仔细思考斟酌；另一方面当分数一样或者非常接近时，书面测试可以要求被测试者再思考一下相同分数下的题目，以便得出进一步的结论，但是在线测试很难进行。还有不论哪种测试方法，都容许被测试者在无法判断题目的时候，放弃某个题目。

目前国内应用的职业性格测试方法主要有两种：一种是MBTI（Myers Briggs Type Indicator）国际职业性格测试，另一种是九型人格测试。本节主要介绍MBTI国际职业性格测试的应用实践，第九章介绍九型人格测试的应用实践，并从应用实践者角度，对两种方法做出相应的评价。

MBTI人格理论是目前国际比较流行的职业性格评估工具。MBTI人格理论的基础是著名心理学家卡尔·荣格关于心理类型的划分，后由美国心理学家Katherine Cook Briggs（1875~1968）和她同是心理学家的女儿Isabel Briggs Myers，基于对人类性格差异的长期观察和研究而提出的。MBIT经过了长达50多年的实践和发展完善，已经成为当今比较著名和权威的职业性格测试方法。

该测试设计者特别指出，一个人的性格倾向就像使用自己的两只手写字一样，都可以写出来，但习惯用的那只手写出的会比另一只更好。MBTI是一种被迫选择型、自我报告式的性格评估测试，它可以帮助解释为什么不同的人对不同的事物感兴趣、擅长各异的工作，并且有时不能互相理解。据统计，在世界500强中，有80%的企业有MBTI做人才甄别工具的应用经验。

MBTI的原理在于把人分为4种维度8种性格倾向（性向），即外向与内向（E-I）；感觉与直觉（S-N）；思考与情感（T-F）；判断与感知（J-P）。在这八种相对应的组合中，看被测试者偏向于哪一方面，然后得出偏向的四个方面（即四个字母的组合），就是该被测试者的职业性格倾向。按照排列组合，八个对应的性格倾向可以组合成16种职业性格（见表8-1）。

以上每种类型的4个字母还有组合问题，如检查员类型中，I与其他三个字母的两两组合、I与其他三个字母的三三组合，这些组合可再细分为625个类别，显然它们都有实用分析意义。但是人力资源应用招募测评往往不用这样复杂，基本上搞清楚应聘者在16种性格中是哪一种就可以了。

表 8-1　MBTI 的 16 种职业性格组合

ISTJ 检查员型	ISFJ 照顾者型	INFJ 博爱作家型	INTJ 专家型
ISTP 冒险家型	ISFP 艺术家型	INFP 哲学家型	INTP 学者型
ESTP 挑战者型	ESFP 表演者型	ENFP 记者型	ENTP 发明家型
ESTJ 权威型	ESFJ 主人型	ENFJ 教育家型	ENTJ 统帅型

注：此表根据 MBTI-K 量表绘制，以上类型中，又可以分为 625 个类别。

笔者曾经在 EMBA 和企业培训课程中，对在职人员大量使用 MBTI 职业性格测试，但是效果不太理想，表现在有的测试者反映效果较好，也有不少测试者对测试结果比较漠然。这是为什么呢？后来笔者仔细考察了测试问卷，发现 MBTI 中测试的"我"是不一致的。一般来说，人有"四个我的状态"：一是过去的我，即我以前一直是这样的。二是现在的我，即我看到题目以后认为我应当这样答才符合社会预期（例如，在 MBTI 题目中有："下列词语中哪个更合乎你的心意，而不是指你的真实情况：温柔；力量；"可能被测试者在现实中是比较强势的，但是他认为这是他的不足，比较羡慕温柔的人，那他就会选择"温柔"。这就是被测试者现在的想法）。三是未来的我，即我理想中应当是什么样子，所以我选择那个题目。四是别人眼中的我，即抛开我自己的想法，他人眼中怎么样才是受大家欢迎的，所以我选择受他人欢迎的题目。这四个"我"中的真实性是：过去的我＞现在的我＞未来的我＞别人眼中的我。

在 MBTI 测试题中，最明显的就是两类题目，一个是"过去的我"，另一个是"现在的我"。在标准测试问卷的 93 个题目中：1~26 题问的是过去的我；27~58 题问的是现在的我；59~78 题问的是过去的我；79~93 题问的是现在的我。所以，用 MBTI 测试成功的关键在于，测试者要告诉被测试者，什么题目是现在的我，什么题目是过去的我，这样才能有比较好的效果。因此，笔者在应用 MBTI 时，也的确发现，文化水平比较高的被测试者效果会比较好，相反则差些，因为被测试者可能经常在"过去的我"和"现在的我"之间产生某次程度的混淆。MBTI 具体测试如附录 8-1 所示。

附录 8-1
MBTI 职业性格测试问卷*

MBTI 测试须知：

1. 测试者必须诚实独立地回答问题。

2. 职业性格分析展示的是你的性格倾向，不是你的知识、技能和经验。

3. MBTI 只提供测试者确定自己的职业性格类型之用，并无好坏。

4. 本测试共分四个部分，共 93 个题目，耗时 30~40 分钟。

5. 请根据自己的实际情况，将你选择的 A 或 B 的圆圈涂黑。

6. 1~26 题和 59~78 题询问的是过去的你，即你一贯是什么样子。

7. 27~58 题和 79~93 题询问的是现在的你，即你认为现在这样是好的，而不是你一贯的作为。

8. 如果你看了以上 1~7 条，特别是理解了第 6、第 7 条，我们就可以开始了。

MBTI 职业性格测试表

一、哪一个答案最能贴切地描述你的感受和行为（1~26 题）？（注意指的是过去的你）

序号	问题描述	选项	E	I	S	N	T	F	J	P
1	当你要外出一天，你会： A. 计划做什么，在什么时间做 B. 说去就去	A							○	
		B								○
2	你认为自己是一个： A. 较为随性的人 B. 较为有条理的人	A								○
		B							○	
3	如果你是老师，你会选择教 A. 以事实为主的课程 B. 比较纯理论课程	A			○					
		B				○				
4	你通常： A. 与人容易混熟 B. 比较沉静或矜持	A	○							
		B		○						
5	一般你会和哪些人合拍： A. 富于想象力的人 B. 比较现实的人	A				○				
		B			○					

* 丘磐教授于 2017 年 10 月整理，对测试题目中的个别语句做了修改，以符合中国人的表达习惯。

续表

一、哪一个答案最能贴切地描述你的感受和行为（1~26题）？（注意指的是过去的你）

序号	问题描述	选项	E	I	S	N	T	F	J	P
6	你是否经常： A. 感情支配理智 B. 理智主宰感情	A B					○	○		
7	处理问题你喜欢： A. 凭当时兴致 B. 按计划行事	A B							○	○
8	你是否： A. 容易让人了解 B. 难以让人了解	A B	○	○						
9	按照程序表做事： A. 这合我心意 B. 这令我感到拘束	A B							○	○
10	有特别任务，我喜欢： A. 开始前小心组织与计划 B. 边做边看需要干什么	A B							○	○
11	在大多数情况下你会选择： A. 顺其自然 B. 按照程序做事	A B							○	○
12	大多数人说你是一个： A. 注重个人隐私的人 B. 非常坦率开放的人	A B	○	○						
13	我喜欢被别人认为： A. 是实事求是的人 B. 是机敏灵活的人	A B			○	○				
14	在人群中，通常是： A. 你介绍大家互相认识 B. 别人介绍你	A B	○	○						
15	你会和哪些人做朋友： A. 常常有新主意的人 B. 脚踏实地的人	A B			○	○				
16	你倾向： A. 重视感情多于逻辑 B. 重视逻辑多于感情	A B					○	○		
17	你比较喜欢： A. 静观事态发展再做计划 B. 很早就做计划	A B							○	○

续表

一、哪一个答案最能贴切地描述你的感受和行为（1~26题）？（注意指的是过去的你）

序号	问题描述	选项	E	I	S	N	T	F	J	P
18	你喜欢花很多时间： A. 一个人独处 B. 和很多人在一起	A		○						
		B	○							
19	与很多人在一起会使你： A. 活力倍增 B. 常常很累	A	○							
		B		○						
20	你比较喜欢： A. 早安排好社交聚会内容 B. 看当时情况再安排	A							○	
		B								○
21	计划旅程你比较喜欢： A. 大部分时间跟着感觉走 B. 先知道要做什么	A								○
		B							○	
22	你在社交聚会中： A. 有时感到郁闷 B. 常常乐在其中	A		○						
		B	○							
23	你通常： A. 和别人容易混熟 B. 自己独处比较舒适	A	○							
		B		○						
24	哪些人更吸引你： A. 思维敏捷聪颖的人 B. 实事求是、有常识的人	A				○				
		B			○					
25	在日常工作中你会： A. 喜欢处理突发事件 B. 计划性避免压力下工作	A								○
		B							○	
26	你认为别人一般要： A. 花很长时间认识你 B. 很快会认识你	A		○						
		B	○							

二、在下列词语中，哪一个更合乎你的心意（27~58题）？（注意指的是现在的你）

序号		选项	E	I	S	N	T	F	J	P
27	A. 注重隐私 B. 坦率开放	A		○						
		B	○							
28	A. 预先安排的 B. 无计划的	A							○	
		B								○
29	A. 抽象的 B. 具体的	A				○				
		B			○					

续表

二、在下列词语中，哪一个更合乎你的心意（27~58题）？（注意指的是现在的你）

序号	问题描述	选项	E	I	S	N	T	F	J	P
30	A. 温柔 B. 坚定	A B					○	○		
31	A. 思考的 B. 感受的	A B					○	○		
32	A. 事实的 B. 意念的	A B			○	○				
33	A. 冲动 B. 决定	A B							○	○
34	A. 热衷 B. 文静	A B	○	○						
35	A. 文静 B. 外向	A B	○	○						
36	A. 有系统 B. 随意的	A B							○	○
37	A. 理论 B. 肯定	A B			○	○				
38	A. 敏感 B. 公正	A B					○	○		
39	A. 令人信服 B. 感人的	A B					○	○		
40	A. 声明 B. 概念	A B			○	○				
41	A. 不受约束 B. 预先安排	A B							○	○
42	A. 矜持 B. 健谈	A B	○	○						
43	A. 有条不紊 B. 不拘小节	A B							○	○
44	A. 意念 B. 实况	A B			○	○				

续表

二、在下列词语中，哪一个更合乎你的心意（27~58题）？（注意指的是现在的你）

序号	问题描述	选项	E	I	S	N	T	F	J	P
45	A. 同情怜悯 B. 富有远见	A						○		
		B				○				
46	A. 利益 B. 祝福	A					○			
		B						○		
47	A. 务实的 B. 理论的	A			○					
		B				○				
48	A. 朋友不多 B. 朋友众多	A		○						
		B	○							
49	A. 有系统的 B. 即兴的	A							○	
		B								○
50	A. 富于想象的 B. 以事论事的	A				○				
		B			○					
51	A. 亲切的 B. 客观的	A						○		
		B					○			
52	A. 客观的 B. 热情的	A					○			
		B						○		
53	A. 建造 B. 发明	A			○					
		B				○				
54	A. 文静的 B. 合群的	A		○						
		B	○							
55	A. 理论 B. 事实	A				○				
		B			○					
56	A. 富于同情心 B. 合乎逻辑的	A						○		
		B					○			
57	A. 具有分析力 B. 多愁善感	A					○			
		B						○		
58	A. 合情合理 B. 令人着迷	A			○					
		B				○				

073

续表

三、哪个答案最能贴切地描述你的感受或行为？（59~78题）（注意指的是过去的你）

序号	问题描述	选项	E	I	S	N	T	F	J	P
59	当你要一周内完成一个大项目，你开始时会： A. 把工作依次列出 B. 马上动工	A							○	
		B								○
60	在社交场合你会感到： A. 与某些人很难对话 B. 与多数人从容交谈	A		○						
		B	○							
61	如果要做许多人也做的事，你比较喜欢： A. 按照一般认可方法做 B. 构想一个自己的方法做	A			○					
		B				○				
62	你刚认识的朋友，他们能否说出你的兴趣： A. 马上可以 B. 要真正了解后才可以	A	○							
		B		○						
63	你通常比较喜欢的科目是： A. 讲授概念与原则的 B. 讲授事实与数据的	A				○				
		B			○					
64	哪个是你比较赞誉的人： A. 一贯感性的人 B. 一贯理性的人	A					○			
		B					○			
65	你认为按照程序做事是： A. 有时需要，但你不喜欢 B. 多数需要并喜欢	A								○
		B							○	
66	和一群人在一起，你通常会： A. 跟你熟的人谈话 B. 参与大家的谈话	A		○						
		B	○							
67	在社交聚会上你会： A. 是话很多的人 B. 让别人多说话的人	A	○							
		B		○						
68	把周末的事情列成清单： A. 合我意 B. 使我提不起劲头	A							○	
		B								○
69	哪个对你来讲是较高的赞誉： A. 能干的 B. 富于同情心的	A					○			
		B						○		
70	你通常喜欢： A. 事先安排社交约会 B. 随兴致再看	A							○	
		B								○

续表

三、哪个答案最能贴切地描述你的感受或行为？(59~78题)(注意指的是过去的你)

序号	问题描述	选项	E	I	S	N	T	F	J	P
71	要做一个大型作业时： A. 边做边想该做什么 B. 首先把工作分步骤	A								○
		B							○	
72	你能否滔滔不绝地与人聊天： A. 限于有共同兴趣的人 B. 任何人都可以	A		○						
		B	○							
73	你通常会： A. 用实际证明行之有效的方法 B. 分析未解决的问题所在	A			○					
		B				○				
74	为乐趣而阅读，你会： A. 喜欢奇特的表达方式 B. 喜欢作者直来直去	A				○				
		B			○					
75	你愿意替哪类人工作： A. 天性善良但前后不一致 B. 尖锐，但符合逻辑的	A						○		
		B					○			
76	你做事情多数情况是： A. 按当天心情去做 B. 按安排好的程序去做	A								○
		B							○	
77	你是否： A. 可以和任何人从容交谈 B. 和某种人在某种情况下才能畅谈	A	○							
		B		○						
78	作决定你认为比较重要的是： A. 根据事实衡量 B. 考虑别人的感受和意见	A					○			
		B						○		

四、在下列词语中，哪一个更合乎你的心意（79~93题）？(注意指的是现在的你)

序号		选项	E	I	S	N	T	F	J	P
79	A. 想象的 B. 真实的	A				○				
		B			○					
80	A. 仁慈慷慨的 B. 意志坚定的	A					○			
		B						○		
81	A. 公平公正的 B. 人文关怀的	A					○			
		B						○		
82	A. 制作 B. 设计	A			○					
		B				○				

075

四、在下列词语中,哪一个更合乎你的心意(79~93题)?(注意指的是现在的你)

序号	问题描述	选项	E	I	S	N	T	F	J	P
83	A. 可能性 B. 必然性	A				○				
		B			○					
84	A. 温柔 B. 力量	A						○		
		B					○			
85	A. 实际的 B. 多愁善感的	A					○			
		B						○		
86	A. 制造 B. 创造	A			○					
		B				○				
87	A. 新颖的 B. 已知的	A				○				
		B		○						
88	A. 同情 B. 分析	A						○		
		B					○			
89	A. 坚持己见的 B. 温柔爱心的	A					○			
		B						○		
90	A. 具体的 B. 抽象的	A			○					
		B				○				
91	A. 全心投入的 B. 有决心的	A						○		
		B					○			
92	A. 能干 B. 仁慈	A					○			
		B						○		
93	A. 实际 B. 创新	A			○					
		B				○				

一、评分规则

(1)当你将○涂好后,把八项(E、I、S、N、T、F、J、P)分别纵向相加,每涂黑一个○得1分,并将总和填在每项最下方的合格方格内。

(2)请复查你的计算是否正确,然后将各字母下的总分填在下面对应的方格内。

特征	字母	得分	特征	字母	得分
外向	E		内向	I	
实感	S		直觉	N	
思考	T		情感	F	
判断	J		认知	P	

二、确定类型的规则

（1）MBTI把人的性格分为四种彼此对立的方向：E（外向）或者I（内向）；S（感觉）或者N（直觉）；T（思考）或者F（情感）；J（判断）或者P（感知）。

（2）MBTI以四个组别来评估你的性格类型和倾向：E-I；S-N；T-F；J-P。比较你四个组别的得分，每个组别中，获得较高分数的那个类型，就是你的性格倾向。例如，你的得分是：E（外向）12分；I（内向）9分，那你的性格倾向就是E（外向）了。

（3）将代表获得高分数类型的英文字母填在下方的方格内，如果在一个组别中，两个类型获得的分数相同，则按如下原则处理：假如E=I，请填上I；假如S=N，请填上N；假如T=F，请填上F；假如J=P，请填上P。

（4）将你得到的四个字母填入下表，即形成你的字母性格组合：

第一个字母	第二个字母	第三个字母	第四个字母

三、你可以在下表中查到你的性格是16种中哪一组字母组合：

性格倾向的16种组合形式

ISTJ 检查员型	ISFJ 照顾者型	INFJ 博爱作家型	INTJ 专家型
ISTP 冒险家型	ISFP 艺术家型	INFP 哲学家型	INTP 学者型
ESTP 挑战者型	ESFP 表演者型	ENFP 记者型	ENTP 发明家型
ESTJ 权威型	ESFJ 主人型	ENFJ 教育家型	ENTJ 统帅型

四、从 MBTI 测试的结论来看，ESTJ 权威型最适合企业管理层岗位

为了节省篇幅，关于 16 种职业性格的特征请读者先登录百度百科，输入"职业性格"查询。这里只提供与企业管理层员工岗位最匹配的 ESTJ 权威型的整体说明。

ESTJ 权威型（企业管理层岗位）：

他们理智、善分析、果断、意志坚定，以系统化的方式组织工作落实。喜欢事先考虑细节和操作程序，愿意与他人一起完成任务。

他们具有的能力：

- 事先察觉、指出、修正不足之处。
- 以逻辑的、客观的方式评论规划。
- 组织规划、生产、人力要素，实现组织目标。
- 监督工作以确保任务正确完成。
- 以逐步进行的方式坚持到底。

他们的领导模式：

- 直接领导，快速管理。
- 运用过去的经验解决问题。
- 直接、明确地识别问题的核心。
- 决策和执行决策非常迅速。
- 传统型领导，尊重组织内部的等级和组织获得的成就。

他们的学习模式：

- 积极主动型，学习间接经验，采用结构化的学习方式。
- 实际感受型，他们关注能运用的学习内容。

他们的职业性向顺序：思维—感觉—直觉—情感。

他们通常解决问题模式：

- 喜欢根据相关的事实和细节进行逻辑分析，从而控制情境以达到理想结果。
- 会考虑更广阔的前景以及对别人和自己的影响。

他们工作环境的倾向性：

- 喜欢与努力工作、有坚定决心把工作做好的人共事。

- 任务型定向的环境。
- 有组织和组织结构的环境。
- 有团队计划的环境。
- 提供稳定性和预测性的环境。
- 利于绩效和生产性的环境。
- 奖励完成目标的环境。

他们潜在的缺点：

- 决策太迅速，给他人施以同样的压力。
- 不能察觉变革的需要，因为相信一切都在正常运作。
- 在完成任务过程中，可能会忽视人际间的细节。
- 长期忽视自己的感受和准则，可能会被自己的情感击垮。

对他们的发展建议：

- 决策之前需考虑各种因素，包括人的因素。
- 需促使自己看到他人要求变革而获得的利益需求。
- 需做特别的努力学会赞赏别人。
- 需从工作中抽点时间考虑和识别自己的情感和价值观。

适合领域：无明显领域特征。

适合职业：大中型外资企业员工、业务经理、中层经理（多分布在财务、营运、物流采购、销售管理、项目管理、工厂管理、人事行政部门）、职业经理人、各类中小型企业主管和业主。

【本章要点归纳】

在招募管理层的测评中，对于自身心理特点因素的测试，笔者把其称为"漏斗测试"。"漏斗"的最上面，就是"职业性格"。性格是一个人在现实情况下，表达相对稳定的态度，以及与这种态度相应的、习惯化了的行为方式，称为人格特征。当然人的性格及性格特征是没有好坏的，可是这些性格特征与某些职业特点确实存在着"匹配性"，这个匹配性就是研究"职业性格"的意义。

比较经典的职业性格测试是 MBIT 国际职业性格测试,这种方法把性格分成八个互相对立的特征,即外向和内向、感觉和直觉、思考和情感、判断和感知。被测评者总会在这八个特征中偏向于某一个,进而得出这四组中的不同性格倾向的组合,这个组合就是被测试者的职业性格。

MBIT 测试中有两个"我":一个是过去一贯的"我",一个是现在的"我",即"我"现在认为什么是比较适合的方式,要注意这两种区别,这样才能得到比较客观的答案。从 MBTI 测试的结论来看,ESTJ 权威型最适合企业管理层岗位。

|第九章|
九型人格测试在职业性格中的应用及其实践

一、九型人格还没有得到主流心理学界的认可

把九型人格测试作为单独一章,一是因为这种测试方法目前还没有被学术界广泛接受,但使用效果比较理想;二是因为其测试题目较多(144个题目),篇幅较长,测试结果的分析比较复杂。九型人格测试在国内的应用,从2013年以来开始大行其道。它与MBTI相比,是更直观、很多人反映比较准确的一种方法(这其中的原因,笔者在本节最后会有分析和评述)。

九型人格的符号(图形及其内三角形和六角形),最早可追溯到毕达哥拉斯(Pythagoras)时代。1920年,葛吉夫(G. I. Guardjieff)首先将九型人格学说传入西方,用它来阐释人类的九种特质。而真正将这套学说发扬光大的是艾瑞卡学院的创办人奥斯卡·伊察索(Oscar Ichazo),他宣称九型人格学说是他在19世纪50年代旅行阿富汗,由苏菲教派(伊斯兰的一个主要教派)那里学来的。伊察索将人类的九种欲望放进九型人格学说中,并将这套学说拿来作为人类心理训练的教材。伊察索首先在南美的智利艾瑞卡市创办了艾瑞卡学院,传授和研究九型人格。之后,美国的艾瑞卡学院在1970年成立。许多知名的心理学家、精神病学家都曾追随伊察索学习九型人格学。其中知名的精神病学家克劳狄亚纳朗荷,在智利学习后,便将这门知识传入美国加利福尼亚州,开设了一系列的工作坊。

1977年，美国亚历山大·汤马斯（Alexander Thomas）和史黛拉·翟斯（Stella Chess）在其出版的《气质和发展》(Temperament and Development) 一书中指出：心理学家可以在出生后第二个月至第三个月的婴儿身上辨认出九种不同的气质（Temperament），它们是活跃程度、规律性、主动性、适应性、感兴趣的范围、反应的强度、心理的素质、分心程度、专注持久性。而在同一时期，斯坦福大学医学院临床精神科教授戴维·丹尼尔斯（David Daniels），发现这九种不同的气质刚好和九型人格相配，在他和斯坦福大学的大力主导下，于1994年，在斯坦福大学主办了第一届国际九型人格大会，参会人数达1400人，来自20多个国家，并于同年成立了国际组织。第二届国际大会于1997年8月召开。因此可以说，戴维·丹尼尔斯对推动和完善九型人格理论和方法在大学成为一门课程起到了关键作用。

目前，九型人格作为人格心理学理论之一，还未被主流心理学界认可，其标志是国外顶级大学多数没有把其列为课程。但据报道，包括斯坦福大学在内的一些美国大学的MBA教育中，有些学校已经把其列为心理研究课程。美国中央情报局（CIA）也曾使用它，来协助情报人员分析、了解各国元首的行为特质。世界500强中的美国通用汽车公司、可口可乐、惠普等企业也已经把九型人格学运用于企业管理。

虽然国外对九型人格的科学研究已开展了近30年，但是科学界仍苦于未能很好地开发出信度和效度比较高的量表。在国内，九型人格书面测试主要采用美国学者Riso和Hudson开发的问卷。主要分为中文版的36题、144题和英文版的36题、144题四种。

二、九型人格的应用效果以及与MBTI的比较分析

笔者应用九型人格测试EMBA课程的学员，也有两年多的历史，采用的是144题的中文版本，测试时间在45~60分钟。笔者的评价是，九型人格测试在企业管理层招募录用方面的作用在于，如果可以将某位应聘者确定为某种型号，可能他首先就被排除在外（因为某些型号的人是不适合做企业管理层员工的），起到了初步的筛选和排除作用。另一些适合型号的应聘者一旦确定，则可以进入到

职业锚的进一步筛选环节（职业锚的测评将在下一节阐述和介绍）。

从笔者的经验来看，将九型人格作为职业性格判断工具，整体而言，学员反馈比 MBTI 要好一些。究其原因，笔者认为有以下几点：

一是九型人格的 144 个题目均要求被测试者回答"过去的我"，没有像 MBTI 那样有"现在的我"的转换，所以被测试者的思维是一贯的，比较准确。

二是九型人格强调了某个型号人的两翼和主翼（称为性格的第二面，这部分分析内容将在本节给出九型人格测试题目后予以讨论），这体现了人的性格的复杂性，符合客观规律。而 MBTI 只是单纯地给出某种组合的职业性格，如果考虑分数相近的性向，则需要专业的人员分析解释，很难被普通测试者用作自我解析。

三是九型人格在主翼（第二面）与主性格搭配上出现了 18 种排列组合，每种排列组合都可以由测试者做出判断和被测试者做出自我解释，在 MBTI 中没有这样明显的组合分析。

四是九型人格强调了除型号和主翼以外的另一高分型号的作用，即这个高分型号往往是家庭或者社会对该被测试者的长期影响（笔者称为家庭烙印、家风影响或者成长环境影响，即"副性格"），这是符合客观情况的，而 MBTI 在这方面没有明确指向。

五是九型人格认为，人在逆境（很大负面心理压力下）和在顺境时性格会发生某种改变，比如，一个很严谨的人会不会在某种情况下"得意忘形"？一个很乐观的人会不会在某种情况下抑郁轻生？在现实社会的确可以看到这种现象。九型人格研究了这种性格的转变，并给出了转变的"路径"。这对全面了解一个人，并对其未来预测有很大帮助，MBTI 没有这方面的论述。

另外，需要补充的是，九型人格测试也好，MBTI 测试也好，至今都未找到一个合适的、经过实践检验的比较准确的渐进量表。现在供给被测试者的题目仍然是非 A 即 B 的选择，如果实在无法选择，只能放弃该题目。这是这两种方法的主要缺陷，希望今后能够由心理学家继续开发完善测试方法。

下面笔者在附录 9-1 中，提供了九型人格 144 个题目测试的中文版，供测试时使用，并且对某个具体案例进行了分析，力求使读者能够彻底掌握这种方法，并为企业管理层招募录用增加一种专业技能。

附录 9-1

九型人格测试问卷

(The Riao–Hudson Enneagram Type Indicator–RHETI 2.5)

九型人格用一个九角星图形把人的九种基本性格类型以及它们之间的复杂关系描述出来,每一种性格都以独特的方式和其他几种性格构成联系,不同性格类型有不同的认知风格和价值观取向。

RHETI 测试须知:

(1) 参加测试者必须诚实独立地回答问题。

(2) 本问卷展示的是你的性格倾向,不是你的知识、技能和经验。

(3) 本问卷只提供测试者确定自己的性格类型之用,性格没有好坏,每一种性格特征都有其价值和优缺点,清楚了解自己,发挥自己的特长和关注自己的优劣势,才能更好地与他人相处,更好地做出重要决策。

(4) 答题之前,你必须认清自己有四个"我":一是过去的我:我以前一直是这样的;二是现在的我,我看到题目以后认为我应当这样;三是未来的我,我理想中应当是什么样子;四是别人眼中的我:抛开我自己的想法,我在别人眼中怎样才是理想的。九型人格测试的所有题目,都要求你回答"过去的我"。

(5) 每个问题都有两个答案,当这个问题中的两个答案你认为都不能代表你的话,你可以选择放弃,但是尽可能不要放弃。

(6) 本测试共分四个部分,144 个题目,耗时 45~60 分钟。题目没有对错之分,请根据你自己的实际情况,将你选择的圆圈涂黑。

(7) 认真读了 (1)~(6) 后,我们就可以开始了。

九型人格测试表

序号	问题描述	请选择你认为符合你认知和价值观的做法									
		A	B	C	D	E	F	G	H	I
1	我认为我浪漫且富于幻想					○				
	我自己很实际且实事求是		○							
合计	该部分每个字母下涂黑一个得 1 分,请将得分填入对应的字母下	A	B	C	D	E	F	G	H	I

续表

请选择你认为符合你认知和价值观的做法

序号	问题描述	A	B	C	D	E	F	G	H	I
2	我倾向于直接面对冲突							○		
	我倾向于避免冲突	○								
3	我通常是老练、有魅力和有上进心的			○						
	我通常是直率、刻板以及空想的				○					
4	我倾向于聚焦某事物并会感到紧张								○	
	我倾向于自然随意并喜欢开玩笑									○
5	我待人友好,并愿意结交新的朋友						○			
	我喜欢独处,不太愿意与人交往					○				
6	我很难放松并停止思考潜在问题		○							
	潜在的问题不会影响我的工作	○								
7	我是很好的"聪明"的生存者							○		
	我是很好的"高尚"的理想主义者				○					
8	我需要给别人以关爱						○			
	我愿意与别人保持一定的距离								○	
9	当有新任务时,我会看是否对我有用			○						
	当有新任务时,我会看它是否有趣									○
10	我倾向于更多地关注我自己					○				
	我倾向于更多地关注他人	○								
11	别人大多钦佩我的见识与知识								○	
	别人大多钦佩我的能力与胆识							○		
12	我给人的印象是有些自卑		○							
	我给人的印象是比较自信					○				
13	我更加注重人际关系						○			
	我更加注重事情的目的				○					
14	我不能大胆地表达我自己					○				
	我敢于说出别人想说但不敢说的话									○
15	不考虑其他选择做某件固定的事,对我来说是困难的								○	
	放松灵活做事对我来说是困难的				○					
合计	该部分每个字母下涂黑一个得1分,请将得分填入对应的字母下	A	B	C	D	E	F	G	H	I

085

续表

请选择你认为符合你认知和价值观的做法

序号	问题描述	A	B	C	D	E	F	G	H	I
16	我倾向于犹豫和拖延		○							
	我倾向于大胆和果断							○		
17	我不愿意别人给我带来麻烦	○								
	我希望别人依赖我,我帮忙解决问题						○			
18	通常我会为了工作将感情置于一旁				○					
	通常我会在做事之前先克服我的感情					○				
19	一般来说,我是讲方法并且很谨慎的		○							
	一般来说,我是敢于冒险的									○
20	我倾向于成为一个能帮助别人并付出的人,喜欢与他人在一起						○			
	我倾向于成为一个严肃、缄默的人,喜欢讨论问题				○					
21	我常常感到自己需要成为顶梁柱							○		
	我常常感到自己需要做得十全十美			○						
22	我主要感兴趣于疑难问题并保持独立性								○	
	我主要感兴趣于保持心理的稳定与平静	○								
23	我太固执并持有怀疑的态度		○							
	我心肠太软并多愁善感						○			
24	我常担心我不能得到较好的东西									○
	我常担心如果我放松警惕别人会骗我						○			
25	我习惯于表现得很冷淡而使别人生气					○				
	我习惯于指使别人做事而使他们生气				○					
26	如果有太多的刺激和鼓舞,我会感到焦虑	○								
	如果没有太多的刺激和鼓舞,我会感到焦虑									○
27	我能依靠我的朋友,并且他们知道他们也可以依靠我		○							
	我不依靠别人,而是喜欢独立做事			○						
28	我倾向于独立与专心								○	
	我倾向于情绪化并热衷于自己的想法					○				
合计	该部分每个字母下涂黑一个得1分,请将得分填入对应的字母下	A	B	C	D	E	F	G	H	I

续表

序号	问题描述	A	B	C	D	E	F	G	H	I
请选择你认为符合你认知和价值观的做法									
29	我喜欢向别人提出挑战，并且使他们振奋起来							○		
	我喜欢安慰他人使他们冷静下来						○			
30	总的来说，我是开朗、喜欢交际的人									○
	总的来说，我是认真、很能自律的人				○					
31	我希望能迎合别人，当我与别人距离很远时，我会感到不舒服	○								
	我希望与众不同，当我不能看到别人与我的区别时，我会感到不舒服			○						
32	对我来说，追求个人的兴趣比舒适与安全更重要								○	
	对我来说，追求舒适与安全比个人的兴趣更重要		○							
33	当与他人有冲突时，我更倾向于退缩					○				
	当与他人有冲突时，我很少会改变							○		
34	我很容易屈服并受他人摆布	○								
	我不对别人做出让步，而是向他们下达命令				○					
35	我很赏识自己高昂的精神状态与深沉									○
	我很赏识自己深沉的关心与热情						○			
36	我很想给别人留下好的印象			○						
	我并不在乎是否能给别人留下好印象								○	
37	我依赖我的毅力与常有的感觉		○							
	我依赖我的想象与瞬间的灵感					○				
38	基本上来说，我是很随和、很可爱的	○								
	基本上来说，我是精力旺盛、自信的							○		
39	我努力工作以求得别人的接受与喜欢			○						
	别人的接受与喜欢对我来说并不重要				○					
40	当别人给我压力时我会变得更加退缩								○	
	当别人给我压力时我反而会更加自信									○
合计	该部分每个字母下涂黑一个得1分，请将得分填入对应的字母下	A	B	C	D	E	F	G	H	I

087

续表

序号	问题描述	A	B	C	D	E	F	G	H	I
	请选择你认为符合你认知和价值观的做法									
41	人们对我感兴趣是因为我很开朗、有吸引力、有趣						○			
	人们对我感兴趣是因为我很安静、不同寻常、深沉					○				
42	职责与责任对我很重要		○							
	协调与认可对我很重要	○								
43	我制订出重要的计划并做出承诺,以此来鼓励人们							○		
	我会指出不按照我的建议做所产生的后果,以此来鼓励人们				○					
44	我很少流露自己的情绪								○	
	我经常宣泄自己的情绪					○				
45	我不擅长处理琐碎的事									○
	我比较擅长处理琐碎的事			○						
46	我常常强调自己与绝大多数人的不同之处,尤其是与我的家庭的不同之处					○				
	我常常强调自己与绝大多数人的共同之处,尤其是与我的家庭的共同之处	○								
47	当场面变得热闹起来时,我倾向于站在一旁								○	
	当场面变得热闹起来时,我倾向于加入其中							○		
48	即使朋友不对,为了友情,我也会委曲求全		○							
	我不想为了友情对正确的事情做出妥协与让步				○					
49	我是一个善意的支持者					○				
	我是一个干劲十足的老手			○						
50	当遇到困难时我倾向于放大我的问题				○					
	当遇到困难时我倾向于转移注意力									○
合计	该部分每个字母下涂黑一个得1分,请将得分填入对应的字母下	A	B	C	D	E	F	G	H	I

续表

请选择你认为符合你认知和价值观的做法

序号	问题描述	A	B	C	D	E	F	G	H	I
51	总的来说，我确切知道情况应该如何				○					
	总的来说，我对情况持怀疑的态度								○	
52	我的悲观、抱怨常会给别人带来麻烦		○							
	我的老板式、控制的方式会给别人带来麻烦							○		
53	我倾向于按我的感觉办事并听之任之						○			
	我倾向于不按照我的感觉办事以免产生更多的问题	○								
54	当我成为被关注的焦点时，会很自然			○						
	当我成为被关注的焦点时，会很不习惯				○					
55	我做事情很谨慎，努力为意料之外的事情做准备		○							
	我做事情凭一时冲动，只是在问题出现时才临时准备									○
56	当别人不是很欣赏我为他们所做的事情时，我会很生气						○			
	当别人不听我的话时，我会很生气					○				
57	独立、自力更生对我很重要							○		
	有价值、得到别人的称赞对我很重要			○						
58	当与朋友争论时我倾向于强烈地坚持自己的观点							○		
	当与朋友争论时我倾向于顺其自然，以免伤了和气	○								
59	我常常占有我所爱的人，我不能放任他们						○			
	我常常"考察"我所爱的人，想确定他们是否爱我		○							
60	整合资源并促使某些事情的发生是我的优势之一							○		
	提出新的观点并同时激励、振奋人心，这是我的优势之一								○	
合计	该部分每个字母下涂黑一个得1分，请将得分填入对应的字母下	A	B	C	D	E	F	G	H	I

续表

序号	问题描述	A	B	C	D	E	F	G	H	I
	请选择你认为符合你认知和价值观的做法									
61	我要在别人的驱使下做事才更有动力，不能依赖自己				○					
	我过于情绪化，不能自律					○				
62	我试图使生活高节奏、紧张并充满兴奋的感觉								○	
	我试图使生活有规律、稳定、宁静	○								
63	尽管我已取得成功，但我仍怀疑自己的能力		○							
	尽管我受到挫折，但我仍相信自己的能力			○						
64	一般我倾向于详细研究自己的情感并保持此情感很久					○				
	一般我倾向于减少自己的情感并不加以注意								○	
65	我对许多人加以注意并培养他们						○			
	我指导许多人并鼓励他们							○		
66	我对自己要求有点严格				○					
	我对自己有点宽容									○
67	我倾向于独断，并追求卓越			○						
	我谦虚，喜欢按自己的节奏做事	○								
68	我为自己的清晰性与目标性感到自豪							○		
	我为自己的可靠性与诚实感到自豪		○							
69	我花大量的时间反省、理解自己的感受，这对我来说是很重要的					○				
	我花大量的时间反省，这个事情做完对我来说是很重要的							○		
70	总的来说，我认为自己是一个阳光、随和的人	○								
	总的来说，我认为自己是一个严肃、有品位的人				○					
71	我头脑灵活，精力充沛									○
	我有一颗炽热的心，具有奉献精神						○			
合计	该部分每个字母下涂黑一个得1分，请将得分填入对应的字母下	A	B	C	D	E	F	G	H	I

续表

序号	问题描述	A	B	C	D	E	F	G	H	I
	请选择你认为符合你认知和价值观的做法									
72	我所做的事情,要有极大的可能性并得到奖励与赏识			○						
	如果所做的事情是我感兴趣的,我愿意放弃别人对自己的奖励与赏识								○	
73	我认为履行社会义务并不重要					○				
	我常常会很认真地履行我的社会义务		○							
74	绝大多数情况下,我愿意自己做领导							○		
	绝大多数情况下,我愿意让其他人做领导	○								
75	多年以来,我的价值观与生活方式经常会有变化			○						
	多年以来,我的价值观与生活方式基本没有大的变化				○					
76	一般情况下,我缺乏自律能力									○
	一般情况下,我与别人的联系很少							○		
77	我倾向于拒绝给予爱,希望别人进入我的世界					○				
	我倾向于过于直率地给别人爱,希望自己进入别人的世界						○			
78	做事情之前我习惯先做好最坏的打算		○							
	我倾向于认为任何事情都会变得更好	○								
79	人们相信我是因为我很自信,并且尽全力做得最好							○		
	人们相信我是因为我很公正,会正确地做事				○					
80	我常常忙于自己的事情,而忽略了与他人的交往								○	
	我常常忙于与他人的交往,而忽略了自己的事情						○			
合计	该部分每个字母下涂黑一个得1分,请将得分填入对应的字母下	A	B	C	D	E	F	G	H	I

续表

序号	问题描述	A	B	C	D	E	F	G	H	I
	请选择你认为符合你认知和价值观的做法									
81	当第一次遇到某人时，通常我会镇定自若并沉默寡言			○						
	当第一次遇到某人时，通常我会闲聊并使人觉得有趣									○
82	总而言之，我是比较悲观的					○				
	总而言之，我是很乐观的	○								
83	我更喜欢待在自己的小世界里								○	
	我更喜欢让全世界的人知道我的所在							○		
84	我常常被紧张、不安全与怀疑所困扰		○							
	我常常被生气、完美主义与不耐烦所困扰				○					
85	我意识到我太有人情味，待人太亲密						○			
	我意识到我太酷，并过于冷漠			○						
86	我失败是因为我不能抓住机会					○				
	我失败是因为我总是追求太多									○
87	我要思考很长时间后才会采取行动								○	
	我通常会立即采取行动				○					
88	通常我很难做出决定		○							
	我很少会感到难以做出决定							○		
89	我倾向于给人留下态度强硬的印象						○			
	我并不倾向于过多地坚持自己的意见	○								
90	我情绪稳定			○						
	我情绪多变					○				
91	当不知道要干什么事情时，我常常会向别人寻求建议		○							
	当不知道要干什么事情时，我会尝试不同的事情以确定哪一件最适合我									○
92	我担心别人搞活动时会忘记我						○			
	我担心参加别人活动会影响我做自己的事情				○					
合计	该部分每个字母下涂黑一个得1分，请将得分填入对应的字母下	A	B	C	D	E	F	G	H	I

续表

序号	问题描述	A	B	C	D	E	F	G	H	I
	请选择你认为符合你认知和价值观的做法									
93	当我生气时，一般会责备别人							○		
	当我生气时，一般会变得很冷淡			○						
94	我很难入睡								○	
	我很快就能入睡	○								
95	我常常努力地思考如何与别人产生更为亲密的关系						○			
	我常常努力地思考别人想从我这儿得到什么		○							
96	通常我是慎重、有话直说，且深思熟虑的人							○		
	通常我是易兴奋的，善于快速地说话，回避问题，并且非常机智									○
97	当看到别人犯错误时，我常常不会说出口					○				
	当看到别人犯错误时，我常常会帮助他们，使他们认识到自己所犯的错误				○					
98	在生活中的绝大多数时间里，我是情感激烈的人，会产生许多易变的情绪								○	
	在生活中的绝大多数时间里，我是情绪稳定的人，倾向于"心如止水"	○								
99	当我不喜欢某些人时，我会掩藏自己的情感而努力地保持热情			○						
	当我不喜欢某些人时，我会以这种或那种方式让他们知道我的情感		○							
100	我与别人交往有困难是因为我很敏感，并总是从自己的角度考虑事情					○				
	我与别人交往有困难是因为我不太在乎社会习俗								○	
101	我的方法是直接帮助别人						○			
	我的方法是告诉别人如何自助							○		
102	总的来说，我喜欢"释放"并突破所受的限制								○	
	总的来说，我不喜欢过多地失去自我控制				○					
合计	该部分每个字母下涂黑一个得1分，请将得分填入对应的字母下	A	B	C	D	E	F	G	H	I

093

续表

序号	问题描述	A	B	C	D	E	F	G	H	I
	请选择你认为符合你认知和价值观的做法									
103	我更在乎要比别人做得好			○						
	我更在乎把别人的事做好，而很少关注自己	○								
104	我的想法总是很浪漫的，包含着想象与好奇								○	
	我的想法总是很实际的，只是试图保持事情的发展状况		○							
105	我的主要优势之一是能够控制场面							○		
	我的主要优势之一是我能够讲述内心的感受				○					
106	我努力争取做好事情而不管这样会使别人不开心					○				
	我不喜欢有压力的感觉，所以也不喜欢压制别人			○						
107	我常常感到骄傲，因为我在别人的生活中起着重要的作用							○		
	我常常感到骄傲，因为我对新的经历很感兴趣并且乐于接受									○
108	我认为我给别人留下的印象是好样的，甚至令人钦佩			○						
	我认为我给别人留下的印象是与众不同的，甚至是古怪的								○	
109	通常，我会做我应该去做的事		○							
	通常，我会做我想做的事				○					
110	我很喜欢处于高度的压力之下，甚至是困难的情景中							○		
	我不喜欢处于高度的压力之下，甚至是困难的情景中	○								
111	我为自己的灵活能力感到骄傲，我知道良好的或重要的情况是变化的				○					
	我为自己的立场感到骄傲，我有坚定的信念				○					
合计	该部分每个字母下涂黑一个得1分，请将得分填入对应的字母下	A	B	C	D	E	F	G	H	I

续表

序号	问题描述	A	B	C	D	E	F	G	H	I
	请选择你认为符合你认知和价值观的做法									
112	我的风格倾向于节约而朴实								○	
	我的风格倾向于过度、过量地做某事情									○
113	我的健康与幸福受到伤害是因为我有强烈的愿望去帮助别人						○			
	我的人际关系受到损害是因为我只关注自己的需要					○				
114	总的来说,我太坦诚、太天真	○								
	总的来说,我过于谨慎、过于戒备		○							
115	有时我因过于好斗而令人厌恶								○	
	有时我因太紧张而令人厌恶				○					
116	关心别人的需要并提供服务对我来说是很重要的						○			
	寻找、看待并做好事情的其他方法对我来说是很重要的								○	
117	我全身心地、持之以恒地追求我的目标			○						
	我喜欢探索各种行动的途径,想看看最终的结果如何									○
118	我经常会产生强烈与紧张的情绪					○				
	我经常使自己冷静与安逸	○								
119	我不太注重实际的结果,而注重自己的兴趣								○	
	我很实际并希望我的工作有具体结果							○		
120	我有强烈的归属需要		○							
	我有强烈的平衡需要				○					
121	过去我可能过于要求朋友间的亲密						○			
	过去我可能过于要求朋友间的疏远			○						
122	我倾向于回忆过去的事情					○				
	我倾向于预期未来所要做的事情									○
123	我倾向于将他人看作是很麻烦的、苛刻的								○	
	我倾向于将他人看作是很莽撞的、有需求的				○					
合计	该部分每个字母下涂黑一个得1分,请将得分填入对应的字母下	A	B	C	D	E	F	G	H	I

续表

请选择你认为符合你认知和价值观的做法

序号	问题描述	A	B	C	D	E	F	G	H	I
124	总的来说,我不太自信		○							
	总的来说,我只相信自己							○		
125	我可能太被动,不积极参与	○								
	我可能控制得过多了						○			
126	我经常因为怀疑自己而停下来					○				
	我很少怀疑自己			○						
127	如果让我在熟悉的东西和新的东西之间做出选择,我会选新的东西									○
	我一般会选我所喜欢的东西,会对我所不喜欢的东西感到失望		○							
128	我给别人大量的身体接触以使他们相信我对他们的爱						○			
	我认为真正的爱是不需要身体接触的				○					
129	当我责备别人时,我是很严厉、很直截了当的							○		
	当我责备别人时,我常常旁敲侧击			○						
130	我对别人感到很困扰,甚至很可怕的学科很感兴趣								○	
	我不喜欢去研究令人困扰的、可怕的学科	○								
131	我因妨碍、干扰别人而受到指责						○			
	我因过于逃避、沉默寡言而受到别人的指责		○							
132	我担心没有办法履行我的职责							○		
	我担心自己缺乏自律不能履行职责									○
133	总的来说,我是一个凭直觉办事并且极度个人主义的人					○				
	总的来说,我是一个很有组织性并且很负责任的人				○					
134	克服惰性是我的主要问题之一	○								
	不能慢下来是我的主要问题之一									○
合计	该部分每个字母下涂黑一个得1分,请将得分填入对应的字母下	A	B	C	D	E	F	G	H	I

续表

序号	问题描述	A	B	C	D	E	F	G	H	I
135	当我觉得不安全时，我会变得傲慢并表示对此境况的轻视			○						
	当我觉得不安全时，我会自卫并变得好斗		○							
136	我是思想开明的，乐意尝试新的方法								○	
	我会表白真情，乐意与别人共享我的情感					○				
137	在别人面前，我会表现得比实际的我更为强硬些							○		
	在别人面前，我会表现得比实际的我更为在意些						○			
138	通常，我是按我的想法与理性分析去做事情				○					
	通常，我是按我的感觉与冲动去做事情									○
139	严峻的逆境使我变得更坚强			○						
	严峻的逆境使我变得气馁与听天由命	○								
140	我确信有某种"安全网"可以依靠		○							
	我常常要选择居于边缘而无所依靠								○	
141	我要为了别人而表现得很坚强，所以没有时间顾及自己的情感与忧虑							○		
	我不敢应对自己的情感与忧虑，所以我不能为别人而表现得很坚强					○				
142	我常常觉得奇怪，生活中美好的事情很多，为什么人们只看到消极的一面		○							
	我常常觉得奇怪，生活很糟糕，为什么他人还这么开心						○			
143	我努力使自己不被看作自私的人						○			
	我努力使自己不被看作让人讨厌的人									○
144	当我担心被别人的需要与要求压垮时，我会想办法尽量避免								○	
	当我担心会辜负人们对我的期望时，我会避免产生亲密的关系			○						
合计	该部分每个字母下涂黑一个得1分，请将得分填入对应的字母下	A	B	C	D	E	F	G	H	I
整体合计										

每涂黑一个圈计1分，纵向相加，最后得出每个字母下面的一个分数，填于下列表格中，得分最大的那个下面的型号就是你的九型人格型号。

请填写九型人格分数表

A	B	C	D	E	F	G	H	I
九型	六型	三型	一型	四型	二型	八型	五型	七型

九型人格型号简介：

一型：改革者（完美型）：恪守原则、目的性强、自控力强、追求完美。

二型：助人者（博爱型）慷慨大方、感情外露、招人喜欢、占有欲强。

三型：成就者（实干型）目标清晰、适应性强、能力非凡、勇于超越。

四型：独行者（感觉型）：善于表达、有幽默感、孤芳自赏、喜怒无常。

五型：探索者（思想型）：洞察力强、擅长创新、深藏不露、喜欢独处。

六型：忠诚者（担当型）富有魅力、敢于担当、容易焦虑、谨慎多疑。

七型：热情者（快乐型）：率性而为、多才多艺、缺乏耐心、自由散漫。

八型：挑战者（领袖型）：充满自信、坚定果断、勇于挑战、固执己见。

九型：调解者（和平型）：包容性强、令人安心、乐于助人、容易满足。

【型号的详细解释】

为节省篇幅，各型号的详细解释请查阅百度搜索："九型人格分析一至九型"，在"百度知道"中即可找到。

三、九型人格测试职业性格判读

1. 几种特殊分数的处理原则

第一种情况是九个字母得分其中有两个甚至三个最高分一样（三个最高分一样的比较罕见，两个最高分一样比较常见）。这种情况要求被测试者把在这两个或三个字母下面的题目再做一遍（其他的不用再做），即必须得出有一个字母是最高分的。

第二种情况是确定了某个被测试者的最高分，就是确定了这个人的型号。九角图中的相邻两角叫作两翼。如果两翼以外剩下的六个型号的最高得分中，与主型号相距 3 分以内（相距 3 分以上不必理会），且有两个或三个得分一样（三个的得分一样比较罕见），则要求被测试者把在这两个或三个字母下面的题目再做一遍，即必须得出除该人型号和两翼以外的六个字母有一个最高。例如，型号是三型，得分 23 分，除三型两翼二型和四型以外，五型得分为 21 分，在 3 分以内，则这个五型的性格对该被测试者有意义。如果与主型号得分相距 3 分以上，则不必考虑。

对得最高分的分数一样或分数非常接近的解释：一是受试者曾经长期受心理训练和修行，人变得平和与平衡，这种情况很少；二是与之相反，受试者没有看懂题目，或者缺乏耐心，胡乱填写所致；三是受试者有意隐藏某方面不愿意让人知道，那他的这份问卷也就没有任何意义。

2. 九型人格测试的判断原理

找到被测试者的型号后，在图 9-1 中的九型人格图谱中找到型号的位置。九型人格图谱把每三种性格类型归为一组，构成三元组：即 891 本能组、765 思维组、234 情感组。每个本能组有三种类型的性格，具备这个组的基本命名特征。

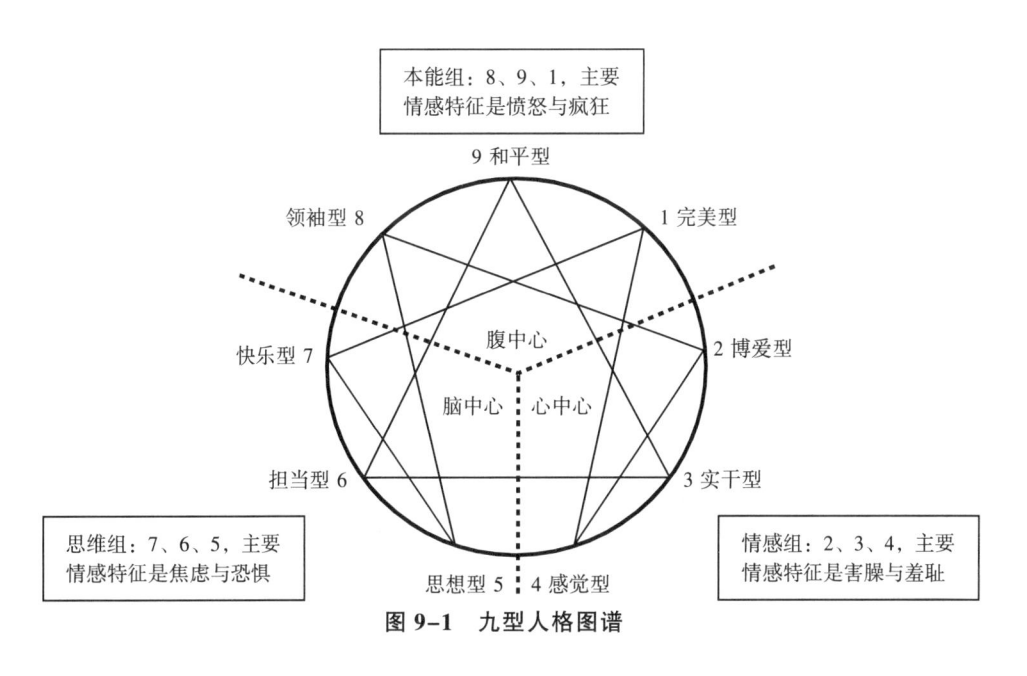

本能组：8、9、1，主要情感特征是愤怒与疯狂

9 和平型
领袖型 8　　　　1 完美型
快乐型 7　　腹中心　　2 博爱型
　　脑中心　心中心
担当型 6　　　　3 实干型
思想型 5　4 感觉型

思维组：7、6、5，主要情感特征是焦虑与恐惧

情感组：2、3、4，主要情感特征是害臊与羞耻

图 9-1　九型人格图谱

腹中心的本能组是八号、九号和一号，他们的感情特征是愤怒与疯狂。他们通过"存在感"来体察外界，行动力比其他脑中心和心中心类型的型号更强。腹中心的三个型号会以自己的力量与地位来争取想要的生活，做事比较有毅力。

脑中心的思维组是五号、六号和七号，他们的感情特征是焦虑与恐惧。他们能够理性思考解读外界，运用比较卓越的智商，减少内心的焦虑，以缜密的观察与分析能力解决生活中的麻烦。无论什么情况，这三个型号都能用思想的力量获得精神满足，克服对未知的恐惧。

心中心的情感组是二号、三号和四号，他们的感情特征是害臊与羞耻。他们理解外界的角度往往从感情出发，通过承载感情的人际关系来影响周围的人和事。这三个型号在感情和智慧方面都很出色，能迅速感知和回应他人的心情和需要。由于他们感情方面非常敏感细腻，因此也更加依赖别人的认可来维持自尊，感情波动比较大。

3. 九型人格的两翼和主翼（性格的第二面）及个案分析

没有人纯粹地属于一种性格。每个人的主导性格类型的左右，都会有两个"邻居"。而你的基本性格会与相邻的某一个性格（一般来说，是得分相对高的那个）构成独特的组合。在你性格两边的邻居就是你的"翅膀"（两翼）。虽然左右两边都会有翅膀，但是其中得分高的那个"翅膀"就是你的"主翼"。就像你通常是用右手还是通常用左手一样。可以把你的主翼理解为性格的第二面。下面分析一个测评个案，该被测试者的测评结果如表9-1所示。

表9-1 个案分析：九型人格得分表

A	B	C	D	E	F	G	H	I
13	17	23	17	13	7	18	21	15
九型	六型	三型	一型	四型	二型	八型	五型	七型

上例中，该被测试者最高分是C，九型人格的三型。在图9-1中，找到他的位置在右下角（实干型）。他属于情感组，他的感情特征是敏感细腻。他的两翼是四型（感觉型）和二型（博爱型），在四型和二型上的两个字母分别是E和F，它们对应的数字是13和7。也就是说，他的四型的这一翼（左翼），重过二型的那一翼（右翼），因此四型是他的主翼，即为"主性格"的第二面。

换句话说，任何一位测评者在九型人格图谱中找到了自己的型号以后，可以搞清楚他在九型图谱中的哪个区域,是什么样的感情特征。然后找到自己的两翼,而且可以轻易判断哪个是自己的主翼(性格的第二面),是左翼还是右翼。确定一位被测试者性格的第二面是非常重要的,因为他的双重人格往往在主翼中反映出来。任何人都有一定的双重人格,只是表现得强弱而已。上例中,该被测试者"主3翼4",这个组合表现出强烈的专家色彩。在他身上看起来很有四号的特征,他们不像"主3翼2"组合那么活泼,反而相当安静、低调和克制,但是他们对艺术感兴趣(四型特征),对自我表现欲有节制(三型特征)。他们热衷于树立独特的个人风格,勤劳刻苦,对自我形象的塑造侧重于才智和成绩方面,而不是所谓的个人魅力,即他们讲尖力(典型的三型特征)。这使"主3翼4"的人会把大量时间用于提升自己在专业领域中的能力方面,成为他人眼中的专家。如果该被测试者是"主3翼2",这个组合表现出强烈的明星色彩。在他身上有三型人格者对成果的渴望,也有二型人格者的开朗热情。他们精通社交技巧,非常健谈,且慷慨大方。自我表现欲旺盛,喜欢成为他人关注的焦点。大多数人会被"主3翼2"的人的个人魅力所吸引,使他成为他人眼中的明星。

每个被测试者的型号不同,与两翼的排列组合有2种,九型人格共有18种组合,如表9-2所示。

表9-2 九型人格不同主翼(性格的第二面)的18种组合

A	B	C	D	E	F	G	H	I
九型	六型	三型	一型	四型	二型	八型	五型	七型
主9翼8	主6翼7	主3翼4	主1翼9	主4翼5	主2翼1	主8翼7	主5翼6	主7翼8
九型左主翼	六型左主翼	三型左主翼	一型左主翼	四型左主翼	二型左主翼	八型左主翼	五型左主翼	七型左主翼
和平型缘领袖翼	担当型缘快乐翼	实干型缘感觉翼	完美型缘和平翼	感觉型缘思想翼	博爱型缘完美翼	领袖型缘快乐翼	思想型缘担当翼	快乐型缘领袖翼
主9翼1	主6翼5	主3翼2	主1翼2	主4翼3	主2翼3	主8翼9	主5翼4	主7翼6
九型右主翼	六型右主翼	三型右主翼	一型右主翼	四型右主翼	二型右主翼	八型右主翼	五型右主翼	七型右主翼
和平型缘完美翼	担当型缘思想翼	实干型缘博爱翼	完美型缘博爱翼	感觉型缘实干翼	博爱型缘实干翼	领袖型缘和平翼	思想型缘感觉翼	快乐型缘担当翼

在上述个案中,可以在表9-2中找到被测试者是"主3翼4——实干型缘感觉翼",那么就应当沿着此脉络,去判断被测试者的性格导致的"职业表现",可

以肯定的是，如果从企业管理层的要求来看，被测试者如果是"主3翼2——实干型缘博爱翼"就更加理想。

另外，在确定了型号和两翼以后（去掉了三个型号，即主性格和两翼），在剩下的六个型号中，一定有一个得分最高的型号，可能远远高过两翼的型号。在上述个案中，该被测试者是H字母下的五型，即思想型得了21分，在所有九型中是第二高分数。而且这个分数只比该被测试者型号得分少2分（一般考虑少3分以内才有意义，包括3分），这个分数下的型号往往被认为是该被测试者家庭或者长期的社会生活环境对其的影响，笔者称其为"副性格"，这对性格的判定非常有意义。由于只有与主型号得分相距3分以内才有意义（包括3分），所以并不是所有人都有"副性格"，但是所有人都有主翼（性格的第二面）。

在副性格方面有这样的例子，如果一个人生长在某个家庭环境中，他小时候很叛逆，甚至长大以后都不认同他家庭的那种氛围和父母的做派，但是家庭的某些烙印乃至他讨厌的东西会不经意地在这个人身上表现出来。从上述个案中我们了解到被测试者出身知识分子家庭，他的家庭特别重视学业和成就，因此这可能导致他强烈的自我定位，所以他的思想型（五型）得分很高。而且思想型的特征对被测试者来说非常熟悉和存在着比较深的烙印（不论他喜欢还是不喜欢这个型号）。但是他从根本上来说还是三型，即实干型。然而如果他生长在一个重视商业的家庭，那么，他在八型领袖型的得分就会比较高；如果他的家庭是官员家庭，他在一型完美型上就会得到高分。在社会生活中，我们也的确发现有些从事非常严谨研究工作的科学家，同时又具备很深的音乐造诣，这很可能就是家庭和长期的生活环境给他带来的影响。总之，这与被测试者的强烈自我定位有关。

对于是"副性格"对该型号影响大，还是主翼对该型号影响大的问题，笔者认为，如果"副性格"得分高于或等于主翼得分，"副性格"对主型号的影响大过主翼性格所谓"第二面"对主型号的影响（如果被测试者存在副性格的话）。上例中该测试者为主3翼4vs5，所以思想型的影响大过感觉型对他的影响。

因此，除了主型号和两翼以外，必须考虑这个家庭和社会成长环境因素，它们的排列组合比较复杂。从理论上说，18种型号和主翼每种可以排出6种家庭和成长环境因素的组合，理论上排列组合共计108种情况（当然有些组合可能对被测试者来说，永远不会出现）。从以上分析的个案来看，该被测试者存在着六种组合，即：

- 实干型三型+感觉翼四型 vs 思想型五型（被测试者的真实情景）。
- 实干型三型+感觉翼四型 vs 担当型六型。
- 实干型三型+感觉翼四型 vs 快乐型七型。
- 实干型三型+感觉翼四型 vs 领袖型八型。
- 实干型三型+感觉翼四型 vs 和平型九型。
- 实干型三型+感觉翼四型 vs 完美型一型。

对以上组合我们可以认为，这是对人的多重性格的一个比较合理的解释。对上述个案来说，被测试者起码具有三种性格，主导的是实干型三型，主翼是感觉型四型，最后对他性格有较大影响的就是来自他家庭的思想型五型。而且五型的影响大过主翼四型的影响。笔者认为，这样的解析具有现实性和合理性。

4. 性格的演变方向：整合—安全方向与瓦解—压力方向的分析与意义

"性格瓦解"是指人在压力很大的比较恶劣的外在条件下，他会从原有性格走向其他性格，在九型人格中把这种情况称为"性格瓦解"压力方向。据研究，性格瓦解在图 9-2 中的路径一条是：1-4-2-8-5-7-1（即改革者—独行者—助人者—挑战者—探索者—热情者—改革者）；另一条是：9-6-3-9（即调解者—忠诚者—成就者—调解者）。比如，一型人会表现出四型的性格（改革不成，变成了

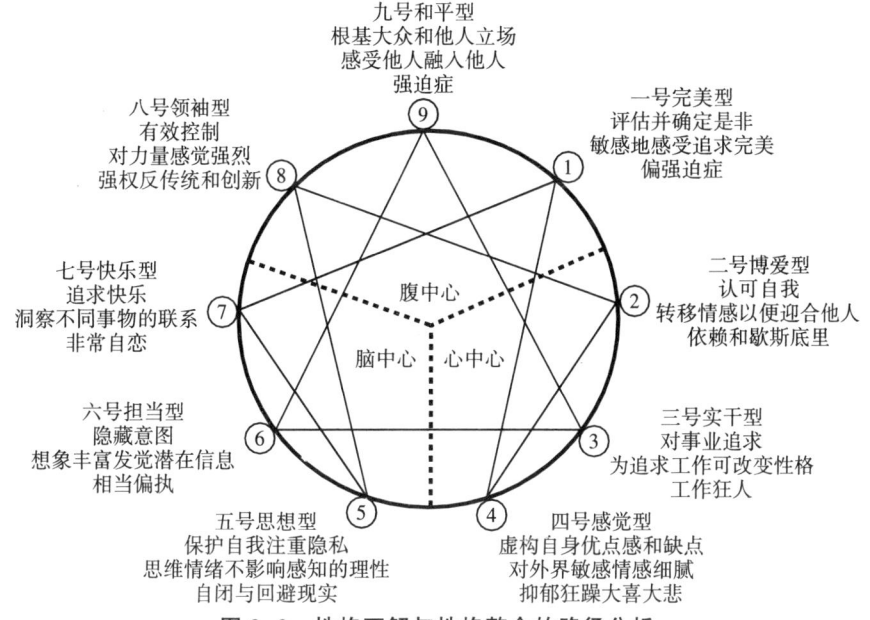

图 9-2 性格瓦解与性格整合的路径分析

特立独行的人）；六型人可能会表现出三型人的性格特征（忠诚者变成了追求成就的人）。所以，有的时候我们说这个人反常，大概就是他的性格瓦解造成的。往往在这种时候，这个人的心理压力极大。

"性格整合"是指当一个人性格发展环境很健康和社会环境宽松，他就会越发包容和走向其他性格，在九型人格把这种情况称为"性格整合"的安全方向。

性格整合的路径与性格瓦解刚好相反，在图9-2中的路径一条是1-7-5-8-2-4-1（改革者—热情者—探索者—挑战者—助人者—独行者—改革者），例如，一个改革者在顺境中会是一个积极鼓动、热情满满的人。另一条是9-3-6-9（调解者—成就者—忠诚者—调解者），例如，一个取得成就的人在顺境下可能会有更多的忠诚感。

理解了性格的瓦解方向和性格的整合方向，我们就可以知道被测试者在顺境和逆境下的反应和行为趋向，这对于把握应聘者的职业性格是有很大帮助的。

5. 九型人格的准确度

表9-3　九型人格测试的准确度统计

型号	一	二	三	四	五	六	七	八	九
准确度（%）	73	82	56	70	56	66	80	75	79

6. 各国国民测量型号分布

表9-4　各国国民测量前三名型号排布顺序

国家	中国	美国	日本	俄罗斯	德国	英国	法国	意大利
型号	三、八、九	三、六、七	六、四、五	六、八、四	六、五、八	一、五、六	三、四、七	八、二、七

- 中国人性格最多的是：成就者；挑战者；调解者。
- 美国人性格最多的是：成就者；忠诚者；热情者。
- 日本人性格最多的是：忠诚者；独行者；探索者。
- 俄罗斯人性格最多的是：忠诚者；挑战者；独行者。
- 德国人性格最多的是：忠诚者；探索者；挑战者。
- 英国人性格最多的是：改革者；探索者；忠诚者。
- 法国人性格最多的是：成就者；独行者；热情者。
- 意大利人性格最多的是：挑战者；助人者；热情者。

从各国国民性格排布上看，也可以得出很多国家发展和文化传统的有意义的结论。例如，俄罗斯和日本，尽管这两个国家存在着北方领土的争端，"二战"时期打过仗，但是从性格方面来看，这两国国民有比较多的相似之处；中国人忠诚的性格不占排行榜前位，而调解、中庸之道的性格占所有国家国民性格榜首。中国人性格中功名和勇于挑战、拼搏占国民性格的主导，也引导了社会的主流价值观。另外，中国人中庸之道根深蒂固，也造成了中国人什么都可以变通、原则性不强的特点。

7. 用九型人格测试确定理想的企业管理层的推荐型号

从九型人格给出的九种类型中，我们可以轻易地得出八型是最适合作为企业管理者的。他们的特点如下：

- 核心价值观：我要做一个自强不息的人，运用我强大的自信和抑制力战胜环境，贡献社会，助强扶弱，主持正义，保持公平。
- 注意力焦点：什么是公平的，谁还有异议？
- 情绪反应：如果决策没有能执行，决定了以后还有异议时会有情绪愤怒的反应。
- 行为习惯：我们就这样决定了，这事我说了算。
- 气质形态：目光坚定，有大将之风，气场足，有时粗豪鲁莽，大情大义，有压迫感，声音嘹亮，不拘小节，昂首阔步。
- 行为动机：渴望在社会上与人群中有作为，并担当他们的领导者，个性冲动，自信，有正义感，喜欢替他人做主和发号施令。

性格倾向：外向、主动、乐观、冲动、专制、有正义感；关注权力、独断，并且控制空间和领域；充满活力，讨厌虚伪，喜欢危险和冒险的刺激感；愤怒、爆发直接、面对面、硬碰硬；很难听从别人的意见；相信"强权就是公理"，别人会觉得专横霸道；喜欢被人尊重而不是被人喜爱；通常会支持比较弱势或不利的一方；会保护、支持自己的朋友、家人和下属；喜欢控制大局和授权给别人的乐趣，但却不喜欢被控制；有坚强的意志力，相信自己能战胜一切挑战和困境，而且会有突破；不喜欢求人，觉得求人不如求己，所以不停地增强自己的能力，是一个坚强、自信、果断和会马上采取行动去解决问题的人。

如果他们是"主8翼7"，(即八型领袖型，主翼是七型快乐型)，则他们非常爱好权力和注重经验，两者互相激励。他们有很强的经商头脑，因为他们外向，他们拥有极大的动力来进行他们的任务，爱好冒险，而且精力充沛、朴实、物质主义，他们脚踏实地，没有特意去追求别人的注目。即使他们的经济是有限的，还是情愿大方请客。他们会有点夸张，所以他们会做出大承诺和夸张的情况，希望别人加入到他们的行动中。他们用开放式的态度表达他们的感受，因为他们不太注意别人的反应和感受。有时会变得没有耐心、冲动，往往会被自身的激情所带动。他们能轻松地控制环境，尤其是控制他人。

如果他们是"主8翼9"（即八型领袖型，主翼是九型和平型），就没有"主8翼7"在管理方面更顺畅，因为八型和九型的性格是相互对立的，八型倾向于果断行事和直接面对争议和挑战，九型却倾向于压抑激进和逃避争议与扰乱。如果是这样，可能这个应聘者的矛盾性格比较突出。这样的人会把自己的两面严格分开，比如激进方面表现在与别人竞争上，被动、包容方面表现在只是对极少数人和家庭亲近者。这类人不特意寻求曝光，喜欢安静的、私人的、谦虚的生活，比较喜欢从后台操纵其他人的事情。把易膨胀的力量保持在平衡状态，他们的内在世界是平静的、平和的，不过不知道安静的内心世界是否给他们带来真正的好处。很多时候，他们会把倔强的事转变为焦虑。这类人还是要控制别人，虽然是将"柔软的手套套在铁腕上"。他们看起来好像友善和包容，但是会推测别人的动机。

如果在考虑了型号和主翼以外，再加之考虑家庭或社会长期生活环境对八型的影响，就又会出现左右翼的各6种、一共12种组合。笔者认为，如果是招募企业管理层，而不是选"女婿"的话，应当没有必要考虑那么复杂，分析到型号和主翼已经足矣，如果有副性格的话，应当予以考虑。

当然，并不是说只有八型才能当管理者，只是说八型与管理岗位的契合度比较高。其他型号和主翼的组合分析，由于篇幅的关系，请读者自己尝试分析。但是我们的确可以排除一些型号的应聘者，这些型号的应聘者不适合做企业管理人员，这些型号是：七型快乐型、四型感觉型、五型思想型。[1]

---

[1] 以上整理与分析参考堂·理查德·里索（DonRichard Riso）、拉斯·赫德森（Russ Hudson）：《九型人格心理学》修订扩展版，人民邮电出版社2016年版。丘磐教授具有版权。

第九章 九型人格测试在职业性格中的应用及其实践

【本章要点归纳】

九型人格测试在国内的应用从 2013 年以来开始大行其道。它与 MBTI 相比较，成为更直观、很多人反映比较准确的一种方法。九型人格方法与 MBTI 方法比较，有以下认知：

一是九型人格的 144 个题目均要求被测试者回答"过去的我"，没有像 MBTI 那样有"现在的我"的转换，所以被测试者的思维是一贯的，比较准确。

二是九型人格强调了某个型号人的两翼和主翼（性格的第二面），这体现了人的性格的复杂性，符合客观规律。而 MBTI 只是单纯地给出某种组合的职业性格，如果考虑分数相近的性向，则需要专业的人员分析解释，很难被普通测试者用来自我解析。

三是九型人格在主翼与主性格搭配上出现了 18 种排列组合，每种排列组合都可以由测试者做出判断和被测试者做出自我解释，在 MBTI 中没有这样明显的组合分析。

四是九型人格强调了除型号和主翼以外的另一高分型号的作用（这个高分应当与主型号得分相距 3 分以内），即这个高分型号往往是家庭或者社会对这个被测试者的长期影响（笔者称为副性格，实际上有些人没有副性格），这是符合客观情况的，而 MBTI 在这方面没有明确指向。

五是倘若被测试者存在副性格，那么副性格对主型号的影响大过主翼对主型号的影响。

六是九型人格认为，人在逆境（很大负面心理压力下）和在顺境时性格会发生某种改变。九型人格研究了这种性格的转变，并给出了转变"路径"。这对全面了解一个人，并对其未来预测有很大帮助，MBTI 这方面的研究不明确。

七是九型人格给出的九种类型中，八型是最适合的企业管理者。如果他们的是"主 8 翼 7"（即八号领袖型主翼是七型快乐型）就更加匹配，如果他的主翼是"主 8 翼 9"（即八型领袖型，主翼是九型和平型）就可能显示出一定的"矛盾性格"。

|第十章|
职业锚与岗位胜任力模型

一、反映职业选择价值观的职业锚

在第八章第一节管理层招募模型中,漏斗测评上面是"职业性格",由于性格本身具有遗传性,因此客观性大于主观性;但是你的职业性格与职业匹配度比较高,并不代表你自己喜欢这个职业。喜欢不喜欢的问题,反映了这个人在选择职业上的价值观。所谓价值观,就是一个人对周围事物长久不变的看法,不会轻易改变,这是主观的,反映在选择职业上,叫作"职业锚"。

职业锚理论首先是由美国麻省理工学院斯隆商学院、美国著名的职业指导专家埃德加·H.施恩(Edgar H. Schein)教授领导的专门研究小组提出的。他们把斯隆管理学院的44名MBA毕业生(自愿接受研究者)组成若干小组,接受施恩教授及其研究团队长达12年的职业生涯研究,包括面谈、跟踪调查、公司调查、人才测评、问卷等多种方式,最终分析总结出了职业锚理论。

职业锚这个词,非常形象,轮船发动机一关,第一件事就是抛锚,锚是有倒钩的,可以把地抓住,进而把船固定住。从选择职业来说,每个人的心中也有一个类似的锚,当一个人不得不做出选择的时候,他无论如何都不会放弃职业中的那种至关重要的东西或者价值观就是锚。

职业锚的形成是一个人进入社会后,在实际某项工作中,积累的经验与个人的动机、价值观、才干相互磨合，达到自我满足和经济补偿与心理补偿的一种稳定的职业定位。例如，喜欢这项工作，并且工作出色，又有比较好的收入，得到大家的尊重。职业锚强调个人能力、动机和价值观三方面相互作用的整合。职业锚是个人同工作环境互动作用的产物，在实际工作中是不断调整的。因此，我们考察一个在校的大学生或者少男少女的职业锚是没有多少意义的，就像我们问一个孩子长大要做什么一样没有意义。这种初出茅庐没有工作经验的人，他怎么知道他个人在什么方面有能力，以及和他的个人动机的结合优势呢？

综上所述，考察测评一个人的职业锚要注意几个方面：第一，职业锚以有工作经验的人士作为考察对象，职业锚一般是在25~35岁形成的。在这之前，这个人不可能真切地了解自己的能力、动机和价值观以及在多大程度上适应目前的职业选择。第二，职业锚不是根据各种测试出来的能力、才干或者工作动机和价值观，而是在工作实践中，依据自身的已被证明的才干、动机、需要和价值观，现实地选择和准确地进行职业定位。第三，职业锚是个人稳定的职业贡献区和成长区，从中可以获得该职业工作的进一步发展。第四，职业锚本身也可能变化，职业生涯的中后期可能会根据这个人的身体变化和心理变化，重新选定自己的职业锚。

1978年，E. H. 施恩提出了职业锚的五种基本类型，即技术型职业锚、管理型职业锚、自主型职业锚、创造型职业锚和安全型职业锚。随着对职业锚研究的深入，在20世纪90年代，施恩又系统地描述了另外三种类型的职业锚，即挑战型职业锚、生活型职业锚和服务型职业锚，并首次提出了八种职业锚的测试量表。

二、关于五种基本职业锚的特征说明

技术型职业锚的人特别喜欢纵向的工作，也会做得比较好。比较不习惯与别人沟通协作，而且特别不喜欢团队运作。技术型职业锚的人往往都是完美主义者。完美主义者如果当领导，下属经常会被骂得狗血喷头，但是第二天见到下属，这个领导还是笑嘻嘻的，就像昨天的事情没有发生一样，因为以他的想法，你昨天做错了我批评你是应该的，但是我对你没有看法，过去就过去了，所以今天是新的开始。

管理型职业锚的人的典型特征，就是会管事和会管人。有一个解放战争就参加工作的老同志，1949年他18岁就当了处长，后来当到中华人民共和国某部部长，65岁离休。这位老同志当了一辈子干部，管了一辈子人，身体也比较好，突然离休受不了。每天早上还是早早起来，洗漱完毕就趴在窗台上看，等部里来车接他去上班。他老伴说："你别看啦，你都离休了，不用去上班啦。"他这才意识到可不是吗，顿时感到很失落，不知道要干什么。老伴就撵他出去，说"你看看我们院子里花花草草那么多，早上空气那么好，你出去遛遛弯儿啊，你没看人家离休的李部长，成天在那打太极拳，你也学两招啊。"

他觉得有道理，就出去了，可是没有半个小时就一脸怒气回来了，老伴问他怎么了，他说："你别问我，你以后也不能撵我出去，我哪儿都不去，就在家待着！"老太太不敢再问。到了上午10点多，老太太出去买菜，刚好遇到邻居，就问："早上我家老头出去一会儿就气哼哼回来了，发生了什么事情啊？"邻居说："哎呀，你家老头找我们聊天，就像上级找下级谈话一样，说我们这个不对，那个不行，谁受得了他这个啊……"

老太太哭笑不得，回到家里，看到老头还是闷闷不乐、无所适从的样子，就找本杂志给他看，老头问这是什么，老太太说："这是养生杂志，看看我们怎么多活几年，这里面还有菜谱，你今天想吃什么我给你做。"老头说："我不看这东西！"老太太问他："那你要看什么？"老头吼她："我要看文件！"老太太说："你都离休了，哪有那么多文件！"老头说："我和你说实话吧，我看什么东西都没意思，我一看红头文件就来劲！"老太太说："那我可帮不了你。"后来这位老同志心情郁郁寡欢，身体还真出了毛病，住了一段时间医院。从医院接回来，还是那种萎靡不振的样子。老太太说："我知道他，他不是身体有病，是心病啊。"所以老太太后来每天给他写一个"请示"：今天中午是吃红烧肉还是红烧鱼，请批示。老头在红烧鱼上画了个圈，在下面写了两个字：同意。

这是一个小说中的情节，但是也确实说明了这个人的职业锚就是管理型的职业锚，你让他做任何事情，他都感到无聊。

自主型职业锚的人特别厌倦上班，最受不了朝九晚五地上下班。但是这个人讨厌上班并不是讨厌工作。你在上班的时候，他在睡大觉，你在睡觉的时候，他可能干到凌晨3点。自主型职业锚的人最喜欢和领导说的是：你告诉我什么活，告诉我做到什么质量，告诉我什么时候交给你。你告诉我这些就行了，我肯定在你要求的时间之前，给你做得又快又好。至于说我想在哪里做，在什么时候做，你别管我行不行？只有在开放的社会才会出现这种职业锚的人，中国目前是一个开放型的社会，所以这种职业锚在年轻人中越来越多。我们的社会也给这种职业锚的人提供了不少就业空间。例如，广告类、销售类、各类工作室和事务所、大学教师、新闻记者、律师等。现在很多年轻人开网店，做淘宝、微商也属于此类性质。

目前，社会的职业是多元化的，连志愿者都是一种职业，有"职业的志愿者"。笔者于2016年春节过后第一次教EMBA课程班的课，是在中山大学。从中山大学南门进去不到100米就是外国语学院，当天外国语学院门口围了很多年轻人，一看横幅才知道，是教育部委托中山大学在华南地区招收去非洲孔子学院的志愿者。去非洲孔子学院干什么？当然是传播中国文化，教中文。可是教中文不是那么简单的，你首先要会英文啊，不会英文怎么教中文。所以据说那天来了六七十人应聘不到十个岗位。当志愿者会发财吗，肯定不会，国家只是给一些生活补助而已。我和一个看上去30岁左右的女孩子聊天，这个女孩是从南宁来的，她已经有两次八年海外志愿者的经历，这次是第三次，她又要去。我问她去干吗，她回答说要做一辈子的志愿者。她说她有："三不"：第一不结婚，第二不买房子，第三不要孩子。听了她的"三不"，真是对她刮目相看！这是一种人的活法，社会要对他们报以尊重的态度。一个人活得好不好，是他自己的鞋和他自己的脚的关系，与我们无关。在不伤害别人的前提下，要怎么过，当然应当自己说了算。她说我当一辈子志愿者，走过的国家很多，阅人无数，到老了，国家给我的补助费也够我自己养老的了，我仍然是精彩的一生……

创造型职业锚要多说几句，因为很多企业界人士是这种类型。他们特别有创意，有很多新点子，俗语说"主意很多"，有比较强烈的创业冲动。而且他们的点子和主意不是那种天马行空的，有很强的可实施性。所以这种人一说话，大家都静下来，因为他的话和别人不太一样，很有道理，这是创造型职业锚的共性。这类职业锚的人还可以分为两类：一是这样说又去这样做的人；二是只说不做的人。第二种人最有代表性的就是诸葛亮，在《三国演义》中，他人生最辉煌的时段，是在刘备活着的时候，还是刘备去世以后？这个答案是肯定的，是在刘备活着的时候，因为三国鼎立那一段，是《三国演义》最精彩的部分。诸葛亮是个谋士，而刘备恰好就是一个实施者。诸葛亮出的好主意，刘备非常信任，马上就拿来用，取得了空前的成功，例如，空城计、草船借箭等。后来刘备去世了，阿斗太小扶持不起来。诸葛亮还是那个诸葛亮，好主意还是那些好主意，可是缺少了实施者，结果最后，诸葛亮自己都怀疑自己主意的正确性，郁闷而死。

谋士社会需要不需要，当然需要，但是没有这样说又去这样做的人对社会贡献大。这样的人，如果是政治家，就是伟大的政治家，如邓小平。如果是企业家，那就是伟大的企业家，如马云、任正非等。

安全型职业锚在国内公务员群体中，据调查占比80%以上。在这种职业锚的人群中，当职业稳定与职业发展发生矛盾时，他们首先考虑的是职业稳定，而不是职业发展。例如，一家公司总部在北京，现在在武汉准备设立一家分公司，要调一个中层干部任武汉分公司的总经理。结果这家公司总部的中层干部马上就分成了两部分人，一部分人说我要去！其心里台词是：我大展拳脚的机会来了。另一部分人则说去不了，其心里台词是：一大堆家庭原因和不想折腾的理由。第二种人可能就是安全型职业锚的人。

笔者采用美国麻省理工学院斯隆商学院教授施恩（Edgar H. Schein）提出的职业锚测评量表问卷，在MBA和EMBA学员中进行测评已经有近10年，一直受到学员的好评，认同率达到95%以上。当然，对于施恩教授的测试问卷，笔者也做了适合中文表达和理解的修改。该测评问卷在附录10-1中给出。

附录 10-1

人才职业锚测评问卷

美国麻省理工学院斯隆商学院教授施恩

下面给出了40个问题，根据你的实际情况，从"(1)~(6)"中选择一个数字，数字越大，表示这种描述越符合你自己的情况。例如，"我梦想成为公司总裁"，对这个问题，你可以做出如下选择，以确定最符合你自身情况的选项：

(1) 从不　(2) 偶尔　(3) 有时　(4) 经常　(5) 频繁　(6) 总是

选"(1)"代表这种描述完全不符合你的想法。

选"(2)"或选"(3)"代表你偶尔（或者有时）这样想。

选"(4)"或选"(5)"代表你经常（或者频繁）这样想。

选"(6)"代表这种描述完全符合你的日常想法。

职业锚测评题目：

1. 我希望做我擅长的工作，这样我的内行建议可以不断被采纳

(1) 从不　(2) 偶尔　(3) 有时　(4) 经常　(5) 频繁　(6) 总是

2. 当我整合并管理其他人的工作时，我非常有成就感

(1) 从不　(2) 偶尔　(3) 有时　(4) 经常　(5) 频繁　(6) 总是

3. 我希望我的工作能让我用自己的方式、按自己的计划去开展

(1) 从不　(2) 偶尔　(3) 有时　(4) 经常　(5) 频繁　(6) 总是

4. 对我而言，安定与稳定比自由和自主更重要

(1) 从不　(2) 偶尔　(3) 有时　(4) 经常　(5) 频繁　(6) 总是

5. 我一直在寻找可以让我创立自己事业（公司）的创意（点子）

(1) 从不　(2) 偶尔　(3) 有时　(4) 经常　(5) 频繁　(6) 总是

6. 我认为只有对社会做出真正贡献的职业才算是成功的职业

(1) 从不　(2) 偶尔　(3) 有时　(4) 经常　(5) 频繁　(6) 总是

7. 在工作中，我希望去解决那些有挑战性的问题，并且胜出

(1) 从不　(2) 偶尔　(3) 有时　(4) 经常　(5) 频繁　(6) 总是

8. 我宁愿离开公司，也不愿从事需要个人和家庭做出一定牺牲的工作

(1) 从不　(2) 偶尔　(3) 有时　(4) 经常　(5) 频繁　(6) 总是

9. 将我的技术和专业水平发展到一个更具有竞争力的层次是成功职业的必要条件

(1) 从不　(2) 偶尔　(3) 有时　(4) 经常　(5) 频繁　(6) 总是

10. 我希望能够管理一家大公司（组织），我的决策将会影响许多人

(1) 从不　(2) 偶尔　(3) 有时　(4) 经常　(5) 频繁　(6) 总是

11. 如果职业允许自由地决定自己的工作内容、计划和过程时，我会非常满意

(1) 从不　(2) 偶尔　(3) 有时　(4) 经常　(5) 频繁　(6) 总是

12. 如果工作的结果使我丧失了自己在组织中的安全稳定感，我宁愿离开这个工作岗位

(1) 从不　(2) 偶尔　(3) 有时　(4) 经常　(5) 频繁　(6) 总是

13. 对我而言，创办自己的公司比在其他的公司中争取一个高的管理位置更有意义

（1）从不　（2）偶尔　（3）有时　（4）经常　（5）频繁　（6）总是

14. 我的职业满足来自我可以用自己的才能去为他人提供服务

（1）从不　（2）偶尔　（3）有时　（4）经常　（5）频繁　（6）总是

15. 我认为职业的成就感来自克服自己面临的非常有挑战性的困难

（1）从不　（2）偶尔　（3）有时　（4）经常　（5）频繁　（6）总是

16. 我希望我的职业能够兼顾个人、家庭和工作的需要

（1）从不　（2）偶尔　（3）有时　（4）经常　（5）频繁　（6）总是

17. 对我而言，在我喜欢的专业领域内做资深专家比做总经理更具有吸引力

（1）从不　（2）偶尔　（3）有时　（4）经常　（5）频繁　（6）总是

18. 只有在我成为公司的总经理后，我才认为我的职业人生是成功的

（1）从不　（2）偶尔　（3）有时　（4）经常　（5）频繁　（6）总是

19. 成功的职业应该允许我有完全的自主与自由

（1）从不　（2）偶尔　（3）有时　（4）经常　（5）频繁　（6）总是

20. 我愿意在能给我安全感、稳定感的公司中工作

（1）从不　（2）偶尔　（3）有时　（4）经常　（5）频繁　（6）总是

21. 当通过自己的努力或想法完成工作时，我的工作成就感最强

（1）从不　（2）偶尔　（3）有时　（4）经常　（5）频繁　（6）总是

22. 对我而言，利用自己的才能使这个世界变得更适合生活或居住，比争取一个高的管理职位更重要

（1）从不　（2）偶尔　（3）有时　（4）经常　（5）频繁　（6）总是

23. 当我解决了看上去不可能解决的问题，或者在必输无疑的竞赛中胜出，我会非常有成就感

（1）从不　（2）偶尔　（3）有时　（4）经常　（5）频繁　（6）总是

24. 我认为只有很好地平衡了个人、家庭、职业三者的关系，生活才能算是成功的

（1）从不　（2）偶尔　（3）有时　（4）经常　（5）频繁　（6）总是

25. 我宁愿离开公司，也不愿频繁接受那些不属于我专业领域的工作

（1）从不　（2）偶尔　（3）有时　（4）经常　（5）频繁　（6）总是

26. 对我而言，做一个全面的管理者比在我喜欢的专业领域内成为资深专家更有吸引力

（1）从不　（2）偶尔　（3）有时　（4）经常　（5）频繁　（6）总是

27. 对我而言，用我自己的方式不受约束地完成工作，比安全、稳定更加重要

（1）从不　（2）偶尔　（3）有时　（4）经常　（5）频繁　（6）总是

28. 只有当我的收入和工作有保障时，我才会对工作感到满意

（1）从不　（2）偶尔　（3）有时　（4）经常　（5）频繁　（6）总是

29. 在我的职业生涯中，如果我能成功地创造或实现完全属于自己的产品或点子，我会感到非常成功

（1）从不　（2）偶尔　（3）有时　（4）经常　（5）频繁　（6）总是

30. 我希望从事对人类和社会真正有贡献的工作

（1）从不　（2）偶尔　（3）有时　（4）经常　（5）频繁　（6）总是

31. 我希望工作中有很多机会，可以不断挑战我解决问题的能力（或竞争力）

（1）从不　（2）偶尔　（3）有时　（4）经常　（5）频繁　（6）总是

32. 能很好地平衡个人生活与工作，比得到一个管理职位更重要

（1）从不　（2）偶尔　（3）有时　（4）经常　（5）频繁　（6）总是

33. 如果在工作中能经常用到我特别的技巧和才能，我会感到特别满意

（1）从不　（2）偶尔　（3）有时　（4）经常　（5）频繁　（6）总是

34. 我宁愿离开公司，也不愿意接受让我离开全面管理的工作

（1）从不　（2）偶尔　（3）有时　（4）经常　（5）频繁　（6）总是

35. 我宁愿离开公司，也不愿意接受约束我自由和自主控制权的工作

（1）从不　（2）偶尔　（3）有时　（4）经常　（5）频繁　（6）总是

36. 我希望有一份让我有安全感和稳定感的工作

（1）从不　（2）偶尔　（3）有时　（4）经常　（5）频繁　（6）总是

37. 我梦想着创造属于自己的事业

（1）从不　（2）偶尔　（3）有时　（4）经常　（5）频繁　（6）总是

38. 如果工作限制了我为他人提供帮助和服务，我宁愿离开公司

（1）从不　（2）偶尔　（3）有时　（4）经常　（5）频繁　（6）总是

39. 去解决那些几乎无法解决的难题，比获得一个高的管理职位更有意义

（1）从不　（2）偶尔　（3）有时　（4）经常　（5）频繁　（6）总是

40. 我一直在寻找一份能够最大程度地减少个人发展和家庭之间冲突的工作

（1）从不　（2）偶尔　（3）有时　（4）经常　（5）频繁　（6）总是

计分方法：

（1）在40个题中挑出三个你得分最高的选项（如果得分相同，挑出最感兴趣的项目），在每个项目得分的后面，再加4分，填入答题表（例如，第38题得了6分，而且你认为是最感兴趣的，则该题应当加4分，变为10分）。如果最高分没有6分，则依次找到6分以下的最高分，仍按此操作。

（2）将选择剩下的37个题目，按照每一题的分数填入下面的计分表中（选几即为几分）把答题表填满。

（3）按照"列"的纵向将分数累加，得到每一列的总分。

（4）不要忘记先找到得分最高的三个感兴趣的选项各加4分以后，再填入其他37个选项下的分数。

类型	TF	GM	AU	SE	EC	SV	CH	LS
加分项	1	2	3	4	5	6	7	8
	9	10	11	12	13	14	15	16
	17	18	19	20	21	22	23	24
	25	26	27	28	29	30	31	32
	33	34	35	36	37	38	39	40
总分								

关于职业锚类型的说明：

TF型：技术/职能型职业锚（Technical / Functional Competence）

如果一个人的职业锚是技术/职能型，他始终不肯放弃的是，在专业领

域中展示自己的技能，并不断把自己的技术发展到更高层次的机会。他希望通过施展自己的技能以获取别人的认可，并乐于接受来自专业领域的挑战，他可能愿意成为技术/职能领域的管理者，但管理本身不能给他带来乐趣，他极力避免全面管理的职位，因为这意味着他可能会脱离自己擅长的专业领域。

GM 型：管理型职业锚（General / Managerial Competence）

如果一个人的职业锚是管理型，他始终不肯放弃的是升迁到组织中更高的管理职位，这样他能够整合其他人的工作，并对组织中某项工作的绩效承担责任。他希望为最终的结果承担责任，并把组织的成功看作自己的工作。如果他目前在技术/职能部门工作，他会将此看成积累经验的必需过程，他的目标是尽快得到一个全面管理的职位，因为他对技术/职能部门的管理不感兴趣。

AU 型：自主/独立型职业锚（Autonomy / Independence）

如果一个人的职业锚是自主/独立型的，他始终不肯放弃的是按照自己的方式工作和生活，他希望保留足够的灵活性，并由他自己来决定在组织中何时及如何工作。如果他无法忍受任何程度上的公司的约束，就会去寻找一些有足够自由的职业，如教育、咨询等。他宁可放弃升职加薪的机会，也不愿意丧失自己的独立自主性。为了能有最大程度的自主和独立，他可能创立自己的公司，但他的创业动机与后面叙述的创业家的动机是不同的。

SE 型：安全/稳定型职业锚（Security / Stability）

如果一个人的职业锚是安全/稳定型的，他始终不肯放弃的是稳定的或终身雇佣的职位。他希望有成功的感觉，这样他才可以放松下来。他关注财务安全（如养老金和退休金方案）和就业安全。他对组织忠诚，对雇主言听计从，希望以此换取终身雇佣的承诺。虽然他可以到达更高的职位，但他对工作的内容和在组织内的等级地位并不关心。任何人（包括自主/独立型）都有安全和稳定的需要，在财务负担加重或面临退休时，这种需要会更加明显。安全/稳定型职业锚的人总是关注安全和稳定问题，并把自我认知建立在如何管理安全与稳定上。

EC 型：创造/创业型职业锚（Entrepreneurial / Creativity）

如果一个人的职业锚是创造/创业型的，他始终不肯放弃的是凭借自己的能力和冒险愿望，扫除障碍，创立属于自己的公司或组织。他希望向世界证明他有能力创建一家企业，现在他可能在某一组织中为别人工作，但同时他会学习并评估未来的机会，一旦他认为时机成熟，就会尽快开始自己的创业历程。他希望自己的企业有非常高的现金收入，以证明他的能力。

SV 型：服务型职业锚（Sense of Service / Dedication to a Cause）

如果一个人的职业锚是服务型的，他始终不肯放弃的是做一些有价值的事情，比如，让世界更适合人类居住、解决环境问题、增进人与人之间的和谐、帮助他人、增强人们的安全感、用新产品治疗疾病等。他宁愿离开原来的组织，也不会放弃对这些工作机会的追求。同样，他也会拒绝任何使他离开这些工作的调动和升迁。

CH 型：挑战型职业锚（Challenge）

如果一个人的职业锚是挑战型的，他始终不肯放弃的是去解决看上去无法解决的问题、战胜强硬的对手或克服面临的困难。对他而言，职业的意义在于允许他战胜不可能的事情。有的人在需要高智商的职业中发现这种纯粹的挑战，如仅仅对高难度、不可能实现的设计感兴趣的工程师。有些人发现处理多层次的、复杂的情况是一种挑战，如战略咨询师仅对面临破产、资源消耗尽的客户感兴趣。还有一些人将人际竞争看作是挑战，如职业运动员，或将销售定义为非赢即输的销售人员。新奇、多变和困难是挑战的决定因素，如果一件事情非常容易，这件事情本身就会变得令人厌倦。

LS 型：生活型职业锚（Lifestyle）

如果一个人的职业锚是生活型的，他始终不肯放弃的是平衡并整合个人的、家庭的和职业的需要。他希望生活中的各个部分能够协调统一向前发展，因此他希望职业有足够的弹性允许他来实现这种整合。他可能不得放弃职业中的某些方面（例如，晋升带来跨地区调动可能打乱他的生活）。他与众不同的地方在于过自己的生活，包括居住在什么地方、如何处理家庭事务及在某一组织内如何发挥自己的特长。

三、职业锚测评问卷的应用个案分析实例

笔者在应用职业锚测评问卷的十几年的实践中,积累了一定的经验。这里随机挑选了四位被测评者的个案,进行分析,以使读者能够通过案例分析,掌握职业锚的测评分析方法。需要说明的是,以下案例中,选取的被测试者的私人资料是测评分析以后,通过访谈获得的。也就是说,测评前并不知晓他们的私人信息。分析以后,四位被测试者都反映非常符合或者很符合他们的个人想法和现实情况,如表10-1至表10-4所示。

表10-1 个案一:男,43岁;组织性质:高新技术私企;岗位:老板

类型	TF		GM		AU		SE		EC		SV		CH		LS	
加分项	1	4	2	6	3	4	4	1	5	6	6	6	7	6	8	1
	9	6	10	2	11	3	12	2	13	6	14	6	15	6	16	6
	17	1	18	1	19	6	20	1	21	6	22	6	23	6	24	6
	25	3	26	2	27	1	28	2	29	6	30	6	31	6	32	4
	33	10	34	2	35	1	36	1	37	10	38	1	39	10	40	2
总分	24		13		15		7		34		25		34		19	

表10-1中,该被测试者得分最高的职业锚是EC创造型和CH挑战型,均为34分。被测试者是非常理想的企业家的职业锚,因为他敢于冒险,创业意愿强烈,不惧压力,属于"赛场型选手",即压力越大干劲越大。一般而言,被测评者最高分中相差3分比较有分析意义,例如,上例中如果有31分(包括31分)其他职业锚,就有分析的意义,说明他三个职业锚兼备。低于3分的话,一般不必分析。然后我们就可以观察他的最低得分的职业锚,这些职业锚就是他最不愿意干的事情,或者不以为然的事情。上例中他的SE安全型职业锚得了7分,最低。可见,被测试者不认同一味地追求稳定,还是愿意看重机会,拼搏一下,尽管可能有各种风险。很有意思的是,被测试者GM管理型职业锚得分也很低。也预示了这位被测试者对具体的组织内部管理琐事感觉很头痛。笔者发现很多企业家都比较排斥具体的企业内部日常事务的管理,他们的管理型职业锚的得分一般

都比较低，这样的结果显示了两种可能：一是被测试者本身不擅长日常管理；二是被测试者认为他的主要精力应当放在开创性的工作方面（一般来说，第二种可能多一些）。这也预示了他们应当找职业经理人来管理企业内部的日常事务，以便他们自己腾出手来抓战略性、方向性和全局性工作。另外，上例中 AU 自主型职业锚得分也比较低，这对一个企业家来说是比较好的事情，因为他的个性不是非常强，比较从众合群。

表 10-2　个案二：女，31 岁；组织性质：自由职业；岗位：淘宝微商

类型	TF		GM		AU		SE		EC		SV		CH		LS	
加分项	1	6	2	10	3	6	4	6	5	6	6	3	7	10	8	2
	9	4	10	4	11	10	12	6	13	3	14	6	15	6	16	6
	17	6	18	6	19	6	20	6	21	6	22	6	23	6	24	6
	25	3	26	1	27	3	28	6	29	6	30	3	31	3	32	6
	33	6	34	1	35	3	36	6	37	6	38	6	39	6	40	3
总分	25		18		28		27		27		18		31		23	

表 10-2 的被测试者 CH 挑战型和 AU 自主型职业锚得分最高，反映了该被测试者抗压能力很强，而且个性比较强。个性太强的人很难在正式组织中发展，因为容易与组织中的其他人产生冲突。该被测试者最低分是 GM 管理型职业锚和 SV 服务型职业锚，说明此人不善于处理具体管理事务，生活比较随意，也不愿意带领别人，没有以别人的成功为己任的想法。另外，其 SE 安全型和 EC 创造型职业锚的得分也比较高，显示该被测试者还比较纠结，一方面追求稳定，另一方面又想冒险，愿意自己创业。后来了解该被测试者私人信息后，知道她目前在

表 10-3　个案三：女，48 岁，组织性质：政府公务员；岗位：财务

类型	TF		GM		AU		SE		EC		SV		CH		LS	
加分项	1	4	2	4	3	4	4	10	5	2	6	6	7	5	8	1
	9	10	10	1	11	3	12	3	13	2	14	6	15	6	16	6
	17	3	18	2	19	2	20	6	21	4	22	4	23	6	24	10
	25	1	26	3	27	2	28	4	29	6	30	5	31	5	32	6
	33	6	34	1	35	1	36	6	37	1	38	3	39	3	40	3
总分	24		11		12		29		15		24		24		26	

家里从事淘宝微商的职业,她自己说,这样可以兼顾家庭,她自己也的确经常感到不甘心,想把事业做大,但是又怕影响到家庭的稳定和谐。

表 10-3 的被测试者得分最高的是 SE 安全型职业锚和 LS 生活型职业锚。这两个职业锚很般配,无任何矛盾。追求稳定第一,对组织依赖度比较大,也比较忠诚于组织并重视家庭,追求比较高的生活质量,一般家庭都比较美满。最低的职业锚得分是 GM 管理型,说明不愿意参与日常工作特别是人事方面的管理琐事。该被测试者 AU 自主型职业锚得分也很低,表明其个性随和,愿意在群体中工作。其 SV 服务型和 CH 挑战型职业锚得分也相对比较高,说明该被测试者愿意为他人服务,服务精神比较好,而且有一定的抗压能力。后经了解该被测试者已经 48 岁,是政府的公务员,从事的岗位是财务。她特别感兴趣笔者对她的分析,认为完全正确。

表 10-4　个案四:男,42 岁;组织性质:私企;岗位:研发部经理

类型	TF		GM		AU		SE		EC		SV		CH		LS	
加分项	1	4	2	6	3	6	4	3	5	10	6	2	7	6	8	3
	9	4	10	4	11	4	12	6	13	10	14	4	15	6	16	4
	17	1	18	6	19	2	20	3	21	6	22	1	23	6	24	3
	25	3	26	6	27	3	28	3	29	6	30	3	31	6	32	4
	33	6	34	6	35	3	36	3	37	10	38	3	39	1	40	1
总分	18		28		21		18		42		13		23		15	

表 10-4 中的被测评者得分最高的 EC 创造型职业锚,得了 42 分,特别突出。说明此人创意很多,有比较强的创业冲动。其他职业锚与该职业锚得分相比,相形见绌。后来询问该被测评者私人信息,知道他在私企做研发部经理。但是笔者发现他 TF 技术型职业锚得分比较低,就问他这方面的原因,他回答说他已经多年没有亲自做研发,都是做研发的管理,为下属指明研发方向和技术标准,而且现在对纯技术也提不起兴趣。该被测试者最低分的职业锚是 SV 服务型职业锚,这一点对带领研发团队不是什么好事,果然他说他特别受不了不理解他意图的下属,他的确不愿意为下属打下手。笔者问他是不是有自己的创业意图,他赶紧压低声音说,我老板就在前面呢,小点声,我们相视一笑。当笔者问他妻子对他是不是意见比较大时,他很诧异,问我从哪里看出来的。我说你 LS 生活

型职业锚得分第二低啊，说明家庭及生活在你的职业生涯中并没有被你看得很重。他说很对，因为经常加班，而且在外应酬很多，妻子意见不小。

笔者希望通过以上四个测评个案，能够使读者掌握职业锚的测评方法，在这里需要强调以下几点：

第一，填表方面：打分的时候，有些被测试者不一定会打6分，也不一定会打1分，这类被测试者比较中庸。如果没有6分，最高分就依次下移。总之找到最高分中的最感兴趣的三项各加4分，首先，把这三项填入空白的答题表。其次，把其他37个题目的得分填进去，把答题表填满。最后，把答题表各职业锚下的得分纵向相加，得出总分按照表格设置填入。

第二，分析方面：首先，找到被测试者最高的得分，最高得分对应的职业锚就是该测试者的职业锚。在最高分中，一般来讲相距3分才有意义。3分以内的职业锚都是这个人的职业锚（喜欢并擅长的）。其次，再看该被测试者最低的职业锚得分，同样也是3分以内，这些职业锚就是该被测试者最排斥、最不喜欢做的事务，应当避免安排他们做这样的工作。最后，有些被测试者有明显的矛盾倾向，如CH挑战型得分很高，SE安全型和LS生活型得分也很高。得到这样的结果，被测试者可能的问题是：年龄太小，没有社会经验，没有进行职业锚测评的意义；矛盾性格强烈，不太适合在企业工作；40岁以下，兴趣广泛，一种是的确多才多艺，另一种是喜欢幻想、焦虑、不甘心现状。这方面的问题在招聘管理层测评实践中，要给予足够的关注。

四、"漏斗测评"的落脚点——岗位胜任力模型的应用

职业性格解决的是应聘者性格与岗位匹配性的问题，这是一个客观问题。职业锚解决的是应聘者选择职业的价值观与岗位匹配问题，这是一个主观问题。当你的职业性格与岗位是匹配的，你的职业锚与岗位也是符合的时候，第三个问题就出现了，即你有没有能力胜任这个岗位的工作呢？这就是岗位胜任力模型（又称岗位素质模型）了，最终又回归到了客观问题。我们可以这样理解：职业性格测试是解决被测试者适合不适合干的问题；职业锚测试解决的是被测试者想不想干的问题；岗位胜任力模型测试是解决被测试者能不能干的问题。因此，从客观

到主观，再到客观，整个漏斗测评就找到了落脚点——岗位胜任力模型。

关于岗位胜任力的研究始于20世纪60年代后期，里程碑式的标志是1973年，美国心理学家麦克利兰在《美国心理学家》杂志上发表文章《测量胜任特征而非智力》一文中出现的。该文认为，从第一手材料直接挖掘的、真正影响工作业绩的个人条件和行为特征就是胜任。换句话说，某一个具体的岗位都有一些对这个岗位独特的、具体的能力要求，应聘者符不符合这些要求，这就是用岗位胜任力模型对应聘者进行判断的问题。

因此，在一家企业中，不同岗位所要求员工具备的胜任力内容和水平是不同的。可以这样认为：担任某一个特定岗位的任务角色所必须具备的胜任力的总和称为"岗位胜任力模型"（Competency Model）。

从岗位胜任力模型建立的过程我们可以看出，它主要是能够从组织内的绩优者身上抽取出那些"关键的、能够影响绩效好坏"的几类特征，这很接近于我们中国人说的"榜样"或者"标杆"。

麦克利兰曾经采用行为事件访谈技术，帮助两家跨国公司建立了高层管理人员的胜任力模型，他的研究结果表明：使用新建立的胜任力模型作为高层管理人员选拔的标准，使得公司高层管理人员的离职率从原来的49%下降到了6.3%，追踪研究还发现，在所有新聘任的高层管理人员中，达到所要求的胜任力标准的有47%在一年以后的表现比较出色，而没有达到胜任力标准的只有22%的人表现比较出色。在国外，胜任特征评价技术早已广泛运用于管理实践。基于胜任力模型的选拔、培训、薪酬设计、职业规划能够提高用人效率，降低人才的跳槽概率。

从国内对岗位胜任力的认识来看，实践走在了理论的前面。有些企业将销售团队中销售业绩最好的那个人找到，进而分析他的个人品质特征和自然特征，例如，他是什么年龄段的人、什么学历、性格特点是什么、做事风格是什么样的等。然后将这个人的这些特点当作招募条件，去招募新的销售人员，结果取得了比较好的效果，其实这就是岗位胜任力模型自发自觉的应用。这个销售人员业绩之所以好，一定是他的作风、做派与企业产品很匹配，与客户很协调，受到客户的喜爱。甚至他是哪里人、什么年龄段等这样的个人自然条件都可能与客户接受度有关。

另一个比较有意思的例子是：山东烟台有家沐足城，这家沐足城成立五年来，员工流失率非常高。老板感叹，我们家就是烟台地区沐足技术的培训基地，烟台各个沐足店的骨干技师几乎都是从我们这边出去的。有一天，又有一位技师离职了，老板非常郁闷。坐在那里翻员工的花名册，翻着翻着，发现了一个"新大陆"。这个沐足城自成立以来，只有一个员工还在册，一直没走！老板心里想，她怎么不走呢？不行，我要去会会她。结果老板走到二楼的沐足场地，就问领班，这个人在不在，领班说在，正在给客人服务呢。老板很耐心地坐在那里等，等了20多分钟，那个女工把客人送走，老板就迎上去和她聊天："你哪里人啊？""河南。""河南哪里？""周口。""周口的，结婚没有？"女工不好意思："老板我这么大年纪肯定结婚了。""老公在做什么？""老公也在打工。""在烟台啊？""没有，在郑州。""你们两地分居啊。""可不是么。""那有孩子吗？""有。""几个？""一个男孩。""你带着？""老板我这样怎么带啊，在老家呢。""老家谁带啊？"女工回答："我父母双全，我老公父母双全，四个老人家，就那么一个第三代，喜欢得不得了，这家住几天，那家就来抢，照顾得非常好，我们非常放心……"

老板听了女工的话，大大赞扬了她，"你看五年了就你留下来了，忠诚度那么好，工作也那么好，我要让你当班长，给你加工资"。老板和女工聊完，走到一楼，刚好遇到沐足城人力资源部在招募沐足工面试，老板就坐下来说，"我来面试"。他问一位应聘妇女："哪里的啊？""河南。""哦，和那个一样啊，河南哪里啊？""周口。"真是绝了！"结婚没有？""结了。""有孩子吗？在哪里啊？""孩子在老家。""老家谁带？""孩子他爷爷奶奶带。""你放心不？""很放心，带得挺好的。""那就你了，你被录取了！"据说，老板以这种口径招来的沐足女工，员工流失率大大降低。其实这个沐足城的老板，不自觉中已经应用了岗位胜任力模型的原理和做法。

具体来说，岗位胜任力模型的应用有两种形式：一种是条文模板式的，这种岗位素质模型比较好形成，但是要靠 HR 去对照和主观判断，招募人员的水平高低决定着招募的成功与否，有很大的主观性。另一种是测评问卷式，由应聘者自己根据某岗位胜任力模型测试问卷进行选择。问卷式一般都是给出岗位可能会遇到的典型场景，要求应聘者根据自己的判断，选择他自己认为最好的应对方式，然后把他选择的应对方式和"标杆"式的应对方式进行比较，找出差距给予量化。

当然，问卷是由应聘者自己回答的，反映了这个人身上的"一贯特点"，比较客观，问卷式的岗位胜任力模型会比条文模板式的要好得多。但是问卷式的岗位胜任力模型比较难以开发,不是人力资源随便就可以拟订的,往往是由企业直线干部与心理学研究者共同开发的。

在附录10-2和附录10-3中,笔者提供了一个管理岗位的模板条文式的岗位胜任力模型和一个销售岗位的问卷式岗位胜任力模型,供读者参考使用。

附录10-2

某集团管理层人员胜任力模型(条文式)

企业管理层通用胜任力素质能力	素质能力定义	素质能力分类		
		自我管理	事务性管理	员工管理
1. 战略思维	能够掌握市场趋势,分析企业面临问题,有一定应对措施	●	●	
2. 战略规划	清楚企业目标,能制定本部门规划和进行资源调配		●■	
3. 团队领导力	能够识别团队文化与任务,用激励手段和方法领导和控制团队	●	●■	■
4. 员工培养	有教导与训练员工的能力和方法,熟悉科学培训的应用,对模板有深刻的认识		●	■
5. 目标管理	有目标分解和整合的能力,能够根据目标分配资源		●■	
6. 执行力	能够依据流程,将目标有效落实,按照要求完成		●■	■
7. 变革管理能力	有前瞻性,能够应对部门任务的变更,指导下属改变工作方向和进行有效控制	●	●	
8. 解决问题的能力	有准确判断问题的能力,能够提出系统解决本部门问题的方案		●■	
9. 说服能力	有与员工良性互动的能力,具备说服他人、短期内凝聚共识的能力	●	●	■

注:●表示高层管理者胜任力模型要求的维度;■表示中层管理者胜任力模型要求的维度。

附录10-3

销售岗位胜任力模型测试问卷

请在下列20题的每一个题目的四个答案中选择一个(时间限制10~15分钟)。

1. 假如你的顾客询问你有关产品的问题，你不知如何回答，你将（　　）

(1) 以你认为对的答案，用好像了解的样子来回答。

(2) 承认你缺乏这方面的知识，然后去寻求正确答案。

(3) 答应将问题转呈给业务经理。

(4) 给他一个听起来很好的答案。

2. 当与客户讨论时，他的观点其实是很明显的错误，你将（　　）

(1) 打断他的话，并予以纠正。

(2) 聆听，然后改变话题。

(3) 聆听并指出其错误之处。

(4) 利用质问使他自己发觉错误。

3. 假如你觉得有点泄气时，你应该（　　）

(1) 请一天假不去想公事。

(2) 强迫自己更卖力去做。

(3) 尽量减少客户拜访。

(4) 请求业务经理和你一道出去拜访客户。

4. 当你拜访经常吃闭门羹的客户时，你应该（　　）

(1) 不必经常去拜访。

(2) 根本不去拜访他。

(3) 经常去拜访并试图构建友善关系。

(4) 请求业务经理换个人去试试。

5. 你碰到对方说"你家的东西太贵了"，你应该（　　）

(1) 同意他的说法，然后改变话题。

(2) 先感谢他的看法，然后指出一分价钱一分货。

(3) 不理会客户的话，换个角度继续宣导。

(4) 进行你强而有力的辩护。

6. 当你不得不回答客户的问题，而且你的意见与客户见解相反时，你应该（　　）

(1) 保持缄默并等待客户开口。

(2) 变换主题并继续销售。

(3) 继续举证以支持你的论点。

(4) 试图了结此话题。

7. 当你进入客户的办公室时，正好他在阅读，他一边阅读，一边听你讲话，那么你应该（　　）

(1) 开始你的销售说明。

(2) 向他说你可以等他阅读完才开始。

(3) 请求合适的时间再来拜访。

(4) 请求对方给你点时间，全神聆听。

8. 你正用电话去约一位客户以安排拜访时间，总机把你的电话转给他的秘书，秘书问你有什么事，你应该（　　）

(1) 告诉她你希望和他商谈。

(2) 告诉她这是私事。

(3) 向她解释你的拜访将给他带来莫大的好处。

(4) 告诉她你希望同他讨论你的产品。

9. 面对一个激进型的、对我们产品持反对意见的客户，你应该（　　）

(1) 客气。

(2) 过分客气。

(3) 证明他错了。

(4) 拍他的马屁。

10. 遇到一位对我们产品很悲观、不看好的客户，你应该（　　）

(1) 说些乐观的事。

(2) 把他的悲观思想一笑置之。

(3) 向他解释他的悲观是不太成立的。

(4) 引诉事实并指出你的论点是正确的。

11. 在展示印刷的视觉辅助工具时，你应该（　　）

(1) 交给客户辅助销售工具，在他阅读时解释销售重点。

(2) 先销售视觉辅助工具，然后再按重点念给对方听。

(3) 把辅助工具留下来，以待访问之后让他自己阅读。

(4) 询问他可否把一些印刷物张贴起来。

12. 客户告诉你，他正在考虑竞争者的产品，他征求你对竞争者的意见，你应该（   ）

（1）诉说竞争者产品的缺点。

（2）分析竞争者产品的特征。

（3）熟悉他人的产品然后继续销售你自己的产品。

（4）引开他的注意力。

13. 当客户有购买的征兆，如问"什么时候可以交货"时，你应该（   ）

（1）说明送货时间，然后继续销售你的产品特点。

（2）告诉他送货时间，并请求签订下单。

（3）告诉他送货时间，并称赞他的选择，探试签约。

（4）告诉他送货时间，并等待客户的下一步骤。

14. 当客户有怨言时，你应该（   ）

（1）打断他的话，并指出其错误之处。

（2）注意聆听，虽然你认为公司错了，但有责任予以否认。

（3）同意他的说法，并将错误归咎于你的业务经理。

（4）注意聆听判断怨言是否正确，适时应答并尽快予以纠正。

15. 假如客户要求打折，你应该（   ）

（1）答应回去后向业务经理要求。

（2）告诉他没有任何折扣了。

（3）解释本公司的折扣规定，然后热心地销售产品特点。

（4）不予理会。

16. 当客户向你说"你们的产品某某朋友用得很不满意"，你应该（   ）

（1）告诉他该用户在乱说，只是希望你不要买而已。

（2）告诉他该用户跟我们公司关系没处理好。

（3）详细询问什么地方不满意，并针对性地解答。

（4）承认可能公司的培训、用户操作等方面没有协调好，并愿意提供帮助。

17. 在获得订单之后，你应该（   ）

（1）谢谢他然后离去。

（2）略为交谈他的嗜好。

（3）谢谢他并恭喜他的决定，扼要地再强调一下产品的特征。

（4）请他到附近去喝一杯。

18. 在开始做销售说明时，你应该（   ）

（1）试图去发觉对方的嗜好并交换意见。

（2）谈谈气候。

（3）谈谈今早的新闻。

（4）尽快地谈些你拜访他的理由，并说明他可能获得的好处。

19. 在下列情况下，哪一种是销售人员应当充分利用时间的做法（   ）

（1）将客户资料动态更新。

（2）当销售人员和客户面对面的时候。

（3）在销售会议上讨论更好的销售方法。

（4）和销售员同仁互相讨论时。

20. 当您的客户被第三者打岔时，你应该（   ）

（1）继续销售不予理会。

（2）停止销售并等候有利时机。

（3）建议客户在其他时间我们再来拜访。

（4）请客户和第三者一起去喝一杯咖啡。

销售人员岗位胜任力模型测试标准

题目	答题分数（1）	答题分数（2）	答题分数（3）	答题分数（4）
1	2	5	3	1
2	1	3	1	5
3	1	5	1	3
4	1	1	5	3
5	1	5	3	2
6	2	1	2	5
7	1	5	3	2
8	1	1	5	2

续表

题目	答题分数（1）	答题分数（2）	答题分数（3）	答题分数（4）
9	5	1	1	1
10	3	2	1	5
11	1	5	1	1
12	1	3	5	1
13	1	3	5	1
14	1	2	1	5
15	2	3	5	1
16	1	1	5	2
17	3	1	5	1
18	3	1	1	5
19	3	5	2	1
20	1	2	5	3

销售人员岗位胜任力模型测试结果与建议

测评得分结果：

（1）如果被测试者得分是100分，说明他是非常卓越的销售人员。

（2）如果分数在90~99分，说明他是很优秀的销售人员。

（3）如果分数在80~89分，说明他是良好的销售人员。

（4）如果分数在70~79分，说明他是一般的销售人员，如果之前做过销售工作的人员得到这个分数，可以考虑淘汰，如果没有做过，可以进一步考察有无开发潜力。

（5）如果分数在60~69分，说明他是不称职的销售人员，可以考虑淘汰。

【本章要点归纳】

职业锚的形成是一个人进入社会后，在实际某项工作中，积累的经验与个人的动机、价值观、才干相互磨合，达到自我满足和经济补偿与心理补偿的一种稳定的职业定位，职业锚一般是职场人士在25~35岁形成的。

职业锚的分法有八种：技术型、管理型、自主型、安全型、创造型、服务型、挑战型和生活型。

岗位胜任力模型中的胜任是指从现有岗位直接挖掘的、真正影响工作业绩的个人条件和行为特征。换句话说，某一个具体的岗位，都有一些对这个岗位独特的、具体的能力要求，应聘者符不符合这些要求，就是用岗位胜任力模型对应聘者进行判断的问题。因此，在一家企业中，不同岗位所要求员工具备的胜任力内容和水平是不同的。担任某一个特定岗位的任务角色所必须具备的胜任力的总和称为"岗位胜任力模型"。

岗位胜任力模型的应用有两种形式：一种是条文模板式的，另一种是测评问卷式的，由应聘者自己根据某岗位胜任力模型测试问卷进行选择。

在漏斗测评中，职业性格测试是解决被测试者适不适合干的问题；职业锚测试解决的是被测试者想不想干的问题；岗位胜任力模型测试是解决被测试者能不能干的问题。换句话说，职业性格是客观问题，职业锚是主观问题，岗位胜任力模型又回归到客观问题，成为漏斗底部的落脚点。这样通过对管理层招募的漏斗测评三个步骤，我们是可以选择到比较理想和适配的企业管理层核心团队的。

Part Three 第三篇

绩效管理与企业运营策略

第十一章 绩效管理在企业运营中的基本流程
第十二章 企业内各岗位关键指标的寻找与确定
第十三章 绩效考核的主要方法及其实践
第十四章 绩效考核的几个重要问题和考核结果的后续处理

|第十一章|
绩效管理在企业运营中的基本流程

一、宏观、中观与微观的企业绩效管理

企业的绩效管理是企业运营的核心。不论是制造业还是服务业，企业绩效的好坏是怎么判断的，站在什么位置看一家企业的绩效，这是对企业绩效管理最基本的立场问题。图 11-1 形象地解释了这一立场。

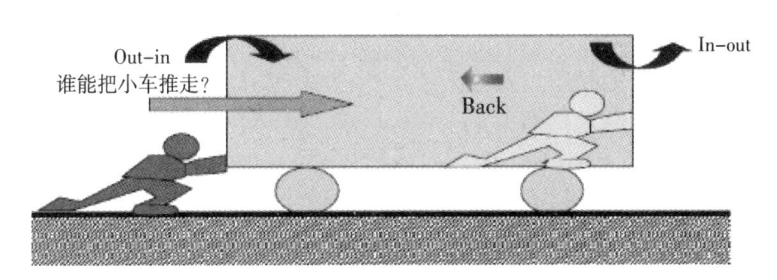

图 11-1　企业绩效的观察角度

如果我们站在小车里面推车，作用力与反作用力抵消，小车是不会动的。同理，要想衡量一家企业的绩效，不是看企业内，而是看行业内。要站在企业外部的行业市场上观察，方可知自己的企业绩效好不好。换句话说，对企业绩效的判断，不是自己与自己比，是自己与同行业内的企业比。

企业产生绩效并输出结果的过程，就是企业内部的运营过程。从此意义上来

说，对企业内部运营的管理，就是企业的绩效管理。因此，从宏观上来看企业绩效管理有四大环节（见图11-2）。

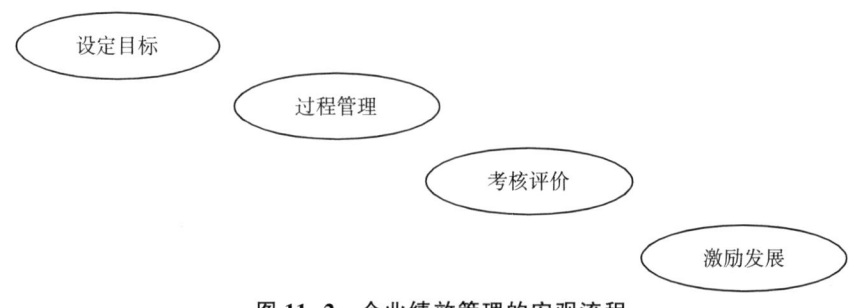

```
设定目标
    过程管理
        考核评价
            激励发展
```

图11-2　企业绩效管理的宏观流程

在设定目标阶段，企业决策层根据企业战略发展要求，制定年度目标，HR与直线干部配合，完成部门目标与企业年度目标的对接和分解，最终明确部门与部门内具体岗位的目标，保障岗位目标与部门目标的一致性，部门目标与企业目标的一致性。

在过程管理阶段，企业各个部门的直线干部围绕部门目标组织和调配人力资源、财力资源、物力资源和时间资源，有效地使领导部门和员工完成目标，过程管理是企业各级直线干部每天的日常工作。

在考核评价阶段，企业各级直线干部在HR的密切配合下，根据目标下的考评指标进行周期性的考核，把考核指标与员工的浮动薪酬挂钩，运用多劳多得、奖勤罚懒的企业分配机制，对企业员工实施奖惩。

在激励发展阶段，根据绩效考核的结果，由直线干部对员工进行反馈。对企业而言，绩效反馈的过程就是企业总结经验和发现问题的过程。而对员工而言，反馈的过程也是激励发展的过程。当然，这个激励发展要有企业的顶层设计，也即员工的晋升阶梯是什么（包括职位晋升、学习培训、薪酬升级），员工的绩效不好时处理机制是什么（包括浮动薪酬的减少、转岗乃至解聘）。

如果从中观的角度解析企业绩效管理，核心是目标分解和考核方法问题（见图11-3）。在中观流程图中，最重要的就是企业组织目标的分解。这种分解是依据企业类型和企业在一定期间内的特定任务以及企业目标关注点的不同而不同的。依笔者个人观点来看，都应当叫KPI（Key Performance Indicators），即"关键指标"。尽管有人提出了基于控制项目类企业风险的KRI（Key Rise Indicators），即"关键风险指标",以及基于控制企业财务收支的 KFI(Key Financial Indicators),即"关键财务指标",还有基于企业运作结果的 KSF(Key Success Factors),即"关键成功因素"等,所有的指标中都有"关键"二字,只是侧重点不同而已。在这个问题上,要注意两点:一是怎样才能找到某一个岗位的关键指标;二是怎样确定目标的恰当数值,让执行者(中层干部或员工)能够认同和接受。这两个问题都将在本章的后几节予以阐述。考核方法是绩效考核的工具问题,将在第十一章讨论。

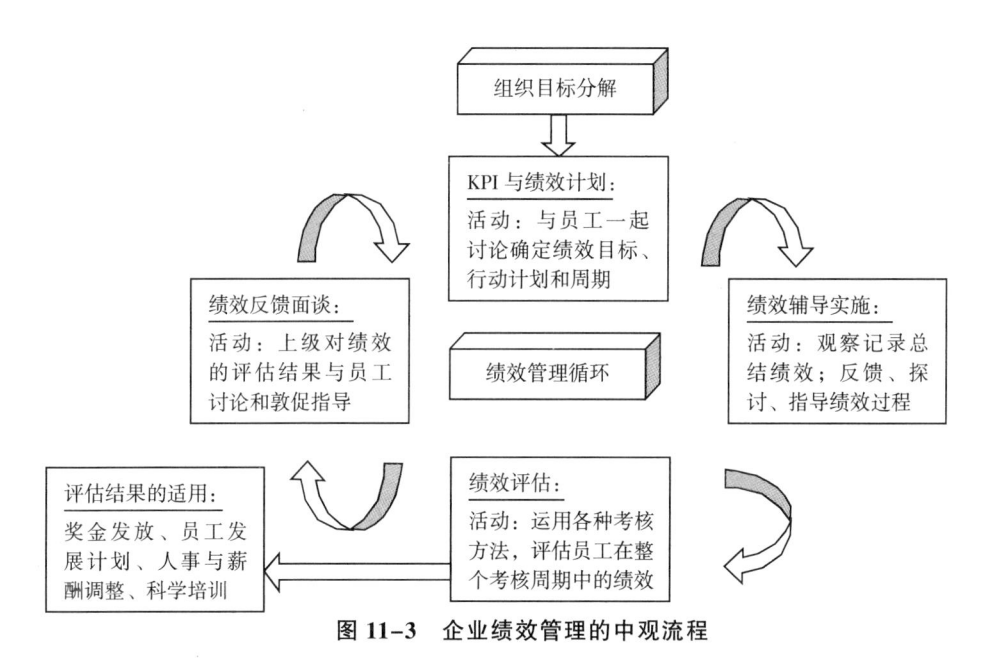

图 11-3 企业绩效管理的中观流程

从微观角度来分析企业绩效管理,可以理解为纵向三个板块、横向九个层级交互作用的结果(三纵九横结构),如图 11-4 所示。图中 ABC 三列纵向板块决定了这家企业绩效考核的指导思想,横向九个层级概括了企业绩效管理的具体步骤和工作的基本内容。

首先,我们讨论一下第一个纵向板块 A,企业要根据其总体战略目标来制定某个考核周期的目标,这个过程就是目标分解的过程。根据企业的业务流程,把企业目标横向的分解到不同部门(或不同组织单元)。图中 A 板块,横向 1~2 的层级中已经形象地说明了这个问题,这是企业顶层设计要解决的问题。接下来,不同组织单元再把目标分解到部门内的每一个岗位。这个过程涉及"目标管理"

```
         A              B              C
┌─────────────┐  ┌─────────────┐  ┌─────────────┐
│ 企业目标分解 │←─│ 企业文化导向 │←─│ 岗位能力要求 │
└─────────────┘  └─────────────┘  └─────────────┘
```

第1~2行企业战略导向　① 企业目标分解 ← 企业文化导向 ← 岗位能力要求

② 部门目标　企业织组架构　价值标准　团队组织能力

第3~4行交流上下沟通目标确认
③ 岗位目标 MBO　岗位职责与规范　管理者
④ 上下级双向沟通对目标确认
⑤ 上级指导、督促、检查　下属岗位能力

第5~7行绩效过程管理
⑥ 内外变化和调整　目标修订与作业计划
⑦ 客户反馈 部门反馈 员工反馈 → 确定考核主体 ← 具体岗位业绩　依据企业规定给予激励（奖金工资调整、岗位升降）

第8行企业考核管理
⑧ 根据考核方案进行绩效考核 → 考核主体沟通确定考核结论

第9行员工绩效反馈激励发展管理
⑨ 向被考核者反馈 → 双向确认完成本次考核　考核结果存档处理

图11-4　企业绩效管理微观系统

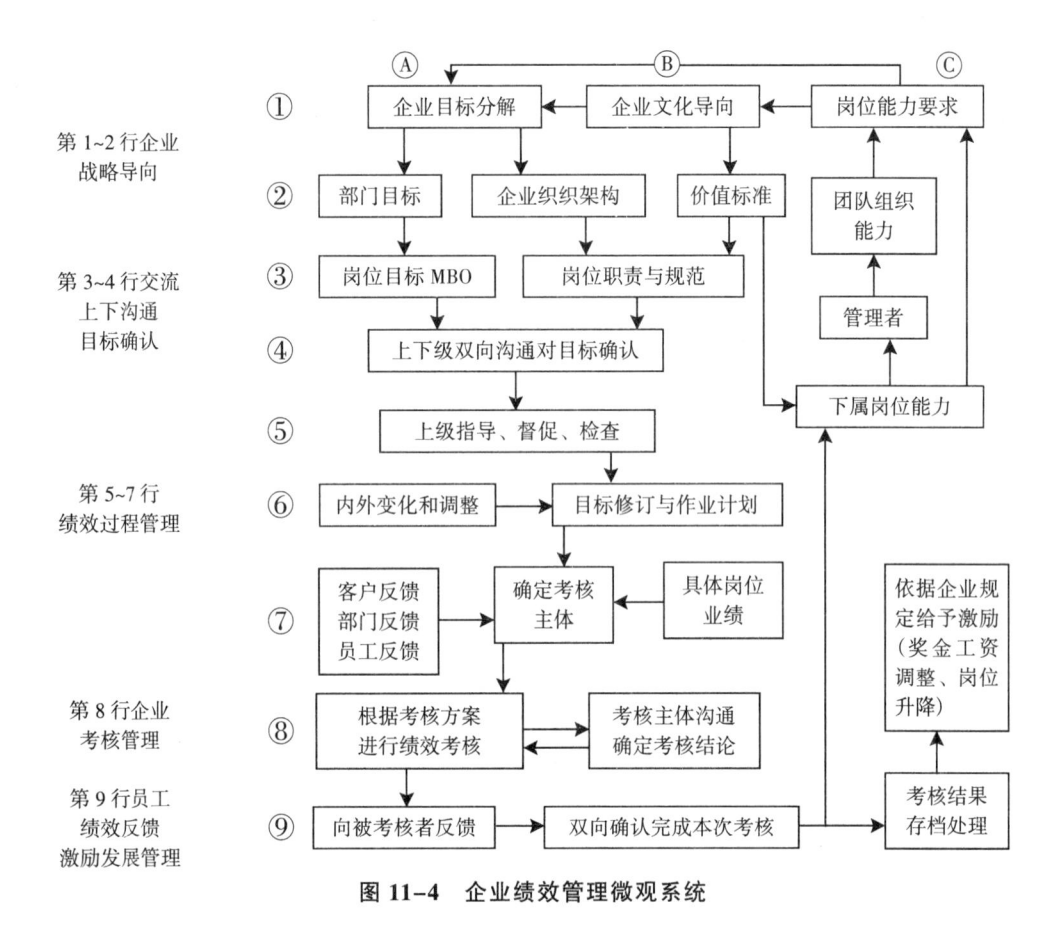

（MBO）的主要内容，在此阶段上下级要充分讨论沟通，不可能由上级单方面下达，要听取下级的意见，而真正落实到具体岗位目标是上下级"博弈"的结果。绝大多数下级往往会在具体指标的内容和数据的多寡方面与上级讨价还价。

在纵向 B 列方面，企业的价值观对绩效考核的导向作用非常明显。人力资源部做出的绩效考核方案要报给决策层审批。老板可能会提出各种意见，如某某维度（绩效考核术语：某一方面）要加大权重，某个维度减小权重；要加某个指标、不要哪个指标等。老板提出这些具体意见是基于他本人的"价值观"的判断。作为 HR 一般要听从老板的意见，也就是说，老板的价值观对企业绩效考核的"价值标准"起到明显的制约作用（见图 11-4 中横向 B 列下的第 2~4 层级）。

第 5~7 层级是企业内各级直线干部绩效管理的内容，在这部分工作中，最重要的就是激励鼓舞员工完成绩效目标。另外，也要实事求是地根据组织内外的变

138

化，修正和调整目标。也就是说，即使上下级沟通确定了目标，这个目标也是动态的，如果市场条件和内部组织发生重大变化，也必须调整这个目标。第 7 层级表明了指标的动态性，第 8 层级是企业绩效考核部分，这部分的重点在于绩效考核方案设计的合理性与企业组织的匹配性。第 9 层级是根据对绩效考核结果的解析和向被考核者反馈，做出激励发展的相关决定。

这里要单独指出纵向 C 板块。一位员工绩效好与不好，是与该员工本身的能力与岗位的匹配度直接相关的。因此，岗位胜任力模型（又称"岗位素质模型"）也就呼之欲出。这部分的内容在本书第十章中已有详细论述，这里要指出的是，岗位胜任力模型要根据绩效考核的结果不断修正，绩效考核是对岗位胜任力模型本身质量的直接反馈。

二、工作量化与绩效的目标管理

工作量化是指给企业内的每一个岗位的工作尽可能有数量化的概念。工作为什么要量化，工作量化就是为了绩效考核。在一所学校里，是学习好的同学喜欢考试，还是学习不好的同学喜欢考试？当然是学习好的同学。如果不考试怎么才能证明学生努力学习了。同样地，好员工是喜欢绩效考核的，因为绩效考核是与浮动薪酬挂钩的。绩效考核的目的是什么？是为了奖勤罚懒，最终体现在提高企业效益上。因此，不论是制造业企业还是服务业企业，都应当牢记并践行十六字方针，即"工作量化—绩效考核—奖勤罚懒—提高效益"。

如果一家企业把这十六字方针长期坚持下去，那这家企业也就走向了"目标管理"。目标管理这个词，是由现代管理大师彼得·德鲁克于 1954 年在其著作《公司管理实践》中提出的，德鲁克提出目标管理以后，受到了绝大多数企业的认同。当代目标管理有以下三种思路：

一是 WBS（Work Breakdown Structure），即工作结构分解。这种分解是自上而下的：公司的总体目标分解到部门，部门分解到班组，班组分解到每一个岗位。

二是标杆法。管理者不分解自己公司的目标，而是找到本行业有可比性的经营最好的企业，把这家企业的相同岗位目标直接平移，来考核管理者自己企业中的岗位。所谓找行业标杆（有人称其为"对标法"）。

三是战略法。说到战略方法的话，管理者对每一个岗位的考核都会有两类指标衡量，其一是效益类指标，叫作结果类指标；其二是管理指标，叫作过程类指标。

在这三种目标管理的方法当中，WBS 本企业的自上而下的分解是最常用的。而标杆法对企业的各个层级人员的压力是最大的。如果一家企业的生存得到了基本解决，谋求一个比较长远的发展，这家企业可能会采用第三种战略方法。

在你的企业里，有没有这样的事情，做这件事情的过程乱七八糟、混乱不堪，但是结果非常之好，所谓乱中取胜。这样的事情是有的，有句互联网的名言："站在风口，猪都会飞来"，大概就是这个意思。因为这个行业大发展，而你恰好在行业中，大水把你冲上来了。但是巴菲特先生说过，当大水退去的时候，第一个裸泳者就露出了水面。因为你是没有任何核心能力的，是大水把你冲上来的，所以当大水退去，第一个死掉的就是你。另外，在企业里有没有这样的事情呢：做这件事情的过程完美无瑕，精益求精，但结果却是很糟糕，所谓过程完美，结果很差。当然战略方向是没有问题的，这样的事情也是有的，但那一定是小概率事件，属于运气问题。

我们应当记住的是，过程完美，结果就比较好，是大概率事件，是可以复制的，因为管理本身就是可以复制的。所以我们才说管理出效益！管理不是管理结果出效益，而是把过程管理好了以后，出现好的结果是大概率事件。如果我们知道了这个原理，对企业内的每一个重要的岗位，100%都是效益类指标考核，合适吗？如果我们这样做了，给员工的信号就是："不管是黑猫白猫，抓住老鼠就是好猫。"这对一家长期发展的企业来说，显然是不恰当的。

下面我们再重点剖析一下企业最常用的目标管理方法，即 WBS。其实 WBS 的概念是借用项目管理的说法，因为这个说法在做目标管理时，非常贴切。我们把公司的总目标逐级分解到某一个具体岗位的时候，叫"工作包"（Package）。工作包是有明确含义的，即一个不能再分解的最小业务单元、一个可以交付的成果。这两条合起来称为工作包。为什么要强调这两点，是因为在企业基层，一项工作做得好，员工会抢着说，这个有我一份；一项工作没有做好，很多员工就说这个和我无关。究其原因，无非有两个，一是员工不负责，二是管理者的管理水平不够，没有把工作分解成最小的业务单元和可以交付的成果，导致了工作与工作互相交叉、重叠、推诿、扯皮。这不是下属的原因，是管理者的水平问题。再如，我们去野炊，领队分配任务让某一个人带锅，当要做饭时，他把锅拿出来，可是没有锅盖。谁要负这个责任，领队认为这个锅和锅盖是一个不能分解的最小业务单元，这个带锅盖的锅是一个可以交付的成果。

在企业的现实管理过程中，有时候尽管我们把工作分解到不能再分解的最小业务单元，这个工作包还是与好几个岗位有关，甚至和好几个部门有关，没有办法再分解了。例如，我们考核员工甲的按时完工指标情况，当管理者问他为什么不能按时完工，他说仓库领料就领晚了。当追究到仓库时，仓库说采购晚了。询问采购，为什么采购晚了，采购说财务给钱给晚了。找到财务，财务委屈地说，当时企业账面上没有钱！这样的事情在企业中是很多的，那把责任都推到员工甲身上的确不合适。

其实，在现实中，工作包有两类，一类是独立指标，即只和一个岗位有关；另一类就是上面的例子，这样的指标叫作"关联指标"。关联指标在企业内是很难避免的。然而，不论是独立指标还是关联指标，我们都称其为"KPI"。

目标管理中的独立指标不用处理，就考核员工的这个岗位就行了，但关联指标怎么考核呢，我们一般会用到两个基本工具（见图 11-5）。图中纵轴小写的 a、b、c、d 代表关联指标，横轴大写的 A、B、C、D、E 代表涉及的岗位或者部门。然后我们人为地定义一串符号。例如，圆圈表示负责；三角形表示知会；正方形表示辅助；菱形表示协调；五角星表示审批。

指标＼岗位	A	B	C	D	E
a	△	○		□	
b	◇		○	△	☆
c	○	△	□		☆
d	△ 5%	□ 15%	△ 5%	◇ 15%	○ 60%

图 11-5　目标管理之责任矩阵

注：○负责；△知会；□辅助；◇协调；☆审批。

如图 11-5 所示，关联指标 a 由 B 负责，与 A 是知会的关系，开工的时候要通知到 A，以便随时做出必要的反应，与 C 没有关系，与 D 是辅助的关系，与 E 没有关系。b 这个关联指标由 C 负责，与 A 是协调的关系，与 B 没有关系，与 D

是知会的关系，与 E 是审批的关系，看来 E 是一个领导。c 这个关联指标由 A 负责，与 B 是知会关系，与 C 是辅助关系，与 D 没有关系，与 E 是审批关系。关联指标 d，可能这个指标太重要了，所以由领导 E 亲自负责，与 A 是知会的关系，与 B 是辅助的关系，与 C 也是知会的关系，与 D 是协调的关系。请注意，d 这个指标与我们列出来的所有的岗位或部门都有关系，关联度是最大的。

我们用纵轴表示关联指标，用横轴表示涉及的岗位和部门，然后人为地定义一串符号，把它填上去，则每一个关联指标与各个岗位和部门的关系在这张图里表达得一清二楚。这张图叫作"责任矩阵"，责任矩阵在目标管理中是经常用到的工具。对于企业或部门的重大任务，这种图应当挂在办公室的墙上，管理者本人和被管理者看到这张图就是对他们工作的有力敦促。

也许有人会说，你把定义的符号填进相应的格子里不就可以了吗，为什么要在 d 这个关联指标的各个岗位或部门下写一串百分比数字呢。这是因为，对 d 而言，E 是负责的，要承担 60% 的责任；A 是知会关系，要承担 5% 的责任；B 是辅助关系，要承担 15% 的责任，C 也是知会关系，同样地要承担 5% 的责任；D 是协调关系，要承担 15% 的责任。讲到这里我们就清楚了，那些数字是为了绩效考核的，它是在目标管理确定之前，由领导召集相关部门和岗位人员开会，达成的共识。也就是说，如果是关联指标，只有做到这种程度才可以考核，否则不具备考核的基本条件。在企业的绩效管理中，我们经常见到为指标问题各部门和岗位吵得一塌糊涂，公说公有理，婆说婆有理。而且他们各自说的确实有一定道理，结果最后大家不欢而散，领导也没有办法，最后放弃了这个指标的考核。其实并不是指标有问题，而是处理关联指标的方法有问题。

实事求是地说，即使关联指标做到责任矩阵图 11-5 的样子，绩效考核仍然是比较麻烦的事情。所以我们的原则是，做目标管理时，尽可能地选择独立指标。如果非要关联指标才能说明绩效的话，那必须做出责任矩阵。

在企业的现实管理过程中，对 a、b、c、d 这四项关联指标一定是有时间要求的，而且作为管理者也希望在完成这四项指标的过程中，资源能够有效分布。责任矩阵是没有办法满足上述要求的，因此我们要用到的第二个工具就是"横道图"（又称甘特图），如图 11-6 所示。我们把图中的关联指标 a、b、c、d 作为纵轴，把时间作为横轴，用横道来表示时间，四项指标的时间要求表达得一清二楚。美国人甘特发明的用几条横道表示时间，已经有 100 多年的历史，这几条横道起码表明了三层意思：一是横道图表明了对任务的时间要求；二是横道图表明了任务之间的逻辑关系（比如 a 与 b 和 b 与 c 都是重叠关系，可以同时开工；而 c 与 d 是 c 结束 d 才能开始这样的逻辑关系）；三是横道图表明了组织内资源排布的情况。

T\I	2018年3月	2018年4月	2018年5月	2018年6月	2018年7月	2018年8月	2018年9月	2018年10月
a								
b								
c								
d								

资源集中分布时间段

图 11-6　横道图（甘特图）

从图 11-6 中可以看到，如果你作为这个部门的领导，这张图反映了你这个部门的工作情况，那你会要求你的下属在这段时间尽可能不要请假，因为这段时间是部门内工作最忙的，作为领导希望各位员工全力以赴。那么这段时间的起点和终点你能用竖线在图中标示出来吗？就是 2018 年 5 月 1 日开始，到 5 月 15 日这半个月，希望大家不要请假。因为在这半个月中，三项任务同时开工，是组织内人力资源、物力资源和财力资源最集中分布的时期，因此也是组织内活动频率最高的时期，也就是最忙的时期。其实我们找到这段时间的目的是，利用各项资源使用的时间差，达到资源在时间上的均衡运用，以降低工作成本。

三、绩效管理中"适度目标"的确定

一辆载重卡车，空车在高速公路上跑，作为司机的你感觉如何？图 11-7 中左面第一辆车很多人都会说"飘"。这是因为汽车底盘弹簧没有压力，把车轴拉起来了，使车轮部分外侧着地。因此司机觉得这辆车横着晃，压不住方向盘，而且这辆车在转弯的时候还有可能发生侧翻事故。图中的中间那辆车，由于装载了货物，货物的重量把弹簧压下去，使两个车轮正面着地，肯定比第一辆车状态好、走得稳。图 11-7 中右面的第三辆车超载，由于重量太大，把底盘弹簧压到没有弹性，重量直接作用在轴上，甚至把轴压弯，使车轮部分内侧着地，这辆车看起来要垮掉。我们可以用三句话形容这三种状态：人无压力轻飘飘、适度压力刚刚好、压力太大垮掉了，人和车是一样的。

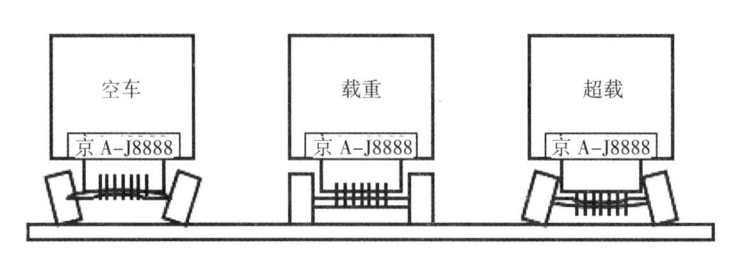

图 11-7　车与人的适度压力

我们在绩效管理中，给下属的目标过低，下属很轻松就可以完成，他们是没有干劲的。心理学研究表明，对一般性工作，人在"中等焦虑"下，工作状态是最好的。反过来，我们给下属定的目标，下属知道他自己拼死拼活都完不成，他又是什么状态？那就像东北人说的"爱咋地，咋地"。因此我们需要找到图 11-7 中间那种状态，即适度目标。

这里举一个企业常见的例子，一个销售团队，在上一个考核周期得到如表 11-1 所示的数据。

表 11-1　一个销售团队的历史数据

完成业绩额度	A	B	M
团队情况	业绩最高者	业绩最低者	其他人平均业绩
上次绩效考核数据	500 万元	210 万元	320 万元

这个销售团队中业绩最好的人是 A，完成销售额 500 万元，业绩最差者是 B，完成销售额 210 万元（B 是在无特殊情况下完成的指标数额），然后我们去掉一个最高额 500 万元，去掉一个最低额 210 万元，把其他人的业绩相加，再除以其他人的人数，就得到了其他人的平均业绩 320 万元。

如果我们得到这样的数据，那在市场相对稳定的情况下，下一个考核周期将给这个团队制定多少销售额才算是"适度目标"呢？首先，我们应当把这个团队的整体平均目标算出来，整体平均目标我们用 E 表示，则 $E = (A + 4M + B)/6$（也即这个团队最好的指标，加上 4 倍的其他人的平均指标，再加上这个团队最差的指标,除以 6)。这个公式来源于统计学的正态分布原则。例如,笔者给自己的学生出考试题,出的题目学生大多数都是 90 多分,连 80 分的人都很少,你认为这个题目出的怎么样,当然不好,老师在放水。又或者笔者出的考试题,学生考试结果都是 70 多分,连上 80 分的人都很少,不及格的人一大堆,你又认为我出的题目怎么样,当然也不好,这套试题太难为学生了。而如果笔者出的这套试题,90 多分的学生四五个,不及格的学生两三个,绝大多数同学都是七八十分,你觉得笔者出的题目怎么样。当然好,因为符合正态分布的原则,整个结果是一个"橄榄形",所谓的橄榄形就是两头尖中间大。相同地,管理者在做目标管理时,希望得到这样的一种结果,即要表彰的员工是少数,要淘汰或者转岗的人也是少数,绝大多数人应当在中间,这是一种理想的绩效管理与绩效考核的结果。

那么按照上述公式我们可以得到这个团队整体的平均业绩:

$E = (A + 4M + B) / 6 = (500 + 4 \times 320 + 210) / 6 = 332$ （万元）。

问题是,我们可不可以把 332 万元作为下一个考核周期给团队定的"适度目标"?笔者在授课的过程中经常问学员,如果笔者的身高是 1.70 米,笔者伸直胳膊可以摸到 2 米,是不是 2 米就是笔者的"适度目标"。所有学员都说不是,因为笔者可以跳一下,努力一下,达到更高的高度。因此把 332 万元作为考核该团队的目标显然是不够的。这里我们提出如下公式:

适度目标 = (1.05~1.15) E　　　　　　　　　　　　　　　　(11-1)

也就是说,在团队整体平均目标的基础上乘以一个大于 1 的系数,这个系数在 1.05~1.15,也就是在平均目标基础上提高 5%~15%。这是统计的数据,绝大多数企业制定目标是在这个范围内的,它是一个经验数据。那么,这个数据何时向左靠,何时向右靠,取决于两个因素,即一看外部市场,二看内部队伍。当然很多时候也许我们会突破 15%,那是什么情况,大概是市场非常之好,我们当然不会受此数据的约束。

这里还应当讨论的一个问题是,这个团队的适度目标:(1.05~1.15) E,具体区间为 349 万~382 万元。这个最高数额 382 万元对 A 来说,仍然非常容易,因为他在上个考核周期已经完成了 500 万元。那对 A 如何处理呢?另一个问题是,这个最低数额 349 万元对 B 来讲仍然非常困难,因为他上个考核周期才完成了 210 万元。那对 B 又如何安排呢?

对 A 我们绝不可以另外制定指标拔高,很多优秀的员工都是因为管理者"鞭

"打快牛"被逼走了，既不公平，又撵走了优秀人才，在企业里是一个非常不好的管理示范，其负面影响无法衡量。这个问题，我们可以采用制度设计的方法来解决。例如，对 A 我们可以这样计算他的绩效：当我们确定本考核周期适度目标是 382 万元时，A 的考核 = 382×m% + (Q-382)×n%（其中 Q 是 A 实际完成的数额，m% 是正常的提成比例，n% 是超额的提成比例，且 n% > m%）。这样对 A 既有鼓励，也存在着普遍意义上的公平。

对 B 的安排，可以考虑转岗甚至解聘。因为显然他不适合这个岗位的工作。美国通用电气公司前总裁韦尔奇，就是用这种所谓"末位淘汰"的方法使通用起死回生。当然那是非常时期，手段激烈。我国可以根据我们的文化，在这个问题上灵活处理。但是古语云："流水不腐，户枢不蠹，"就是这个道理。

当然，这里还要指出的是：可能没有哪个企业家是靠这样来确定绩效指标的，他们一般都是靠"拍脑袋"。企业家"拍脑袋"与一般人"拍脑袋"是不同的，企业家经过了无数次的失败和有限的成功，获得了宝贵的"商业直感"，这种"商业直感"是他"拍脑袋"的基础。

一个企业家找笔者说他要上一个项目，笔者问他为什么要上这个项目，他说认为会赚钱，再问他为什么认为会赚钱，他说自己也说不出来为什么，就是感觉。结果他真的投了这个项目，就真的赚了钱，这样的例子很多。这说明他宝贵的商业直感起了作用。笔者是没有商业直感的，说句笑话，如果笔者有商业直感的话，可能也不做教授了。但是笔者有什么，有上面那些合情合理的科学的算法。如果一位企业家有很好的商业直感，又掌握了这些科学的原理，他看到了算出的数字区间，再根据他对市场的理解（所谓商业直感）做出决策，是不是比单纯的"拍脑袋"要好得多？这是当然！其实这就是学习的力量，这也就是管理学院和管理学院教授的存在价值。

【延伸阅读】

最好业绩 A：500 万元，最差业绩 B：210 万元，团队平均值 M：320 万元，问：在下一个考核周期，确定多少指标合适？

(1) 首先算出团队的平均值 E。

(2) E = (A+B+4M) /6。

(3) E = 331.66 万元这个算法符合正态分布原则。

（4）标准差：（偏离平均值的程度）σ=(B-A)/6=48.33（万元）。

（5）超额完成平均值的概率与完不成平均值的概率：σ/E=14.57%。

（6）我们容许出现331.6-48.33=283.27（万元）的人理论上的概率最大值是14.57%，而超过331.66+48.33=379.99（万元）的人理论上的概率最大值也是14.57%，如图11-8所示。

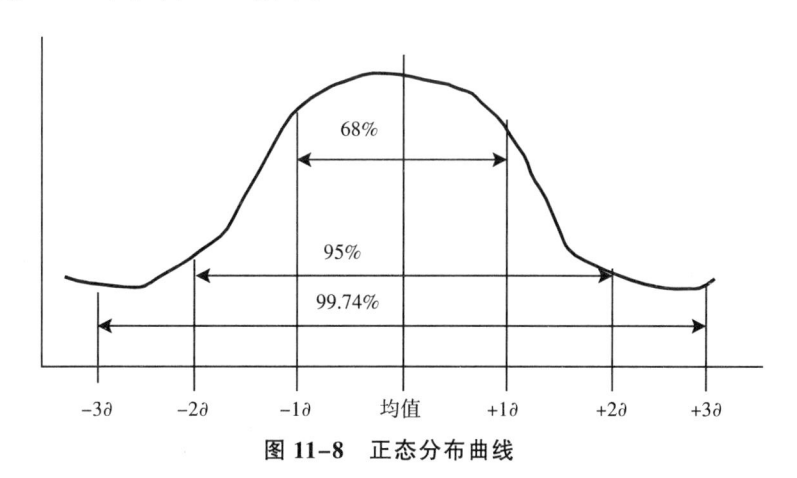

图11-8 正态分布曲线

【本章要点归纳】

一家企业的绩效如何，不是自己与自己比的，企业绩效是在同行业中比较得来的。企业宏观的绩效管理可以分为四大环节，即目标确定、绩效管理、绩效考核与激励发展。在企业中观绩效管理方面，关键是绩效目标的确定，有KPI、KRI、KFI和KSF等。在企业绩效的微观管理方面，存在三纵九横结构。

工作量化—绩效考核—奖勤罚懒—提高效益，这是任何一个企业，不论是制造业还是服务业都必须遵循的准则。如果一个企业把工作量化的理念长期坚持下去，我们就走向了目标管理。目标管理有三种做法：WBS、标杆法和战略方法。在战略方法中，我们特别强调管理指标的重要性，管理不是管理结果，是管理过程，把过程管理好了以后，出现好的结果就是大概率事件，因此我们说"管理出效益"。最常用的方法是WBS，一直把工作分解成不能再分解的最小业务单元，一个可以交付的成果。这个单元就叫作工作包。工作包有两类，一是独立指标，二是关联指标，不论是独立指标还是关联指标，我们都统称为 KPI，即关键指标。

独立指标不用处理，关联指标处理的工具是"责任矩阵"。责任矩阵是把纵轴作为管理指标，横轴作为该指标涉及的岗位或者部门。然后管理者根据工作情况设计出一套代表某种含义的符号，把符号填进责任矩阵，就明确了每一个指标和各个岗位的关系所在，最后配以数字，这个数字是为了绩效考核的，是事先打上去的。

责任矩阵无法反映企业内对各项指标的时间要求，也无法反映组织内的资源分布情况。因此在做目标管理时与责任矩阵同时列出的是横道图（甘特图）。横道图不但表明了对任务的时间要求，还表明了任务之间的逻辑关系，更重要的是管理者可以从横道图中看出组织内的资源是如何分布的，以便利用资源使用的时间差做出适时的资源调整，达到资源均衡排布，以降低企业成本。

"人无压力轻飘飘，适度压力刚刚好，压力太大垮掉了。"管理者在做目标管理时，一个很大的问题是如果找到"适度目标"。首先应当把这个团队的整体平均目标计算出来，即一份最好的，四份中等的，一份最差的之和除以 6。这种算法符合统计学的"正态分布"原则，是一个橄榄形。然后，在平均目标的基础上，乘以一个大于 1 的系数，这个系数在 1.05~1.15（提高 5%~15%）。我们认为这样的目标就是"适度目标"。这个数据向左靠还是向右靠的问题，一看外部市场，二看内部队伍。

| 第十二章 |

企业内各岗位关键指标的寻找与确定

一、不同类型企业寻找 KPI 的思路

一般而言，我们可以把企业分为三种类型：

一是工作流程特别清晰的企业，如生产气态产品企业（氧气、天然气）、液态产品企业（矿泉水、啤酒、牛奶）、化工类企业、冶炼企业、流水线企业等，这类企业的工作流程特别清晰。

二是工作流程特别不清晰的企业，比较典型的就是"项目"类企业，诸如房地产企业、建筑类企业、广告传媒类企业、软件开发企业、系统集成类企业等，这类企业的项目经理每天来上班，都不知道会发生什么事情，只能根据过往经验"兵来将挡，水来土掩"。

三是介于工作流程特别清晰类企业和项目类企业之间的广大制造业和服务业企业。

为什么要把企业大致分成这三种类型呢？因为这三类企业寻找 KPI 的思路和方向是不同的。我们观察工作流程特别清晰的企业的情况，图 12-1 是某企业质量管理部的工作流程图。

图中质量管理部制定企业的三项质检标准：一是原材料检验标准；二是生产过程检验标准；三是成品检验标准。原材料检验标准的工作流程从执行标准开

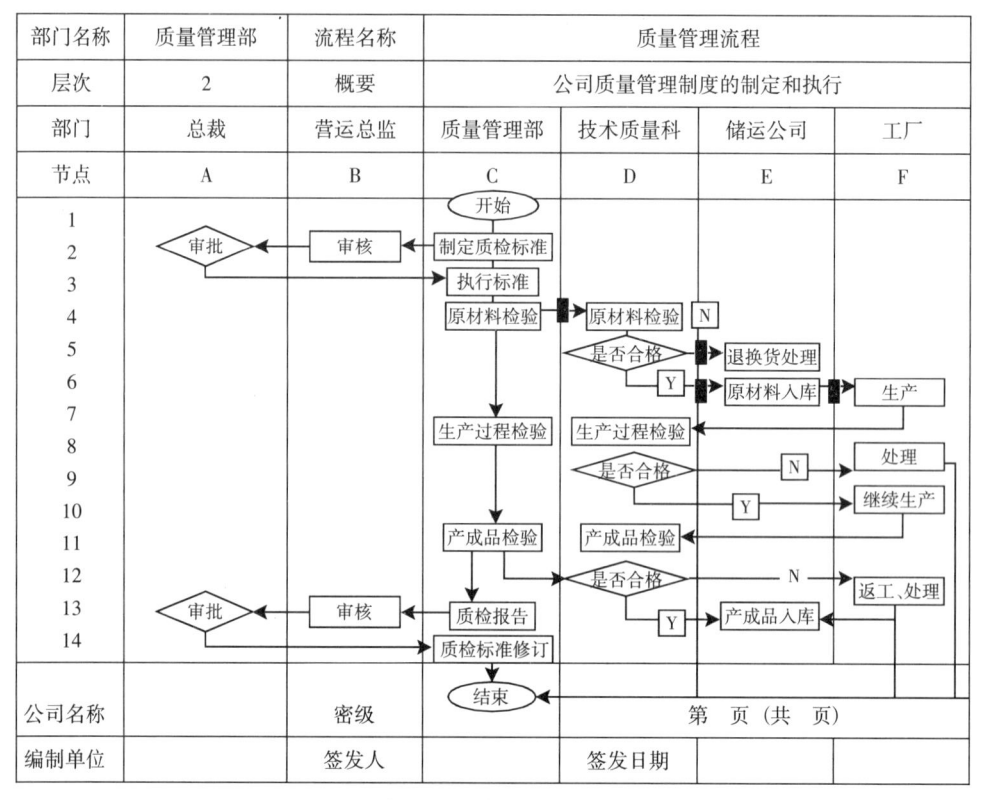

部门名称	质量管理部	流程名称	质量管理流程			
层次	2	概要	公司质量管理制度的制定和执行			
部门	总裁	营运总监	质量管理部	技术质量科	储运公司	工厂
节点	A	B	C	D	E	F
1			开始			
2	审批	审核	制定质检标准			
3			执行标准			
4			原材料检验	原材料检验 N		
5				是否合格	退换货处理	
6				Y	原材料入库	生产
7						
8			生产过程检验	生产过程检验		
9				是否合格 N		处理
10				Y		继续生产
11			产成品检验	产成品检验		
12				是否合格 N		返工、处理
13	审批	审核	质检报告	Y	产成品入库	
14			质检标准修订			
公司名称		密级	结束	第 页（共 页）		
编制单位		签发人		签发日期		

图 12-1　某个质量管理部门的工作流程图

始，将原材料检验标准交给技术质量科执行，技术质量科使用该标准检验原材料，得到两种结果，一是合格，二是不合格。如果合格，交给储运公司，运输至原材料仓库，再运到工厂生产；如果不合格，也交给储运公司退货处理，整个工作流程非常清晰。

请注意在质量管理部和技术质量科交界处的长方形黑色标记，以及其他地方同样的三个黑色标记，有这个标记的地方，我们称为"流程结转点"。也就是说在这个部门做完了，要移交给下一个部门的工作节点。这个节点其实也就是这个工作的"验收点"，当然也就存在着很多的验收指标。

因此对于工作流程特别清晰的企业，我们往往在流程结转点的地方寻找KPI。

对于工作流程特别不清楚的项目类企业，在"项目里程碑"中找KPI。"项目里程碑"指的是项目阶段性任务结束。例如，盖大楼，大的里程碑大概有四个：

一是地基打完；二是封顶；三是外装修结束；四是内装修结束。每一个里程碑都有很多验收指标，产生很多 KPI。当然我们还可以根据项目的实际情况分成很多小的"里程碑"进行考核。

对于介于项目类企业和流程非常清晰的企业之间的广大制造业和服务业，一般多从岗位的"工作分析"中找 KPI。工作分析是对每一个具体岗位工作的描述，它包含三个部分：一是岗位职责，即岗位说明书，说明这个岗位是干什么的；二是岗位规范，说明这个岗位做到什么程度是合格的；三是任职条件，指出什么规格的人有条件应聘这个岗位。从工作分析三大内容来看，岗位职责和岗位规范就是 KPI 产生的来源。

二、寻找 KPI 的工具

尽管我们讲了三种不同类型企业找 KPI 的方法，但是每一个具体岗位的 KPI 都是不同的，在企业里首先应当找到部门的 KPI，然后再看岗位。我们可以尝试用"鱼骨图"思路来寻找 KPI（见图 12-2）。

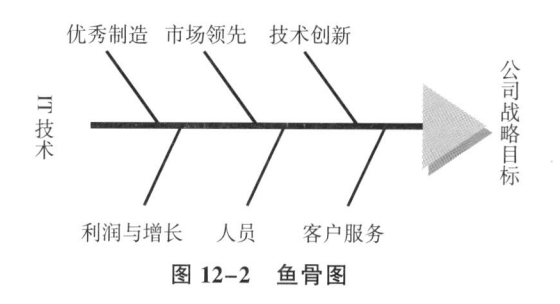

图 12-2　鱼骨图

鱼骨图是日本管理大师石川馨在 20 世纪 50 年代发明的，当时广泛应用于质量管理分析。石川馨的名字和美国管理大师戴明和朱兰并驾齐驱，是当年日本制造业雄起的主要功臣之一。鱼骨图的方法由于层次分明、因果关系明显、条理清晰，被广泛用来对事物进行因果层次分析，当然对 KPI 的寻找来讲，也是非常有力的工具。上例中鱼头是公司的战略目标，要达成战略目标有什么主要条件，主（鱼）刺是信息技术，贯穿企业各个部门，第一个是分（鱼）刺，是技术创新，以此类推，第二个是市场领先，第三个是优秀制造；下面的三个分（鱼）刺是客户服务、人员和利润与增长。这七大因素与公司的战略目标是因果关系。

在企业绩效管理中，我们把这七个因素叫作"维度"。所谓维度，就是某一方面，也就是说，要完成公司战略目标与这七个方面有关。进一步分析，我们可以把某一维度作为新的鱼头深入分解（见图12-3、图12-4、图12-5）。

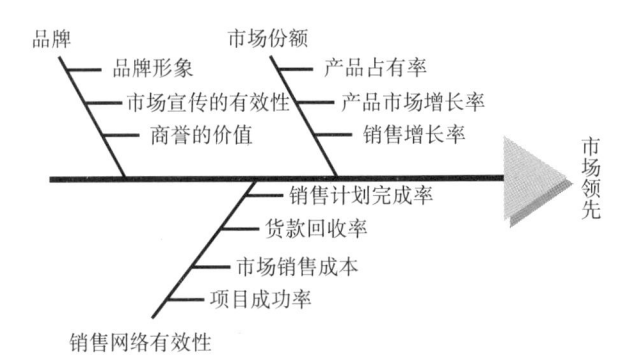

图12-3 二级维度"市场领先"的鱼骨图

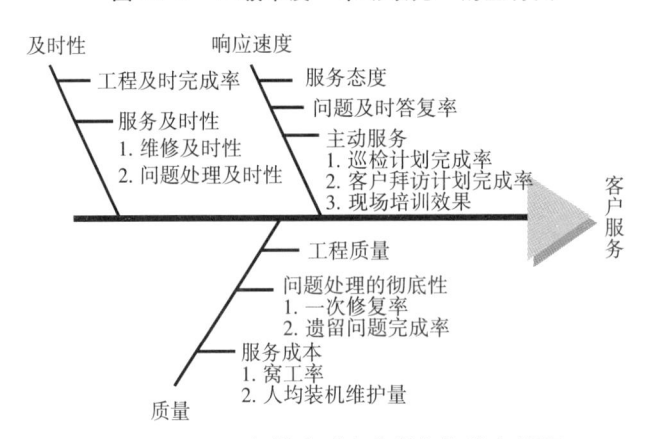

鱼骨图分支包括：
- 品牌：品牌形象、市场宣传的有效性、商誉的价值
- 市场份额：产品占有率、产品市场增长率、销售增长率
- 销售计划完成率
- 货款回收率
- 市场销售成本
- 项目成功率
- 销售网络有效性

图12-4 二级维度"客户服务"的鱼骨图

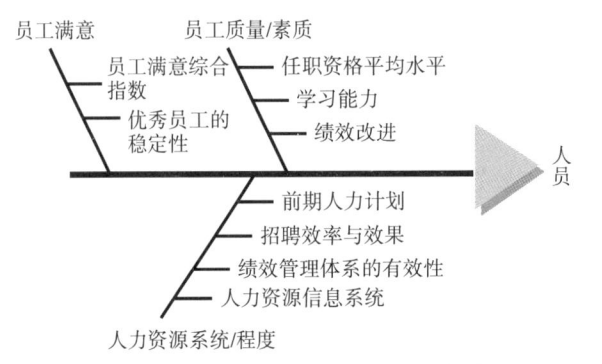

鱼骨图分支包括：
- 及时性：工程及时完成率、服务及时性（1. 维修及时性 2. 问题处理及时性）
- 响应速度：服务态度、问题及时答复率、主动服务（1. 巡检计划完成率 2. 客户拜访计划完成率 3. 现场培训效果）
- 工程质量
- 问题处理的彻底性（1. 一次修复率 2. 遗留问题完成率）
- 服务成本（1. 窝工率 2. 人均装机维护量）
- 质量

图12-5 二级维度"人员"的鱼骨图

鱼骨图分支包括：
- 员工满意：员工满意综合指数、优秀员工的稳定性
- 员工质量/素质：任职资格平均水平、学习能力、绩效改进
- 前期人力计划
- 招聘效率与效果
- 绩效管理体系的有效性
- 人力资源信息系统
- 人力资源系统/程度

在图 12-3 中，我们把市场领先作为鱼头，也即作为因果关系的果，那么要达到市场领先有什么条件，必须有一定的市场份额，必须有好的品牌，必须有好的销售网络。我们就找到了"二级维度"。那么什么东西能代表市场份额呢，再往下分析因果，就得到了产品占有率、产品市场增长率、销售增长率等，为市场份额的因。其实这三个内容，已经是市场份额这个维度下的具体指标了，即市场份额的 KPI。

这就像我们吃竹笋，一层一层剥皮，剥到最后就是我们要的东西了。因此鱼骨图又可以称为因果图，也可以称为层次分析法。这种方法广泛应用于对事务因果分析方面，有助于我们理顺自己的思路，找到明显的造成结果的原因和相关事项。这种方法甚至可以用来找对象，比如把鱼头作为理想的对象，第一个维度是高，第二个维度是富，第三个维度是帅。再把帅作为鱼头，二级维度是皮肤、面容、形象等。这样剥出来的恐怕是宋仲基了，太理想化了，这是笑谈。同理，图 12-4 和图 12-5 分别是客户服务部和人员 KPI 的层次分析。

三、关于目标分解和 KPI 的来源及其比例

在第十章我们讲到关于目标管理中，WBS 的目标分解。这里我们举几个例子，学习一下目标分解和 KPI 在企业部门中关系的建立（见表 12-1）。

表 12-1　绩效目标的种类对考核指标的要求

绩效目标种类	考核要求
短期目标	在考核周期内完成，通常几周或几个月（随考核周期一次性考核）
长期目标	可能要分为阶段性目标，在几个考核周期内完成（每个里程碑都要考核）
常规或维持性目标	帮助员工把绩效稳定在组织可以接受的水平指标（倒扣分制度，如出勤率）
组织目标	直接促进组织变革，如在单位中建立一个新流程指标（弱化其他指标）
问题解决目标	针对组织不能接受的问题，提出约束性指标（倒扣分制度，如安全指标）
创新目标	激发创造力，如新产品数量（弱化其他指标）
个人发展目标	弱化员工保持长久绩效的目标，如某项技能证书的考核

表 12-1 中左边是企业在不同时期的各类目标，从短期目标来看，考核指标是在一个考核周期内完成的，这里短期目标往往是企业工作中的"短板"，也就

是企业急需解决的问题，企业是希望把这块短板和浮动薪酬挂钩，在短期内把这块企业业务短板拉起来。这类指标在绩效考核中是不断变换的。例如，当这家企业内部岗位和部门协调出现比较大的问题时，我们就把"团结协作"指标作为KPI来考核大家，如果经过考核以后这种现象有比较大的改进，可能下一个考核周期我们就会把这个指标换成其他短期指标。

企业的长期目标往往都是一些经济指标，这是企业立足之本，这些指标在企业绩效考核中长期不变，如利润指标和成本控制指标。

企业的组织目标和创新目标是在企业特别强调某个阶段要发展的重点任务而设立的指标，属于企业战略发展目标。这种指标作为KPI考核，可能会弱化其他指标考核，以在短期内解决某些重大问题。

常规或维持性目标和问题解决目标，从理论上来说，都属于企业所提出的"约束性"指标，前者用于保障企业的正常运营，后者是杜绝企业所不能承受的某种后果，比如说安全事故等。这些指标在绩效考核中是零分、没发生才好，如有发生，采用倒扣分制度，甚至对重要指标采用"一票否决"制度进行考核，如重大安全事故，这样做就是要杜绝此类事情的发生。

个人发展目标也可以理解为战略性目标，只是这个目标反映到企业的绩效上时间更为长久，不确定性也更大。但是作为一家行业内优秀企业，这个目标下的指标设立是必要的。既保证了企业的长远发展，又给员工搭建了职业阶梯。

另外，在企业内KPI目标的来源应当是怎样的，如何把绩效管理和考核与企业长远发展战略挂钩，做到动态绩效和有生命力的管理，而不单纯是对绩效评价的"马后炮"，这的确是一个很好的、现实的问题。这里笔者提出"721比例原则"，如表12-2所示。

表 12-2　企业绩效考核 KPI 目标在企业中的主要来源和"721 比例原则"

绩效考核 KPI 目标的主要来源		
来自岗位职责和规范（70%）	来自工作中的问题（20%）	来自内外客户的新要求（10%）
常规工作和基本职责	履行基本职责阻力是什么	有可能实行什么新的方法
问题处理是否恰当	这些问题改进的可能性	有什么好处
哪些工作占最大量时间	马上要采取什么样的行动	经费如何开支
工作是怎么授权委派下去的	谁能胜任这些工作	需要做哪些核对或平衡
员工的训练水平	这些行动要花费的时间	成果多久才能知道

所谓"721比例原则"是基于如下考虑：企业首先是要盈利的，这种盈利性体现在各个岗位的岗位职责和规范之中，因此对于一般企业，建议70%左右的指标应当来源于此。对于小企业，市场压力和生存压力比较大的企业这个比例还应当加大。

来自工作中问题的指标应当占20%左右，这体现了工作本身的动态性，这方面的指标来源于这家企业上次绩效考核中发现的短板，这些短板就是企业工作推动中遇到的最大挑战，不能回避这些问题，而是相反，在工作中采取措施努力改进，并加大考核力度，用浮动薪酬作为手段，把短板拉起来。

当今对企业而言早已是买方市场，客户的作用越来越大，能引导客户的企业很不容易，比如说苹果公司，绝大多数的企业还是遵从客户的价值，而且某种程度上，甚至客户价值要大于企业价值。这样来自内外客户的要求就成了企业产品和服务的市场新卖点。因此，这部分指标应当占每次绩效考核的10%左右，体现了企业发展的市场战略性和市场前瞻性。说企业不重视客户是不客观的，问题的难点在于谁来推动，把客户的意见在企业里通过制度化渠道和制度安排变成企业绩效考核的动态指标。这个问题的凸显也催生了前面第一篇所阐述的人力资源新岗位，即人力资源业务合作伙伴（HRBP）。

下面我们举几个这方面的例子，第一个是如何提高利润率，这个指标在企业中是一个综合问题，在企业内各个部门工作的积极推动下，这个指标才能够完成。表12-3体现了这一企业目标分解到各个部门转变为部门KPI的思路。

在表12-3中，现阶段在这家企业中导致公司利润率提高的关键因素经过分析确定为四个方面：企业收入的增长、新产品的开发、成本的有效控制和高效的人才队伍建设。那么如果我们把收入增长定位为是增加公司新产品年收入这个主要因素之一，衡量这个因素的主要指标也就跃然纸上，即"新产品收入占企业收入的百分比"的提高和"单位客户消费的增长率"，如果这两个关键指标能够提高，绩效管理方面就应当狠抓深度的市场营销和销售队伍整体销售技能的提升，并且要实施客户数据动态管理和开展优质的客户服务。

我们再分析一下成本控制，为了达到这个目标，就要降低管理成本率和采购成本率，前者是企业所有部门的KPI，后者是采购部门独有的KPI。工作重点在哪里？即优化企业各部门工作流程，实施组织架构调整、岗位梳理、建立集中的采购体系等。

表 12-3　企业宏观目标横向分解至靶向：绩效考核和绩效管理

公司战略目标：提高利润率			
关键要素	目的	衡量指标（绩效考核）	具体措施（绩效管理）
收入增长	增加新产品年收入	新产品收入占企业收入百分比 单位客户消费增长率	优质服务、客户数据库建立、深度营销、销售技能提升
新产品开发	加速新产品开发	产品功能性提供率 市场新产品铺货时间	开拓市场、参与生产设计、CAD 推广应用
成本控制	减少公司成本支出	管理成本降低率 采购成本降低率	完善流程、定岗定编、建立集中采购体系
高效人才队伍	获得和保留战略性人才	员工劳动效率 关键岗位员工在职率	权益薪酬与绩效系统变革培训晋升规划

其实 HR 在协助业务部门寻找 KPI 时，一定不能关起门来，局限在自己的组织内部，一定要把部门 KPI 和企业战略目标结合起来，和本部门的绩效管理过程结合起来，这样才是我们希望的比较理想的绩效考核和绩效管理。

这里再举几个公司具体指标部门分解、横向分解和纵向分解到岗位 KPI 的例子（见表 12-4、表 12-5 和图 12-6）。

表 12-4　公司具体指标分解到部门的实例

总目标：公司完成利润 1000 万元				
指标	营销部目标	研发部门目标	人力资源管理部目标	财务部目标
指标 1	2 月底完成新产品宣传策划案（时间指标）	5 月底前完成新产品试制交生产部（时限指标）	培训：20 小时研发；20 小时工艺；15 小时销售技巧	资金保障：现金供给及时率 90% 以上
指标 2	完成产品销售收入 X 万元（效益指标）	根据市场反馈，在一个月内完成改进工作（时限指标）	体系：6 月内建立公司绩效薪酬体系并实施	财力预警：每月提供财务报告，预警提示风险
指标 3	新产品销售费用低于 Y 万元（成本指标）			

表 12-5　人力资源部门内指标分解到岗位的实例

公司级关联指标：关键员工流失率				
人力资源部经理目标：公司人员流失率				
招募专员	绩效专员 1	绩效专员 2	薪酬专员	直线主管：部门员工流失率
指标 1 人员招募次数	指标 1 建立培训体系	指标 1 建立绩效体系	指标 1 建立薪酬体系	指标 1 培训辅导次数

续表

公司级关联指标：关键员工流失率					
人力资源部经理目标：公司人员流失率					
指标2 人员招募次数	指标2 组织新员工培训	指标2 绩效考核评价	指标2 建立职业规划	指标2 绩效面谈次数
指标3 招募体系设计	指标3 主管培训	指标3 绩效辅导计划	指标3 工资测算准确率	指标3 下属业绩达标率

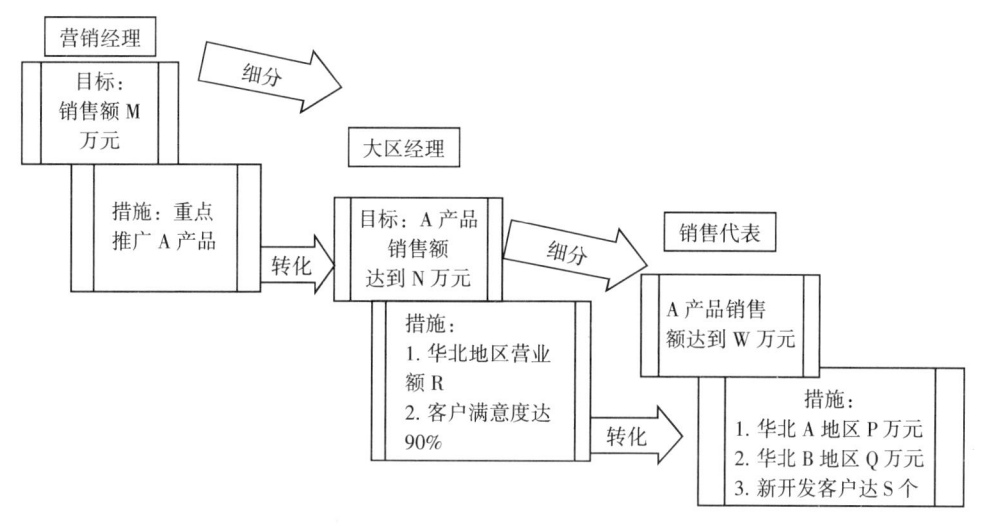

营销经理 目标：销售额 M 万元 措施：重点推广 A 产品

细分 → 大区经理 目标：A 产品销售额达到 N 万元 措施：1. 华北地区营业额 R 2. 客户满意度达 90%

转化 → 销售代表 A 产品销售额达到 W 万元 措施：1. 华北 A 地区 P 万元 2. 华北 B 地区 Q 万元 3. 新开发客户达 S 个

图 12-6　公司内部指标的纵向分解实例

四、确定、梳理、分解 KPI 的总结

第一，我们应当明确，绩效考核是一种人为的制造组织矛盾的管理方法。如果考核者与被考核者对工作目标从意识到行为都是一致的，就没有考核的必要，正是由于管理层与执行层认识不一致才需要考核。对于劳动密集型的、成本敏感型的企业，由于组织采用了严格考核手段，能够比竞争对手获得更多利润；对于成熟期的企业，采用了严格的考核手段，就能打破一团和气，激活团队，形成企业业绩导向的氛围；对于快速成长期的企业，采用了与企业战略结合的考核模式，就能避免短期导向，引导企业走向持续、稳定、健康发展。

第二，寻找岗位 KPI 的过程就是企业战略目标的梳理过程，在寻找岗位 KPI

之前，岗位的目标可能与企业战略目标有不一致的地方，通过鱼骨图等方法，我们可以重新看清楚岗位目标与企业战略目标的关系，进而重新修订岗位目标。

第三，岗位 KPI 的数量并不是越多越好，以笔者的经验来说，高层的考核以 12~16 个 KPI 指标为宜（包括定性指标）；中层 8~12 为宜，基层 5~8 个为宜。越是高层定性指标越多；反之则反是。

第四，KPI 中的量化指标一般不要采用绝对数字，应当以相对数字为好。如销售额 500 万元，是绝对数字，销售额比上个考核周期提高 15%，就是相对数字，因为相对数字可以使考核者和被考核者看清市场和企业业务的历史沿革。

第五，一般来说，选择一个岗位的 KPI 应当有两类：一是结果类指标，这类指标在目标管理中分析过了，基本上是效益类指标；二是过程类指标，这类指标是管理类指标，而且以定性指标居多。这两类指标在评价员工工作时，结果类指标应当占 50%以上的比例。

第六，选择定性指标 KPI 的量化方法要尽可能采用模糊评价。一个办公室主任的"制定公司年度计划"的指标考核比"办公成本控制"难考核多了。定性指标不能采用精确评价方法，是因为越精确越可能不准，而且越精确，企业绩效管理的成本越高。

第七，尽管前面几节都在论述 KPI 的寻找方法和注意事项，但是在一家企业各个部门寻找自己部门岗位的 KPI 仍然是一项十分耗时、费力的工作，在这一章的附录中，笔者提供了企业各个部门 KPI 的推荐建议指标，以供参考。

附录 12-1 企业各部门考核推荐的 KPI

1. 营销部 KPI 推荐

部门	序号	财务指标（结果类 KPI）	管理指标（过程类 KPI）
营销部	1	营销计划达成率	坏账率
	2	销售增长率	广告投放有效率
	3	市场占有率	推广活动销售增长比率
	4	实际回款率	品牌价值增长率（第三方评估）
	5	市场拓展计划完成率	拜访客户次数
	6	策划方案成功率	新客户资料累积数

续表

部门	序号	财务指标（结果类KPI）	管理指标（过程类KPI）
营销部	7	推广活动销售增长率	媒体正面曝光率
	8	新产品销售收入比率	危机公关处理及时率
	9	市场调研任务达成率	库存降低率
	10	企划任务按时完成率	新老客户比率
	11	企划方案成功率	不良退货率
	12	企划成本控制率	交货延迟率
	13	营销费用与营销收入比率	客户和技术文件规范率

2. 财务部KPI

部门	序号	财务指标（结果类KPI）	管理指标（过程类KPI）
财务部	1	财务预算达成率	财务资料完好性
	2	财务费用降低率	凭证归档率
	3	现金收支准确性	财务服务及时性
	4	财务分析报告及时率	库存现金管理出错次数
	5	会计报表的准确性	对账、结账及时性
	6	现金收付准确性	现金与营运资本流动性预测率
	7	坏账率	财务报表分析率
	8	银行收付与税金缴纳准确性	
	9	资金使用目标达成率	
	10	日常核算工作准确性	

3. 人力资源部KPI

部门	序号	财务指标（结果类KPI）	管理指标（过程类KPI）
人力资源部	1	招募计划按时完成率	员工流失率
	2	培训计划按时完成率	薪酬调查报告提交及时率
	3	绩效考核计划按时完成率	员工士气调查报告提交质量
	4	工资奖金发放查错率	加班费用控制率
	5	员工投诉处理及时率	增补岗位空缺时间控制率
	6	人事费用增长百分比控制	绩效考核结果正态分布率

续表

部门	序号	财务指标（结果类KPI）	管理指标（过程类KPI）
人力资源部	7	员工职业生辅导计划完成率	万元工资净利润比值
	8	职工教育培训人均小时增长率	直线干部对培训满意度比例
	9	员工岗位任职达标率	解决争端平均时间比率
	10	绩效评估报告提交及时率	

4. 研发部KPI

部门	序号	财务指标（结果类KPI）	管理指标（过程类KPI）
研发部	1	项目目标按计划完成率	技术服务满意度
	2	研发成本/营销收入比例	内部技术培训次数
	3	产品上市周期	技术方案采用率
	4	新产品利润贡献率	建立研发技术标准档案数
	5	项目开发准时完成率	技术方案采用率
	6	技术改造费用控制率	研发成果转化效果
	7	研发成本成长率	开发成果验收合格率
	8	研发项目阶段成果达成率	试验事故发生次数
	9	研发成本控制	技术方案差错率
	10	技术创新增收比率	

5. 行政部KPI

部门	序号	财务指标（结果类KPI）	管理指标（过程类KPI）
行政部	1	行政工作计划完成率	部门协作满意度
	2	行政费用预算控制率	后勤服务满意度
	3	办公设备完好率	服务态度
	4	办公用品采购按时完成率	突发事件管控能力
	5	接待服务方案提交及时率	消防安全事故发生次数
	6	接待费用控制	
	7	信息传递及时率	
	8	文书文件归档率	
	9	车辆调度投诉率	

6. 生产部 KPI

部门	序号	财务指标（结果类 KPI）	管理指标（过程类 KPI）
生产部	1	生产计划达成率	员工培训计划完成率
	2	内部利润达成率	员工遵守纪律情况控制
	3	劳动生产率	生产安全事故发生次数
	4	产品合格率	基层员工流失率
	5	生产成本下降率	
	6	设备有效利用率	
	7	工艺工装完好率	
	8	标准工时降低率	
	9	标准产能实现率	
	10	物耗标准达标率	
	11	产品一次性合格率	

7. 信息部 KPI

部门	序号	财务指标（结果类 KPI）	管理指标（过程类 KPI）
信息部	1	信息化建设目标达成率	部门服务与协作满意度
	2	网络维护及时率	信息化培训达成率
	3	系统运行完好率	信息档案完成率
	4	网络安全性达标率	关键员工流失率
	5	系统和网络故障处理及时率	部门管理费用控制
	6	设备维护保养及时率	硬件系统事故次数
	7	数据库资源建设目标达成率	设备维护成本降低率
	8	信息化项目费用控制	软件系统更新及时率
	9	采购硬件计划达成率	软件服务支持满意度

8. 采购部 KPI

部门	序号	财务指标（结果类 KPI）	管理指标（过程类 KPI）
采购部	1	采购计划完成率	采购计划编制及时率
	2	采购订单按时完成率	供应商履约率
	3	采购成本降低目标达成率	供应商满意率
	4	订货差错率	采购部管理费用控制
	5	采购质量合格率	供应商动态档案完备率
	6	到货及时率	运输安全事故次数
	7	供应商开发计划完成率	供应商评估报告按时完成率
	8	物资发放准确率	
	9	材料退货次数	

9. 客服部 KPI

部门	序号	财务指标（结果类 KPI）	管理指标（过程类 KPI）
客服部	1	客户意见反馈及时率	部门协作满意度
	2	客户回访率	客户服务信息传递及时率
	3	客户投诉解决时间	服务流程改进建议采纳数
	4	客户投诉解决满意度	员工培训达标率
	5	客户服务费用预算控制率	
	6	客户调研计划完成率	
	7	客户服务流程改进目标达成率	
	8	客户服务标准有效执行率	
	9	大客户流失率	

10. 项目部 KPI

部门	序号	财务指标（结果类 KPI）	管理指标（过程类 KPI）
项目部	1	项目计划按时完成率	项目招、投标及时率
	2	项目开发目标实现率	项目档案完好率
	3	项目质量评定	员工培训计划完成率
	4	材料设备到位及时率	部门协作满意度
	5	施工单位到位及时率	项目实施安全事故数
	6	原材料、配套设备质量合格率	
	7	项目成本控制达标率	
	8	项目工期达标率	
	9	项目实施安全	
	10	项目环境影响达标率	

11. 质量管理部 KPI

部门	序号	财务指标（结果类 KPI）	管理指标（过程类 KPI）
质量管理部	1	质检工作及时完成率	产品质量规划方案通过率
	2	产品质量合格率	市场调研计划完成率
	3	产品质量原因退货率	核心员工流失率
	4	批次产品质量投诉率	质量培训计划达成率
	5	客户投诉后质量改善率	质量标准制定及时率
	6	产品免检认证通过率	
	7	原、辅材料现场使用合格率	
	8	质量管理成本占销售额比例	
	9	质量控制报表准确率	
	10	在用质检仪器自身受检率	

12. 投资与证券部KPI

部门	序号	财务指标（结果类KPI）	管理指标（过程类KPI）
投资与证券部	1	投资预算编制及时率	项目研究报告准确性
	2	投融资计划完成率	投融资运行监控报告率
	3	投融资预算控制率	投融资文件制作合规性
	4	批次产品质量投诉率	投融资渠道拓展计划达成率
	5	投融资回报阶段目标达成率	投融资周期
	6	证券信息披露及时率	
	7	季报、年报编制及时率	
	8	配股、分红等方案通过率	
	9	投融资方案通过率	
	10	投融资成本降低率	

13. 进出口贸易部KPI

部门	序号	财务指标（结果类KPI）	管理指标（过程类KPI）
进出口贸易部	1	出口任务计划达成率	进出口客户满意度
	2	出口回款及时率	进出口索赔事件发生次数
	3	出口交单率	因贸易争议处理不当损失
	4	出口产品销售收入	退单率
	5	进口计划按时完成率	内部协作满意度
	6	单位进口成本降低率	进出口档案管理规范性
	7	进口供应商履约率	部门管理费用控制
	8	单证任务完成率	
	9	订单准时交货率	
	10	对账差错率	
	11	进出口海关事务处理及时率	
	12	出口退税办理及时率	

14. 法务部 KPI

部门	序号	财务指标（结果类 KPI）	管理指标（过程类 KPI）
法务部	1	工作计划按时完成率	客户满意度
	2	事务所业务预算控制	事务所管理成本控制
	3	法律合同起草延迟次数	法律文档整理质量与及时性
	4	合同撰写不利造成的经济损失	
	5	法律纠纷处理失误责任	
	6	法律合同拟订达标率	
	7	合同审查准确与及时性	
	8	法律风险防范提出意见准确性	
	9	法律咨询工作及时性	
	10	临时性任务完成率	

【本章要点归纳】

企业可以分为三种类型：一是工作流程特别清晰的企业；二是工作流程特别不清晰的企业；三是介于二者之间的一般制造业和服务业企业。对于工作流程特别清晰的企业，我们往往在流程结转点的地方寻找 KPI；对于工作流程特别不清晰的项目类企业，在"项目里程碑"中找 KPI；介于工作流程特别清晰与特别不清晰之间的广大制造业和服务业企业，在工作分析中找 KPI。

寻找 KPI 的常用工具是鱼骨图方法，也称层次分析法。考核指标的来源应当遵循"721 比例原则"，即 70%左右的指标应当来源于工作分析，这类指标是企业运营指标，对于小企业，市场压力和生存压力比较大的企业这个比例还应当加大；20%左右的指标来源于工作中的问题，这体现了工作本身的动态性，这方面的指标是在企业上次绩效考核中发现的"短板"；10%的指标来源于企业内外的客户的要求，这些指标体现了企业对市场的战略性和前瞻性思维。

寻找岗位 KPI 的过程，就是一个企业战略目标的梳理过程。岗位 KPI 的数量并不是越多越好，高层的考核以 12~16 个 KPI 指标为宜（包括定性指标）；中层8~12 为宜，基层 5~8 个为宜。越是高层定性指标越多，反之则仅是。KPI 中的量化指标一般不要采用绝对数字，应当以相对数字为好。选择定性指标 KPI 的量化方法要尽可能采用模糊评价。

| 第十三章 |
绩效考核的主要方法及其实践

一、绩效考核的三种范式

在企业中，根据岗位的工作性质和工作特点，可以把企业的绩效考核分为三大类：一是素质能力基础型考核。此类考核的重点是考核素质和能力，如工作的主动性、创造性、统筹能力、领导能力、管理能力、交流能力和是否愿意与他人合作等，可以看出这种类型的考核主要是对企业管理层的考核。管理过程指标会比较多。这里提出如下范式：

$$管理层考核 = \frac{70\%\sim80\%}{KPI1\,（结果类量化经济指标）} + \frac{20\%\sim30\%}{KPI2\,（过程类部分非量化管理指标）} \tag{13-1}$$

在式（13-1）中，KPI1 和 KPI2 两类指标如果是 100%的话，两者之间是有恰当比例的。一般认为，这个比例在 70%~80%：20%~30%比较合适。我们知道，企业管理的目的是为了能够出现更好的绩效，因此任何岗位的考核，结果类的量化经济指标都应当占大头。然而，越是管理层级高的岗位的工作，越不是被考核者自己亲力亲为干出来的，而是领导和管理者指挥和协调他人干出来的。这个领导和指挥协调他人，就是管理因素和素质因素了。在上面的范式中，被考核者的岗位层级越高，KPI2 的比例越高。

二是行为表现基础型考核。此类考核关注该岗位人员在工作中的行为表现，考核他们是如何完成工作的。这种考核特别适合于服务业，绩效比较难以量化，或者必须严格遵照某种行为规范才能保证工作质量的岗位。例如，在企业里后勤和服务部门的岗位。在行为表现基础型考核中，一般我们要求把该岗位基本的"行为规范"作为 KPI1，并不要求统一工作方式。

这里举一个例子：我到商场买外套夹克衫，当我走到卖场某个摊位的时候，售货员小姐看到我了，大概率会说："欢迎光临，随便看看吧。"但是这位售货员小姐太想把她的衣服卖出去了，对我采用"贴身服务"的方式，距离我很近，使我有压迫感。我就说："小姐你能不能往后退一退啊。"她马上说："对不起，您自己看，自己看。"当我关注一件衣服比较久的时候，售货员小姐马上热情地上来说："您太有眼光了，这件衣服太适合您了，简直就是为您定做的，您试试吧。"我有点反感，说不要不要，就走开了。当我将要离开售货员小姐的视线的时候，她大概率地会说："欢迎下次光临。"我又走进另一个品牌的卖场摊位的时候，另一位售货员小姐看见我了，也会说："欢迎光临，请随便看看。"但是这位售货员小姐对我采用等距离服务的方式：她始终离我 5~6 米远，我向前走她也向前走，我往后退她也往后退。当我注视一件衣服比较久的时候，她无声无息地就上来了，用我和她两个人才能听到的音量说："先生，您真有眼光，这是我们最近卖得最好的一款，您要不要试试啊？"她静悄悄上来把我还吓了一跳。我说不要不要，就离开了。在离开她视野的时候，她也说了一句："欢迎下次光临。"

在这个例子当中，我们注意到，这两位售货员小姐为顾客服务的方式完全不同，可是他们一前一后与顾客说的话都是相同的。显然这两句话是训练过的，这两句话叫作"基本的行为规范"。正如上面所言，一般对服务业和后勤从业人员，我们要把基本的行为规范作为 KPI1，而不要统一每一个被考核者服务的具体方式，因为不同的服务方式可能都会有比较好的服务效果。就像这个例子中，很有可能这两位售货员小姐的销售业绩都很好，因为总有一款服务方式，可能会比较适合于某一类的消费者。那么对服务业和后勤人员的考核，也有如下范式：

$$\text{服务业考核} = \frac{60\%\sim70\%}{\text{KPI1（结果类量化经济指标）}} + \frac{30\%\sim40\%}{\text{KPI2（过程类部分非量化管理指标）}} \quad (13-2)$$

KPI1 和 KPI2 的比例问题，我们认为 60%~70%：30%~40%比较合适。因为服务业和后勤工作，大量的是面对面的、与人打交道的服务工作，非量化的指标会比较多，诸如满意度、热情主动、工作责任心等（当然纯销售类岗位不在此列）。

三是绩效结果基础型考核。这种类型的考核主要着眼于这个岗位的员工做出了什么，只关注绩效结果，不太关注行为过程。这类考核对于那些销售类岗位和一线从事具体生产产品的工人来讲，最合适不过。因为他们的工作可以用大量客观的、具体的、可以量化的指标来进行描述。当然这种方法的弊病是可能会助长员工不择手段达到结果，管理层也可能不了解员工怎么完成的高指标，不利于企业总结经验并加以推广。这些弊病我们可以用其他方法来限制和弥补。销售类岗位和一线员工的考核范式如下：

$$\text{一线员工与纯销售岗位} = \text{KPI1（结果类量化经济指标）}\frac{80\%~90\%}{} + \text{KPI2（过程类部分非量化管理指标）}\frac{10\%~20\%}{} \tag{13-3}$$

KPI1 结果类量化经济指标与过程类（有部分非量化管理指标）比重应当是 80%~90%：10%~20%比较合适，所以我们在企业里经常会发现，一位营销总监岗位收入的 80%几乎都来自业务提成。这样也使对他们的考核呈现"结果导向"的态势。

其实，一家企业中大概存在着三类岗位，即管理层、后勤服务、生产经营。因此一家企业只有一种绩效考核方案显然是不正确的。换句话说，一家企业最少应当有三种绩效考核方案。这三种方案体现了工作性质的不同和考核指导思想的不同。

二、绩效考核的主要方法之比较类方法和特征类方法

绩效考核的方法林林总总，但是归纳起来大致有五种，分别是比较类方法、特征类方法、行为类方法、结果类方法和综合类方法（见表 13-1）。

表 13-1 绩效考核方法分类和主要方法

比较类方法	特征类方法	行为类方法	结果类方法	综合类方法
排序法	图表尺度法	关键事件法	目标管理法	关键业绩指标法
配对比较法	混合量表法	行为锚定法	工作标准计分法	平衡计分卡
强制分配法		行为观察量表	生产衡量与评价系统法	360度考核法
等级评价法		评价中心法		
量表裁定法				

在以上这些方法当中，笔者将详细介绍几种常用并比较好用的方法。在比较类方法，介绍强制分配法；在特征类方法中介绍混合量表法；在行为类方法中介绍行为锚定法；在结果类方法中，由于目标管理法与 KPI 方法重叠，所以不再介绍；在综合类方法中，介绍关键业绩指标法和平衡计分卡。

1. 强制分配法

该方法是把考核等级比例按照正态分布的原则进行强制分配的一种方法，这种方法用到极端，就是末位淘汰制，即根据考核的结果对得分靠后的员工进行无理由淘汰的一种绩效管理制度。这种制度是由通用电气老板杰克·韦尔奇（Jack Welch）提出的。1981 年 4 月，年仅 45 岁时韦尔奇成为通用电气的 CEO，当时通用电气内部正承受着老企业、大企业病的煎熬：企业效率低下，等级森严，对市场反应缓慢；外部遭遇日本企业强有力的挑战，整个企业异常困顿。在此形势下韦尔奇大胆采用美国军队的管理方法来治理通用电气。其中末位淘汰法在通用电气的影响最大，且效果突出。这种残酷的方法从客观上推动了精减人员和机构，激发了员工的积极性，使通用电气起死回生。这种方法的原理如图 13-1 所示。

韦尔奇认为，在正态分布中，应当呈现这样的绩效考核结果：最杰出的员工占 10%，优秀者占 20%，良好者占 40%，20%需要改进，对绩效考核最差的剩下 10%，在部门内要无理由淘汰。

这种方法与其说是一种绩效考核的方法，不如说是一种绩效管理的思维。这种思维是全员压力，导致的结果是大量解聘和淘汰企业不合格员工，使组织在短期内减少人工成本，增强组织活力，应当说，这种方法是很残酷的。在国内，2016 年 11 月 30 日，最高人民法院公布的《第八次全国法院民事商事审判工作会议（民事部分）纪要》明确指出："用人单位在劳动合同期限内通过'末位淘汰'或'竞争上岗'等形式单方面解除劳动合同，劳动者可以以用人单位违法解除劳

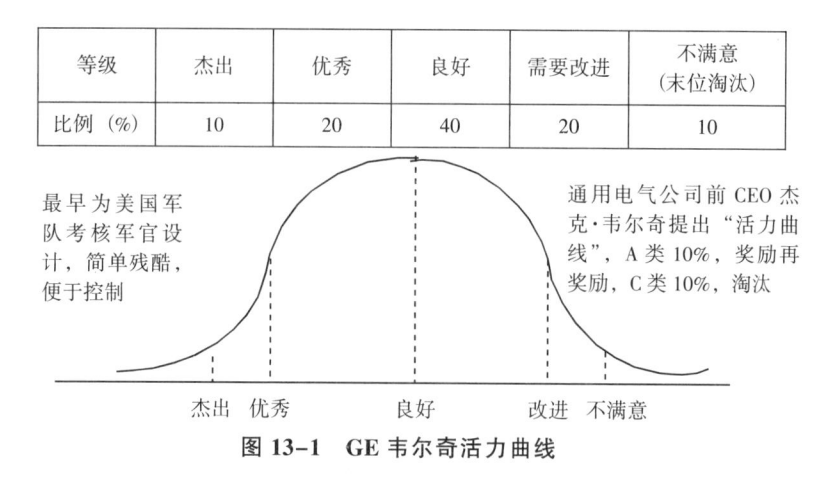

等级	杰出	优秀	良好	需要改进	不满意（末位淘汰）
比例（%）	10	20	40	20	10

最早为美国军队考核军官设计，简单残酷，便于控制

通用电气公司前 CEO 杰克·韦尔奇提出"活力曲线"，A 类 10%，奖励再奖励，C 类 10%，淘汰

杰出 优秀 良好 改进 不满意

图 13-1　GE 韦尔奇活力曲线

动合同为由，请求用人单位继续履行劳动合同或者支付赔偿金。"所以，这种方法在国内鲜有实施，也不太适合中国文化传统和国情。

笔者认为，这种从西方引来的"末位淘汰"法在中国如果能改良为绩效考核的"强制分配"，对打破部门考核的"大锅饭"，拉开考核分配档次还是很有现实意义的。也就是说，对部门的考核结果要求达到活力曲线，但是最末尾的不必淘汰。这种做法很有针对性地破除了中国人绩效考核打人情分、好坏不分的平均主义。但是这种做法也把矛盾下移，让部门主管担起责任，承担压力，而上级则有很大程度的解脱。

2. 混合量表法

在学习混合量表法之前，必须先介绍量表。如果通过绩效考核真正能够给员工排出绩效名次来，最大的障碍就是如何处理过程类 KPI 中的很多定性指标。例如，工作责任心的评判，就有以下三个问题，即什么东西来反映责任心？怎么来评判？这种主观性很大的东西谁说了算？换句话说，如何能够使定性的指标科学地定量化呢？鉴于此，量表便应运而生了（见图 13-2）。

图 13-2 中，考核一位管理人员的工作质量，显然这是一个管理过程的定性指标。图中 1~9 每一个"格子"都可以看作是一个"量"，把这些"量"链接起来，就是表，所以叫量表。量表裁定法是把定性指标定量化的基本方法。图 13-2 中，在 2 分处做了一个定义：工作质量经常欠佳；在 5 分处做了一个定义：工作质量通常尚可；在 8 分处做了一个定义：工作质量一贯较好。这个定义是描述工作状态的，术语称为锚定词或锚系词。上例中，如果我们这样锚定，就可以

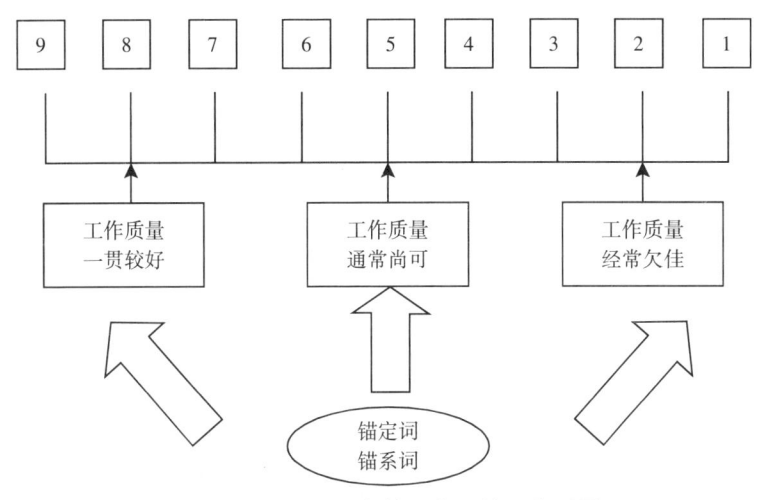

图 13-2　考核一个管理人员的工作质量

具体为某位被考核者打分，例如，考评员打了6分，就说明考评员认为被考评者工作质量比"工作质量通常尚可"要好些，并没有达到"工作质量一贯较好"的程度。

总结设计量表裁定法有如下几点设计原则：一是量表把定性的问题定量化；二是锚定词不要每一个分数都锚定，要隔开锚定，给考评员留下思考空间；三是锚定词不要两头锚定，如上例中在1和9做锚定，这样就没有留下考核指标的程度余地，反而是不客观的。

另一个比较重要的问题就是锚定词的种类及其应用。锚定词一般有三种：副词式锚定词、叙述式锚定词和关键事件式锚定词。上例中，工作质量经常欠佳的"经常"，工作质量通常尚可的"通常"和"尚可"，工作质量一贯较好的"一贯"和"较好"都是副词。副词有一个最大的特性，就是模糊性。几次叫"通常"，什么叫"较好"，可能每个考评员的认知都是不一样的。这种模糊性的锚定词适合定义管理层人员的工作还是操作层人员的工作呢？当然是管理层，管理层工作的复杂程度比较高，对复杂程度比较高的工作应当模糊描述，这样具有容纳性和概况性。也就是说，"副词式锚定词"适合于针对管理层的定性考核；现实绩效考核方案中的锚定词应用，比较多的是采用"叙述式锚定词"。这种锚定词是用一段叙述性的语言描述工作状态，而不单单是一两个副词。"叙述性锚定词"对管理层和操作类工作都适用（本章后续会给出这种例子）。而所谓"关键事件式锚定词"是用被考核岗位工作中的典型事件，作为锚定词。这种锚定词主要用于被考核者群体比较大，而且工作性质高度一致和单一的情况，比如商场考核营业员、企业内训师群体、企业中后勤群体（食堂、仓管等）。

通过以上介绍，可能读者会觉得量表裁定法太简单了，这种东西怎么在绩效考核实践中应用呢。确实，量表只是在设计方案里用来把定性指标定量化的一个工具而已，现实当中的绩效考核都是把量表放在整个考核方案中应用的。下面我们将探讨一种对定性问题考核时，非常好用的方法，即混合量表法（见表 13-2）。

表 13-2　混合量表法实例

序号	典型绩效表现	评价符号
1	有正常自信，通常对工作有把握，只是偶尔踌躇一下	-, 0, +
2	工作效率欠佳，完成任务时间长，有时不能按期完成	-, 0, +
3	口头及书面汇报均有意义，条理清晰，不需要另做补充	-, 0, +
4	工作中有些畏缩，往往不够果断，有时甚至对事情采取回避态度	-, 0, +
5	有时汇报得无条理、不完整，价值不大，经常需要反复与其确认	-, 0, +
6	效率符合要求，一般能在适当时间内完成所给任务	-, 0, +
7	敏捷、快速，总能按计划完成工作，并能很快适应新任务	-, 0, +
8	言行举止都表现得颇有自信，对各种情况能做出果断反应	-, 0, +
9	汇报内容多是有意义和有用的，但有时需要补充报告	-, 0, +

在表 13-2 中，一共考核三个管理 KPI 指标，即自信心、工作效率和汇报质量。每个指标下有由三组锚定词做出的"阶梯式"描述。第一个自信心 KPI 的三组锚定词排序是 1、4、8；第二个工作效率 KPI 的三组锚定词排序是 2、6、7；第三个汇报质量 KPI 的三组锚定词排序是 3、5、9。而且我们看到锚定词都是"叙述式的锚定词"，它是用几句话来描述工作状态的。

这里要提出的问题是，为什么同一指标下的三组锚定词不按顺序排列，而是没有规律地随机混合排列呢？回答了这个问题也就解释了为什么这种方法叫"混合量表法"。如果同一 KPI 下的锚定词按顺序排列，尽管设计了"阶梯式"描述，但还是给考评员造成很大的思维惯性，即总觉得是同一类问题，而忽略了阶梯差别的细节。因此，把三个指标下的九组锚定词随机混合，就是为了打破考评员的思维惯性，让考评员觉得每一个锚定词描述的都是一个新问题，促使其认真思考并注意细节，所以这种方法才叫作"混合量表法"。那锚定词有了，量表在哪里呢？就是表 13-2 右面的三种符号，也即分成了三个档次（-，0，+）。

如果被考核者的工作状态和该组锚定词描述的状态一致就选择"0"；如果比该组锚定词描述的工作状态要好，就选择"+"；如果比该组锚定词描述的工作状态要差，就选择"-"，每个状态的锚定词都有这三个档次量表提供给考评员进行选择。这样进行下来，每位被考评者在每个指标下都会得到由三种符号组成的三组排列，例如，某一位被考评者的三个指标组合如表 13-3 所示。

表 13-3　混合量表法考评结果处理举例

维度				得分
工作效率	0	+	+	6
工作自信	-	0	+	4
汇报质量	+	+	+	7

也就是说，该被考评者在工作效率指标上得到的考评结果是：0 + +（与一组锚定词的描述程度吻合；与另外两组锚定词相比超过锚定词的描述）；在工作自信指标上得到的考评结果是：- 0 +（与一组锚定词的描述相比，不如锚定词描述的状态；与一组锚定词的描述程度吻合；与一组锚定词相比超过锚定词的描述）；在汇报质量指标上得到的考评结果是：+ + +（也就是说，该被考评者工作状态都优于三组锚定词的描述）。接下来，我们有早已确定的标准评分表（见表 13-4）。

表 13-4　混合量表法标准评分

标准	七种组合						
	-	-	-	-	-	0	+
	-	-	-	0	+	+	+
	-	0	+	+	+	+	+
得分	1	2	3	4	5	6	7

该标准评分表，按照排列组合原则，我们得到七种组合：

（1）- - -，即被考评者行为都不如该指标下的三组锚定词描述的状态。

（2）- - 0，即被考评者行为两组不如锚定词描述，一组与锚定词描述状态一致。

（3）− − +，即被考评者行为两组不如锚定词描述状态，一组超过锚定词描述状态。

（4）− 0 +，即被考评者行为一组不如锚定词描述状态，一组与锚定词描述吻合，一组超过锚定词描述状态。

（5）− + +，即被考评者行为一组不如锚定词描述状态，两组超过锚定词描述状态。

（6）0 + +，即被考评者行为一组与锚定词描述一致，两组超过锚定词描述状态。

（7）+ + +，即被考评者行为都超过该指标下的三种锚定词描述状态。

其实，按照排列组合，表13-4是不完全的，缺少了0 0 0、0 0 −、0 0 + 三种组合。这是因为每个指标下的三组锚定词的设计是阶梯式的，如果出现以上三组组合，那就是互相矛盾的。出现这三种组合可能只有两个原因：一是锚定词阶梯设定得太小，也即描述的状态差别太小，让考评员无法识别，因此要加大阶梯设计，重新写出锚定词；二是考评员思维混乱，以至于得出这样矛盾的结果，因此要重新选择考评员或者重新培训考评员。换句话说，得出这三种结果是互相矛盾的，是不可接受的。

根据表13-3中某位被考评者得到的结果，可以参照混合量表法标准评分得出，该员工工作效率指标为0 + +，得6分；其工作自信指标为 − 0 +，得4分；汇报质量指标为+ + +，得7分，合计定性指标得分为17分。这样一来，我们已经把该员工的过程类管理定性KPI指标量化完成了。

下面我们把这种方法的应用系统总结一下：

第一，混合量表法主要是针对过程类管理定性指标进行量化考核的一种科学、简单、实用的方法。

第二，混合量表法是把指标下的"阶梯式锚定词"随机混合，以便打破考评员的思维惯性。

第三，指标可以多个，但是每个指标下的"阶梯式锚定词"只能是三组。上例中指标是三个，如果三个不够，可以再加，但是一个指标下的"阶梯式锚定词"只能有三组，这是因为如果多于三组或者少于三组，都没有混合量表法标准评分表存在的必要。标准评分表是排列组合的模板，不能改动。

第四，混合量表法中的"量表"分为三个档次，即 -、0 和 +，-是指被考评者的表现不如该锚定词的描述，0 和+分别指与该锚定词描述的吻合和超过该锚定词的描述。

第五，做出混合量表法标准评分表，按照数学排列组合应当有十种组合，但是删除了三种组合，即删除了０００、００-和００+，因为这三种组合互相矛盾。

第六，分数处理：根据打分结果在标准评分表中查出相对应的分数，得到该被考评者的最终定性指标的得分。如果确定了定量与定性指标的总体比例，最终还应当按照百分比折算回这个比例中。例如，定量 KPI 比例是 80%，定性是 20%的话，按照上述例子，我们可以得知 20 分：21 分＝17 分：X 分，据此得到 X＝17.85 分（因为该例子中，混合量表法三个指标的满分数是 21 分）。也就是说，该员工定性指标在百分制的体系里得了 17.85 分。

第七，此种方法最大的优点是，对评价结果，员工很少有反弹。因为这种方法，本身就是一种模糊方法，而且不是一个考评员打分，是一种集体模糊的平均值，非常科学。

第八，此种方法特别适合于中小科技型企业管理层的定性考核。因为，此种方法的原理对科技企业的管理层来讲比较好理解和接受，也可以把这个方法做成简单的电脑程序，进行考核。假设几十人的管理层团队定性指标的考核，可能不用一个小时考评员在电脑上即可全部完成，而且当某考评员打出符号并提交，出现了０００、００+、００-的时候，电脑就会提示他重打某几组锚定词的符号。

第九，此种方法的最大技术难点在于某个定性指标下的三个"阶梯式锚定词"的撰写，如果阶梯不明显，就可能使考评员打出矛盾的结果。

为了能使读者掌握并运用这种方法，笔者为大家撰写了企业内几乎所有岗位的管理类定性指标的三阶梯式锚定词，见附录 13-1 和附录 13-2。

附录 13-1
管理类定性工作能力指标（三阶梯式 KPI 锚定词）

能力指标	三阶梯式锚定词 1级	三阶梯式锚定词 2级	三阶梯式锚定词 3级	适用岗位类别 中层正职	适用岗位类别 辅助管理	适用岗位类别 一般员工
团队建设与发展能力	能根据企业要求，努力促进团队协作与沟通，保证团队完成工作任务，并具有发展团队的能力	不能较好地促进团队协作和建设团队，对团队工作有一定的影响。发展团队的能力一般	无法促进团队协作和发展团队，对团队的工作有很大影响。没有发展团队的基本能力	√		
领导力	能合理安排员工工作，并利用企业奖惩制度对员工做出合理评价，员工积极性比较高	不能很好地安排员工工作，可以利用企业奖惩制度对员工做出评价，但员工积极性不高	无法合理安排员工工作，利用企业奖惩制度对员工做出评价比较困难，靠命令领导员工，员工意见比较大	√	√	
计划组织与执行能力	能根据企业下达的目标制订本部门的工作计划，有效组织下属完成计划，并基本保证工作质量	根据企业下达目标制订计划存在困难，需要上级给予帮助。组织工作效率低，工作质量一般	无法根据企业下达目标制订计划，需要上级干预。组织效率低下，工作经常完不成，且工作质量较差	√	√	
沟通能力	能倾听他人阐述，并抓住要点与对方达成默契，并能比较准确地表达自己的意见	能倾听他人阐述，但理解力一般，比较难与对方达成默契，准确表达自己的意见比较困难	很难理解他人的阐述，也无法清晰地表达自己的意图，让对方觉得难以沟通	√	√	√
客户服务能力	能较好地与客户沟通，把握客户需求，有效管理客户信息和控制客户风险，具有市场开拓能力	能与客户沟通，无法快速掌握客户需求，管理客户信息和控制客户风险能力一般，市场开拓能力一般	与客户沟通差，无法掌握客户需求，不具备管理客户信息和控制客户风险的能力，市场开拓能力差	√	√	√
协调能力	能与本部门外其他部门协调，保证工作顺利完成，同时能够协调部门内部人员工作，有效化解工作矛盾	与外部门工作协调比较困难，跨部门工作完成比较难。同时基本可以协调内部人员工作，解决问题方法比较生硬	无法与外部门工作进行协调，无法完成跨部门工作。同时部门内协调也经常出现问题，缺少解决矛盾的方式方法	√	√	
创新能力	能在工作中努力学习，善于提出新的想法和创意，并付诸本部门实践	在工作中能够学习新东西，但是很少提出新想法，没有创新实践	墨守成规，很少学习新东西，提不出有价值的问题	√	√	

续表

能力指标	三阶梯式锚定词			适用岗位类别		
	1级	2级	3级	中层正职	辅助管理	一般员工
解决问题能力	有风险防范意识，当问题发生时，在复杂情况下能够找到解决问题的方法，分清主次，提出解决问题的有效方案	风险防范意识一般，问题发生时，基本能够分清主次，在复杂情况下，找到解决问题的方法比较困难，解决问题效果一般	风险防范意识较差，当问题发生时，抓不住重点，分不清主次。在复杂情况下无法找到解决问题的方法，解决问题的效果比较差	√		

附录 13-2
管理类定性工作态度指标（三阶梯式 KPI 锚定词）

能力指标	三阶梯式锚定词			适用岗位类别		
	1级	2级	3级	中层正职	辅助管理	一般员工
责任心	工作责任心强，能主动完成工作，对工作中的失误勇于承担责任，有担当	工作责任心一般，完成工作不够主动，对工作中的失误常常辩解，缺少担当	工作责任心较差，对本职工作比较被动，对工作中的失误，推诿于人，不愿意担当更多责任	√	√	
进取心	有比较强的进取心，努力学习，钻研管理和技术，不断充实和完善自我，进步比较快	进取心一般，愿意学习管理和技术，工作按部就班，有一定进步空间	自我放纵，没有规划，不太愿意学习和接受培训，工作马虎应付，看不到其本人的进步		√	√
主动性	主动承担本职工作，很少需要敦促和问责，并有比较好的工作绩效	主动承担工作一般，有时需要敦促和问责，工作绩效一般	没有主动承担工作意识，需要监管和不断问责，工作绩效在监管范围内		√	√
积极性	工作态度积极，把工作看作对自身能力的挑战，业绩比较好	工作比较被动，把工作看成负担，能够遵守制度，业绩一般	工作懒散，总是踩着制度的边缘，对工作厌倦，业绩靠后		√	√
合作性	能够与同事协调配合，经常主动与部门内外部协调关系，乐于协助他人，与同事关系融洽	与同事协调配合尚可，在必需的情况下可以协调部门内外部关系，与同事关系一般	不能与同事协调配合，命令式才有效，不能协调部门内外关系，与同事关系较差	√	√	√

续表

能力指标	三阶梯式锚定词			适用岗位类别		
	1级	2级	3级	中层正职	辅助管理	一般员工
服从性	能够服从领导安排，努力完成领导交代的任务，不以各种理由推脱，不敷衍	基本能够服从领导安排，可以完成领导交给的任务，但是必须经常督促检查	有时以各种方式抗拒领导安排，非常被动执行领导交代的任务，借口推脱多，敷衍了事			√
纪律性	严格遵照公司制度，不以任何借口违反公司规定和流程。纪律性较强	基本能够遵守公司制度，需要经常督促，偶尔有违反公司规定和流程的行为	遵守公司制度较差，经常出现违反公司规定和流程的行为，纪律涣散			√

三、行为方法类之行为锚定评分法

在行为方法类中要介绍的是行为锚定评分法。行为锚定评分法也称行为定位法，它是由美国学者史密斯（P. C. Smith）和德尔（L. Kendall）于20世纪60年代提出的。它是一种将同一职务工作可能发生的各种典型行为进行评分度量，建立一个锚定评分表，并以此为依据，对员工工作中的实际行为进行测评分级的考评办法。这种方法是把被评价岗位的"关键事件"作为锚定词，关键事件锚定词是三种锚定词中最具体、最客观的锚定词。因此，它广泛适用工作比较单一的岗位，因为这种方法只能进行单一维度的考核，例如，服务业工作人员（售货员岗位、交通服务人员岗位、餐饮酒店工作岗位等）。

下面的例子是一个对高端人才的现场招募岗位的行为锚定评分法考核（见图13-3）。图13-3左面是量表，右面方框中为这一岗位的典型事件，把典型事件作为岗位的关键事件锚定量表，量表一共分为九个档次，每个档次都有一个本岗位的典型事情作为关键事件，对招募人员的行为进行锚定。如果招募岗位人员可以做到右框中的内容，他就应当得到左边量表的分数。这个量表考核的维度是招募人员的招募水平这一单一维度。如果要考核其他维度，同样要做量表，找出那个维度的关键事件作为锚定词进行锚定。这种方法的优点是，以事实为依据，被考核者对考核结果基本没有反弹，简单直观。而且关键事件有示范作用，引导和指明了员工努力的方向。缺点是，不能反映市场变化，在设计和实施方面与其他考

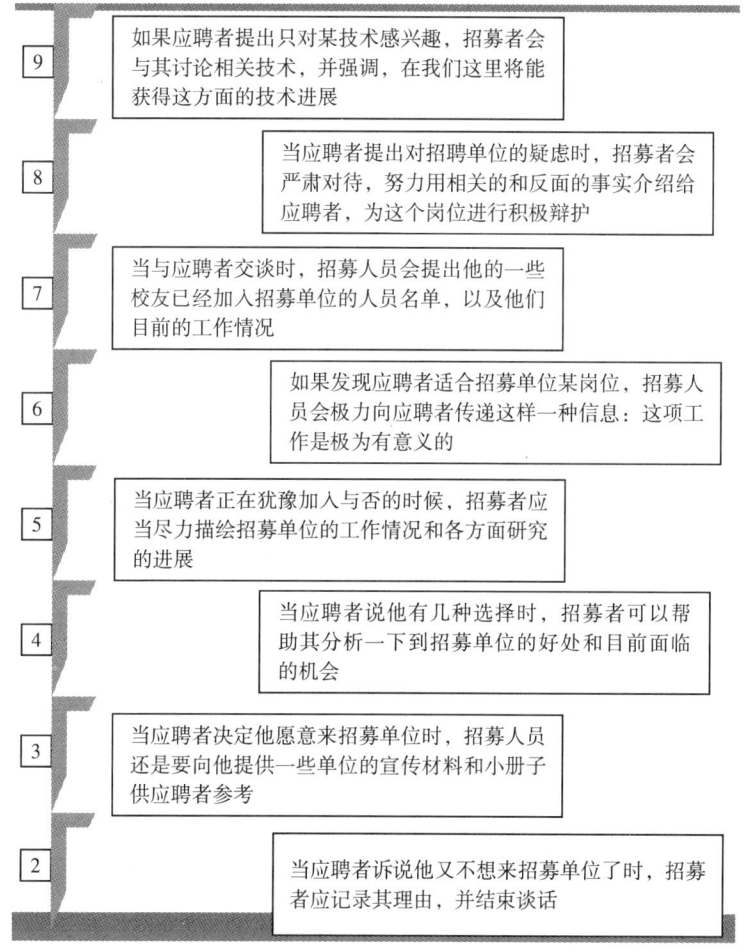

9	如果应聘者提出只对某技术感兴趣，招募者会与其讨论相关技术，并强调，在我们这里将能获得这方面的技术进展
8	当应聘者提出对招聘单位的疑虑时，招募者会严肃对待，努力用相关的和反面的事实介绍给应聘者，为这个岗位进行积极辩护
7	当与应聘者交谈时，招募人员会提出他的一些校友已经加入招募单位的人员名单，以及他们目前的工作情况
6	如果发现应聘者适合招募单位某岗位，招募人员会极力向应聘者传递这样一种信息：这项工作是极为有意义的
5	当应聘者正在犹豫加入与否的时候，招募者应当尽力描绘招募单位的工作情况和各方面研究的进展
4	当应聘者说他有几种选择时，招募者可以帮助其分析一下到招募单位的好处和目前面临的机会
3	当应聘者决定他愿意来招募单位时，招募人员还是要向他提供一些单位的宣传材料和小册子供应聘者参考
2	当应聘者诉说他又不想来招募单位了时，招募者应记录其理由，并结束谈话

图 13-3　高端招募岗位行为锚定评分量表

评方法相比，费时费力；当考核某些复杂的工作时，特别是对于那些工作行为与效果的联系不太清楚的工作，管理者容易着眼于对结果的评定，而非依据锚定事件进行考核，从而引发不公平。

　　行为锚定评分法还要注意的问题是，有时量表要留有余地，在上例中我们可能会设定一个"1"，但是不用锚定词锚定，因为人的行为是复杂的，可能有比锚定词"2"还差的情况，考评员就有了其他选择，同理，还可以在"9"等级上加"10"，也不要用锚定词锚定。同样的考虑，在中间的等级中，也可以设置没有锚定词的等级，给考评员以更多的、切合被考评者实际的选择。另外，锚定等级也不一定是间隔一个数字，因为从上例来看，越向上走，招募者水平越高，对招募者的要求也越高，因而分数也应当越大，也就是说，分数可以拉开档次，越向上，量表拉开的距离也就应当越大。

四、综合类绩效考核法

在综合类绩效考核方法中，我们要介绍的是关键业绩指标方法，这种方法把定量 KPI 指标和定性 KPI 指标分开考核，这样做的好处是，对定性指标的处理更客观准确，更便于企业操作（当然也可以把定量和定性指标放在一张表上考核）。这里举一个例子。对一家制造业企业管理层（班组长以上人员）的考核，这家企业的背景是：其市场份额稳定，内部管理薄弱，急需通过规范流程达到降低成本、及时保障市场供应的目的。基于此，其考核范式确定如下：

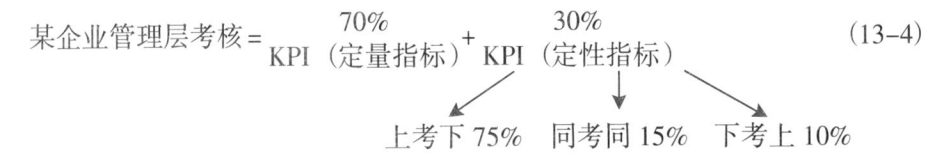

$$某企业管理层考核 = \frac{70\%}{KPI（定量指标）} + \frac{30\%}{KPI（定性指标）} \quad (13-4)$$

上考下 75%　同考同 15%　下考上 10%

以上范式中该企业管理层考核定量指标占 70%，定性指标占 30%，其中管理类的定性指标占比较大，凸显了通过抓管理，达到企业近期目标的目的。在管理类定性指标的考核中，上级考核下级占 75%，同级之间互相考核占 15%，下级考核上级占 10%。

确定了定性考核的基本范式，下一步就是确定维度和支撑维度的指标，把指标撰写成叙述式的锚定词，并做出量表进行具体锚定。表 13-5 是该企业管理层定性指标上级考核下级的考核表。

表 13-5　某企业管理层定性指标上级考核下级考核表

维度	维度权重(%)	总分数	维度分数	指标权重(%)	指标分数	管理层表现的锚定词 A 为对二级点的锚定， B 为对四级点的锚定	一级	二级A	三级	四级B	五级
品德	40	75	30	50	15	A. 能较快正确理解上级意图，并努力观察执行，有效领导下属完成部门的工作目标	15	11	8	6	4
						B. 正确理解上级的意图比较慢，贯彻较差，基本可以完成本部门的工作目标					

续表

维度	维度权重(%)	总分数	维度分数	指标权重(%)	指标分数	管理层表现的锚定词 A 为对二级点的锚定，B 为对四级点的锚定	一级	二级A	三级	四级B	五级
品德	40	75	30	50	15	A. 对工作较为认真负责，较为敬业，能够忠于职守	15	11	8	6	4
						B. 敬业精神有待提高，工作不够认真、细致					
能力	40	75	30	50	15	A. 对工作中的异常状况能够做出比较准确的判断，能够会同相关人员及时解决问题	15	11	8	6	4
						B. 发现工作中的异常状况比较慢，判断不够准确，解决问题拖延缓慢					
					15	A. 能够较为严格地要求自己，主动开展本职工作，不推卸责任	15	11	8	6	4
						B. 对自己要求松懈，开展工作不够主动，责任心有待加强					
知识	20	75	15		7	A. 熟悉、掌握本企业生产流程各工序的操作方法和检验方法	7	5	3	2	1
						B. 对不属于自己管辖的生产流程和标准不甚清楚					
					8	A. 计划达成率比较高，参与领导的部门和组织运作正常有序	8	6	4	2	1
						B. 计划达成率比较低，参与领导的部门和组织运作效率较差					

上级考核下级共选择了三个维度，即品德、能力和知识，权重依次为：40∶40∶20，总分数为75分，是在范式当中规定好的，这样我们就可以得到三个维度的分数，即维度权重乘以总分数。如上例中的30分、30分和15分。每个维度下面两个指标（锚定词），指标的权重为50%，所以每个指标的满分为15分、15分、7分和8分（按照设计思想又照顾到避免出现小数，知识维度的两个指标一个满分为7分，一个满分为8分）。

维度和指标确定以后，就是撰写管理层各项指标的锚定词，该例中同一指标我们撰写了不同程度的两段锚定词，即 A 和 B。表13-5最右面是量表，该例中分为五个等级。我们以品德维度为例，其中一级是满分数，即15分。五级的考虑是，第一不要出现小数，第二还要考虑分数和档次的匹配，在最低点和最高点之间预留的数字不能太小，导致不够分配，此例中的设计是五级是一级点数的

40%左右，即4分（当然40%以下也是可以的，因为此分数确定对所有被考核者都是一样的）。在此例中，两头的点数已经确定，即15和4，那中间五级到四级间隔，四级到三级间隔和三级到二级间隔，以及二级到一级的间隔怎么分配分值？这里我们采用加大绩效薪酬力度的方法，做得越好，分数越拉开差距，采用非等分方法，即4分、6分、8分、11分、15分，这是符合我们设计原则的（间隔是2∶2∶2∶3∶4）。

那么锚定词锚定在何处呢？我们把A锚定在二级，B锚定在四级，这样的锚定方法同样符合我们在量表法中讲的基本原则（不要两头锚定，也不要每个级别都锚定，给考评员留下打分的思考空间）。如此下来，某位具体的被考核者就会在上级考核下级的这张表里，得到一个具体的分数（多个考评员打分的几何平均或者算术平均），例如，得了61分（满分是75分）。

以此类推，我们可以得到同级互相考核的考核表和下级考核上级的考核表，见表13-6和表13-7。同理，这位被考核者的这两张表，也会分别得到一个具体的分数。

表13-6　某企业管理层定性指标同级互相考核考核表

维度	维度权重(%)	总分数	维度分数	指标权重(%)	指标分数	管理层表现的锚定词 A为对二级点的锚定， B为对四级点的锚定	一级	二级A	三级	四级B	五级
全局观念	40	15	6		6	A.能够照顾全局，立足岗位，为其他岗位着想，乐于助人，上下游配合比较默契	6	5	4	3	2
						B.不太能够站在别人的立场考虑，不关心其他人的岗位和工作，上下游意见比较大					
沟通协作	40	15	6		6	A.与同级干部合作良好，互相信任、互相协作	6	5	4	3	2
						B.与同级干部合作需要改进，经常有语言行为冲突					
服务意识	20	15	3		3	A.服务意识强，不搬弄是非和自行其是	3	2	1	0	
						B.服务意识比较淡薄，与其他工序矛盾较大，不太主动改善					

表 13-7　某企业管理层定性指标下级考核上级考核表

维度	维度权重(%)	总分数	维度分数	指标权重(%)	指标分数	管理层表现的锚定词 A 为对二级点的锚定， B 为对四级点的锚定	一级	二级 A	三级	四级 B	五级
公平公正	50	10	5		5	A. 能够承担领导责任，不与下属抢功，分配任务公平公正	5	4	3	2	1
						B. 不太愿意承担领导责任，有时与下属抢功，分配任务有时有失公平					
业务指导	50	10	5		5	A. 耐心指导下属工作，能够帮助下属提高工作能力	5	4	3	2	1
						B. 较少指导下属的工作，帮助下属提高工作能力方面不太到位					

例如，同级互相考核该被考评者得了 12 分（满分 15 分），下级考核上级得了 7 分（满分 10 分）。那么综合三张表，该被考评者共得分为：61 分 + 12 分 + 7 分 = 80 分。然后要在范式中折算成百分数，即 100 分 : 30 分 = 80 分 : X 分，最后得出该被考评者得分应为 24 分，也即该被考评者定性管理指标得分为 24 分，再加上该被考评者的定量效益 KPI 得分，就是他的总得分。

此种方法对定性管理指标的处理简单明了，与前面推荐的"混合量表法"比起来易懂，容易被大多数被考评者接受。因此，这种方法比较适合于对员工的素质要求不高的企业广泛使用。当然也可以把定性的管理指标的考核与定量的效益指标考核放在一起，即一张表考核。

最后要介绍的方法就是"平衡计分卡"（Balanced Score Card，BCS）。这种方法是 1992 年由美国卡普兰和诺顿（Robert Kaplan & David Norton）提出的，据说目前全球财富 1000 家企业中，50% 以上采用这种方法进行绩效管理与绩效考核。这种方法是整合财务指标和非财务指标，系统整体地评估企业绩效。在各种 KPI 方法中，虽然也有定性的管理类（非财务类）指标，但是没有系统的维度分布和平衡。所谓平衡，是在企业内部追求财务业绩与非财务业绩、长期绩效与短期绩效、企业内部与企业外部市场之间的平衡。卡普兰和诺顿认为，企业只有达到这种平衡，才能解决企业持续的发展问题，因此平衡计分法也被公认为是一种战略性的绩效管理工具。

那么，平衡计分卡是怎样追求和达到这一平衡的呢？如图 13-4 所示，平衡记分卡有四个维度，而且只有这四个维度。财务维度是一个传统维度，客户对某岗位工作的看法也是一个传统维度（这两个传统维度体现了企业内部与企业外部市场平衡问题）。但是卡普兰和诺顿认为，如果在本考核周期，该岗位的工作流程没有改进，即使绩效和客户得了高分，在内部营运的流程方面还是要扣分的，因为没有考虑岗位的远期绩效问题（即短期绩效与长期绩效的平衡）。另外，平衡计分卡中专门设置了学习与发展维度。发明者认为，如果在该考核周期中，这个岗位的被考核者没有进修学习，没有学习新的技能，没有参加与工作有关的培训，也是要扣分的，因为他在下一个考核周期中很可能没有后劲，会落伍（这也体现了岗位短期效益与长期效益、财务指标与非财务指标的平衡）。后两个维度都是新维度。平衡计分法只有这四个维度，而且只能用这四个维度，即两个传统维度和两个新维度，这两个新维度充分体现了企业动态的战略性思维。

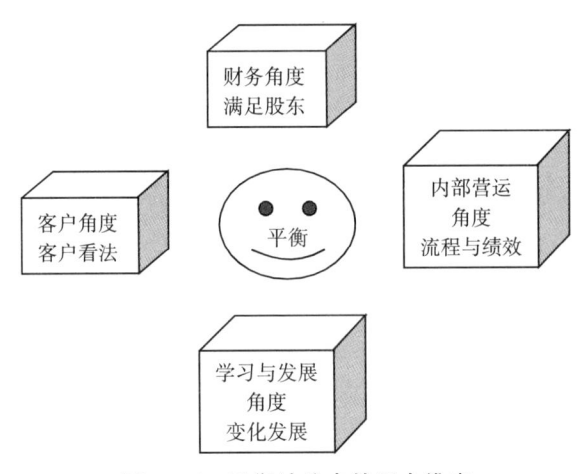

图 13-4 平衡计分卡的四个维度

自 20 世纪 90 年代平衡计分卡被提出以来，经历了四次比较大的迭代（即重复反馈过程，以逼近平衡计分卡战略思维和四大平衡的设计初衷）。第一代平衡计分卡是作为一种考核工具被提出来的。过去的考核指标，主要基于追求股东价值最大化，即追求财务绩效，较少考虑企业的持续发展。所以平衡计分卡提出从股东的角度、客户的角度、人力资源的角度、内部运营的角度四个方面来建立框架，形成考核指标体系。通过这样一个大的框架的考核指标体系，来引领企业战略思考和可持续成长。

第二代平衡计分卡以"战略地图"为抓手，希望通过"地图"把四个维度下的指标与战略对接，抓战略关键绩效驱动要素，放在这四个维度中操作，从而把平衡计分卡从一个考核工具上升到战略落地实操的工具。

第三代平衡计分卡是以卡普兰和诺顿的《战略中心型组织》为出发点的。他们认为，如果企业不以战略为核心进行运营，企业各层管理者不承担绩效管理责任，那么平衡计分卡落实非常困难。因此，平衡计分卡一定要在高层达成共识并有高层的参与和高层的推动。

第四代平衡计分卡的一个核心观点，就是把平衡计分卡打造成一套企业协同管理的体系。企业通过平衡计分卡实现财务的协同、市场的协同、内部运营的协同、员工和外部环境的协同。应当说，从第二代开始，平衡计分卡已经慢慢超越了考核功能，它从战略高度采用协同平衡方法，站上了企业整体运营系统的平台。

现在国内企业采用平衡计分卡基本上还停留在第一代和第二代。由于国内市场竞争激烈和市场经济处于成长期，企业外部市场不可预测性大大增加，导致企业生存压力非常大。因此，国内中小企业采用这种方法的并不多见，更多的还是KPI及其相关方法。换句话说，企业要活下去采用KPI方法就已足够，如果企业活下去没有问题，要解决活得好的问题，平衡计分卡就是一个不错的选择。另外，采用平衡计分卡还有一个技术问题：企业内部流程改进维度和员工发展维度是两个新维度，以前是没有统计口径的，现在要重新做指标体系，以支撑这两个战略维度，很多企业没有这个能力，也没有承担这项工作的成本，这也加大了这种方法在中小企业实施的难度。即使是已经实施的企业，我们观察这两个维度下的指标，也显得比较牵强，这大概就是这个原因导致的。

所谓"平衡计分"，并不是说四个维度权重要性差不多，而是说必须有这四个维度，而且只能是这四个维度。从权重来看，当然是财务维度占大头，第二和第三的权重一般会在客户维度和内部流程维度中选择，因为有时企业发展流程改进成为主要矛盾，有时客户问题又比较突出。但是可以肯定地说，员工学习维度在这四个维度中权重应当最小。表13-8列出了这四大维度的权重范围，可以作为参考。

坦率地说，如果平衡计分卡不上升到企业战略地图的层面，与KPI方法相比并无太大的意义，因为无法体现企业组织的战略与前述的几个平衡。战略地图是把四大维度和企业战略结合，并最终把战略落实到维度下的指标上。图13-5就是某企业的战略地图。

表 13-8 平衡计分卡四大维度权重分配参考值

指标范围	权重范围	项目内容	举例
财务指标	30%~60%	可量化财务指标	费用状况、创收状况
客户价值指标	15%~40%	客户的角度评价工作状况	企业内外部客户满意度
内部流程指标	10%~30%	内部业务角度评价工作状况	工作效率、质量控制、工作程序规范化等
员工发展指标	5%~15%	创新学习角度评价工作状况	员工建议数、员工培训、员工提高计划实施等

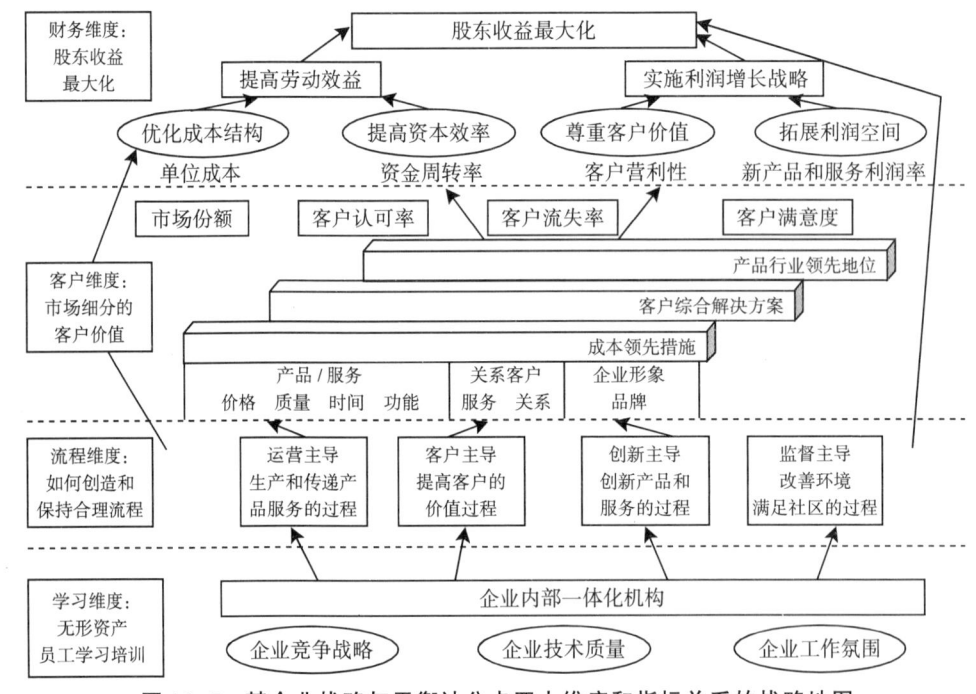

图 13-5 某企业战略与平衡计分卡四大维度和指标关系的战略地图

在该战略地图的财务维度中，已经找到生产率和利润增长两大因素支撑。而在生产率中，又找到了优化成本结构和增强资本利用两大要素，这两大要素下都有比较多的 KPI 支撑。这样就找到了平衡计分卡与企业战略和几大平衡的落脚点。

我们再来分析内部化流程维度，这个维度承接客户观点中的产品与服务、客户关系和品牌三大要素，找到了要强化生产与传递流程、提供客户价值流程、新产品和服务流程，以及改善客户环境和社区这些关键流程。然后在这四个关键流程中，再去找支撑的 KPI。具体寻找四大维度和 KPI 的关系，我们还可以采用矩阵的方法（见表13-9）。在企业内各部门的属性矩阵里，可以找到具体的支撑四大维度的KPI（见表13-10）。通过以上分析方法，我们是可以找到支撑四大维度的KPI的。

表13-9　企业内各部门与四大维度的指标矩阵和属性矩阵

部门＼维度	财务类	客户类	内部流程类	学习发展类	时间	成本	风险	结果
市场营销	√	√	√	√	√	√		√
新产品设计	√	√	√	√	√	√		√
采购管理	√		√	√	√	√	√	√
招聘管理	√		√	√	√	√		√
预算管理	√		√	√	√		√	√
行政管理	√		√	√	√	√		√

表13-10　企业内各部门KPI属性矩阵得出的分析结果

	时间	成本	风险	结果
市场营销	促销活动按时完成率	营销费用预算达成率		新业务用户认知度
新产品设计	新产品开发按时完成率	新产品开发平均成本		年度新产品开发总数
采购管理	办公用品采购周期	采购成本预算达成率	违规采购的次数	采购质量问题发生次数
招聘管理	年度大学生招聘按时完成率	招聘费用预算达成率		用人单位的满意度
预算管理	预算编制按时完成率		未按预算流程控制的次数	公司整体预算达成率
行政管理	重点任务按时完成率	食堂管理费用预算达成率		员工对后勤管理满意度

这里给出某企业生产总监采用平衡计分卡考核的例子，以供读者增加对这种绩效考核方法的感性认识和整体把握（见表13-11）。

表13-11　某企业生产总监平稳计分法考核表

维度	KPI指标	权重（%）	绩效目标值	得分
财务类	净资产回报率	10	考核期内净资产回报率在＿＿＿％以上	
	主营业务收入	10	考核期内主营业务收入达到＿＿＿万元	
	生产成本控制	10	控制在预算之内	

187

续表

维度	KPI 指标	权重（%）	绩效目标值	得分
内部流程营运	年度企业发展战略目标完成率	10	考核期内年度企业发展战略目标完成率达到_____%	
	生产计划完成率	10	达到_____%	
	产品质量合格率	10	达到_____%	
	产品废品率	5	控制在_____%以内	
	生产设备完好率	5	考核期内达到_____%	
	劳动生产率	10	比上一考核周期提高_____%	
	生产安全事故发生率	5	重大安全生产事故为0，一般性安全生产事故控制在_____%以内	
客户类	客户满意度	5	考核期内客户满意度在_____%以上	
	员工满意度	5	考核期内员工满意度在_____%以上	
学习发展	培训计划完成率	5	考核期内培训达到100%	
	员工流动率	5	考核期内员工流动率控制在_____%以内	
	核心员工保有率	5	达到_____%以上	

【本章要点归纳】

企业的绩效考核可以分为三大类：一是素质能力基础型考核；二是行为表现基础型考核；三是绩效结果基础型考核。第一种针对企业管理层；第二种针对服务业和企业的工作辅助岗位；第三种针对一线员工和销售岗位员工。这样区分是因为三种类型考核中，定量KPI和定性KPI的比重是不同的。换句话说，一家企业只有一种绩效考核方案显然是不行的。

在企业绩效考核方法中，韦尔奇的活力曲线（正态分布）导致的末位淘汰，在国内很难采用。但用此种方法对拉开考核差距，打破考核"大锅饭"非常有意义。

定性KPI的考核关键在于定性指标的定量化，量表法是不二选择。量表中的锚定词有三种，即副词式、叙述式和关键事件式。叙述式锚定词最为常用。

混合量表法专门针对定性KPI的考核，由于它是一种模糊评价方法，所以引起被考核者的反弹很小，但因这种方法技术含量比较高，所以对于科技型企业管理层定性考核比较适宜。也就是说，这种方法的应用要求企业员工的素质应当比较高。混合量表法应用的关键问题是对定性 KPI 三段式锚定词的撰写。

行为锚定评分法只能评价单一维度和单一指标，所以这种方法普遍适合于很多岗位工作内容相同的情况，如服务业和企业内的工作辅助岗位。此种方法是把该岗位的关键事件作为锚定词，因此客观性在所有的考核方法中最强。

关键业绩指标法中，可以把定性指标单独拿出来考核（当然也可以放在一张考核表中考核），这种方法比混合量表法直观易懂，适合一般性企业的绩效考核（不论是制造业还是服务业）。

平衡计分卡突破了财务维度一统天下的魔咒，在客户、流程和人员素质提高方面也设置了维度，力求达到企业的平衡永续发展。平衡计分卡目前在国内中小企业中的应用还不广泛，既有新维度指标体系难建立和指标难统计的问题，又有企业战略管理本身模糊不清的诸多问题。

| 第十四章 |
绩效考核的几个重要问题和考核结果的后续处理

一、绩效考核系统在企业中的建立

在企业进行绩效考核前，应当首先建立起企业绩效考核系统。整体来说，这个系统分为前置系统、中置系统和后置系统三个部分（见图14-1）。

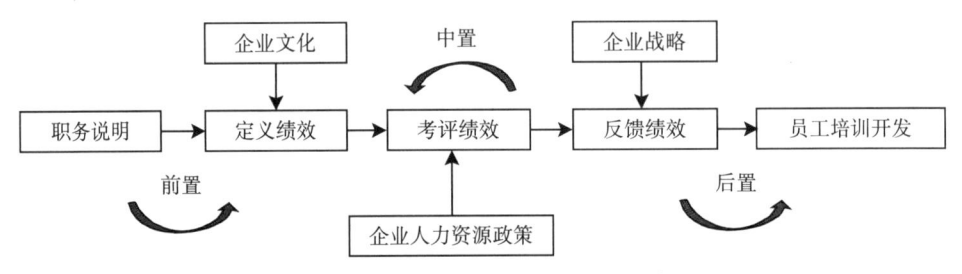

图14-1 建立企业的绩效考核系统

在前置系统里，按照一般类型企业寻找 KPI 的方法（介于流水线型企业与项目类企业之间），首先应该在岗位工作分析中进行。工作分析中的"岗位职责"和"岗位规范"指明了 KPI 的大致范围和寻找岗位 KPI 的方向。采用前面介绍的鱼骨图等方法，找到维度和支撑维度的指标，并给予权重。我们把维度的权重称为一级权重，把指标的权重称为二级权重。把维度、指标和权重组成方案，这个方案就是绩效考核的方案。因此前置系统中，定义绩效的过程就是寻找维度、确定指标和给予权重最终形成方案的过程。

在中置系统的考评绩效部分，最重要的是谁考谁的问题。首先要解释的是上级考核下级，在这个部分中应当指出的是，上级对下级什么都可以考核。在同级互相考核方面，同级之间要回避互相考核业绩，因为他们在业绩方面互为"干系人"（利益相关人）。同级之间主要考核的是协调与配合。下级考核上级主要考核三个方面，即领导力、分配任务的公平性和对员工的业务辅导。还有自我考核。首先自我考核在整个考核中的权重很低，一般小于10%。因为被考核者的过去依赖于别人的评价，给员工自我考核的权力，是督促被考评者自我认知和责任担当，同时也是贯彻考核"过程公平"的一个重要步骤。客户考核主要考核客户的满意度。如果这五个都考核，就叫作360度考核，即全方位考核。中置系统中谁考谁的问题，也即考核主体的问题，如表14-1所示。

表14-1　不同考核主体具体操作的建议

考核主体	考核内容	可能带来的问题	权重的建议	操作建议
上级	业绩指标考核；工作态度、工作能力、责任担当等	个人主观影响明显，凸显上下级关系的好坏	70%~90%	被考核者层级越低，该项权重越高
同级	团结协作、互相配合、顾全大局	有可能贬低被考核者、利益干系人	15%~25%	被考核者层级越高，该项权重越高
下级	管理能力、业务辅导、公平公正	有可能故意贬低泄愤，有必要控制权重	5%~10%	如果员工素质过低，避免员工泄愤，建议取消下考上
自我	总结经验教训，对未来目标提出自己的措施	自我表扬	6%~10%	管理层以下员工，不建议自我考核
客户	组织内（内部客户）、组织外（外部客户）	对客户而言是额外付出，难以得到客户的支持。内部客户"大锅饭"	10%~20%	对一般企业，不建议内部客户考核，以防止走过场、"大锅饭"

青岛海尔集团曾经在客户考核方面做过有益的尝试，他们提出了"企业内客户"的概念，即企业内各个工序上下游都是自己的客户。因此，企业内的每一个岗位都有客户。借此希望能够过早地暴露企业各个生产环节的问题，迫使领导及时处理问题，使管理平台趋于完善。想法非常之好，但是真正在企业中实行却很难。所以笔者并不建议一般企业采用这样的方法，以避免"认认真真走过场"的尴尬局面。另外，也不建议普通员工实施自我考核，只建议管理层以上人员实施。对于员工素质低下、企业健康向上的氛围有待建设的企业，也建议取消下考

上操作，以防止绩效考核成为基层员工泄愤的工具。

在后置系统中，第一个就是反馈。企业绩效考核，要不要反馈结果这个问题，就像在学校中给学生考试，要不要告诉他们分数一样。因此，反馈就是要强制进行。为什么说强制，因为如果该员工业绩好，一般领导都喜欢反馈，但是如果业绩差，怎样反馈能够做到既心平气和又奖勤罚懒，那就不容易了，因此有些领导就不太愿意向下级反馈。

反馈可以分为三个层次，即管理层中层正职及以上人员的绩效反馈；管理层中层副职以下管理人员的绩效反馈；一般员工的绩效反馈。这三个层级的反馈做法有比较大的差异（见表14-2）。

表 14-2 绩效反馈的程序及应注意的主要问题

被反馈人员层级	谁执行反馈	面谈	面谈程序	需要注意的问题
中层正职及以上管理层	（总经理）+ 被反馈者直接上级 + HR部长	是	先由总经理向被反馈者咨询对部门工作的建议意见，不谈业绩，主要是了解情况，听取对方申诉，并不参加绩效反馈；后由直接上级+HR部长共同反馈绩效重要指标	总经理先表明对该部门的重视，同时给其一个越级申诉的机会，便于总经理掌握企业的整体情况。HR部长必须在场，如被反馈者有疑问时，做方案的解释工作
中层副职以下管理层	被反馈者直接上级 + HR工作人员	是	由直接上级+HR部长共同反馈绩效重要指标	HR工作人员必须在场，如被反馈者有疑问时，做方案解释的工作
一般员工	人力资源部张榜公布	否	公布总分数和每个维度的分数，并设置给员工的具体投诉渠道	体现过程公平，给员工以宣泄的渠道

在表14-2中，对中层正职以上人员反馈，首先应当由总经理，即企业的"一把手"出面单独找其谈话，这个环节要解决两个问题：一是表明被反馈者的部门在整个企业中不可或缺，领导非常重视。二是不谈业绩，只征询被反馈者在上个考核周期对自己部门工作的意见和建议，希望领导怎么支持。其实与此同时，也是给被反馈者一个越级申诉的机会（如果他有这方面的需求的话）。便于企业领导全面把握企业情况。

还有一个需要说明的问题是，在与管理层反馈考核结果时，必须有人力资源部（或者出绩效考核方案的部门）人员在场，一起来谈。因为当被反馈者在反馈过程中对绩效考核方案本身提出异议时，反馈的领导是无法回答一些细节问题的，这个时候人力资源部门的人员要出来解释方案本身。我们看到很多企业反馈不下去，领导不高兴，被反馈者也不高兴，不欢而散往往是这个原因，因此这是要特别注意的。

在员工反馈方面，必须接受员工的投诉，尽管投诉以后，改变绩效考核结果的可能性极小（因为绩效考核方案对每个员工不可能绝对公平，如果这个员工提意见改了，那个也改了，结果是整个绩效考核方案被推翻），但是给员工一个宣泄的渠道是非常必要的，这在程序公平中我们已经阐述过。

在后置系统中，最后一个就是培训开发。应当说绩效考核有很强的培训导向功能，如果某一个维度或者某一项指标大家得分都很低，那可能说明两个原因：一是指标或维度设计得不合理，二是员工这方面的确太差，急需提高。如果是第二个原因，已经为企业下一步的培训工作指明了方向。因此，绩效考核可以发现员工在绩效方面的"共性问题"，解决共性问题最好的方法，就是集中培训。

在企业的绩效考核系统外面，有三个因素对企业绩效考核存在"制约"：一是企业文化，什么维度、什么指标和多少权重都会受到企业文化的影响，这在本书第十一章第一节中已经做了论述。二是企业战略，企业绩效考核是用于考核短板的，把企业的短板和企业战略挂钩，用浮动薪酬作为工具，把一定时期内解决战略短板提到企业绩效管理日程，这才是最好的绩效考核。另外，短板也是不断变化的，企业发展的某个时期，不断把这个时期企业的短板与浮动薪酬挂钩，进而形成了企业战略下的动态绩效考核，将企业的绩效考核提升到企业战略高度。三是企业薪酬政策。这个问题，将在第四篇薪酬设计中讨论。

二、工作可量化程度和员工成熟度对选择绩效考核方法的影响

在第十二章中，我们介绍了多种绩效考核方法，到底采用哪种方法其实与被考核岗位工作可量化程度和员工的成熟度（素质）有很大关系。例如，混合量表法就只适合于工作量化模糊和素质与成熟度比较高的员工的考核。这里我们提出九维图，从这张图中，大致可以看清以上两者的关系（见图14-2）。

图 14-2 绩效考核方法选择九维图

量化考核是最客观的，能够量化当然最好。但是企业内的许多岗位，特别是管理岗位量化就比较困难。另外，员工的成熟度越高，往往他们承担的工作也就越偏向于抽象和间接，而且他们很少需要用刚性约束来管束。因此图 14-2 中分为九个维度，总体而言，对员工素质比较低、工作容易量化，用 KPI 方法和目标法考核就比较合适，而且还要强调正态分布，打破"大锅饭"；而对素质比较高的员工就应当淡化考核，采用系统综合的方法，而非单单几个 KPI。如果可量化度比较高，可以采用平衡计分卡。企业文化在高层员工中的作用，比低层员工要大，用企业文化的行为规范对业绩做出评价对高层员工更有效。

在 KPI 方法和平衡计分卡的应用比较来看，我们也有表 14-3 可以分析借鉴。

表 14-3 平衡计分卡与 KPI 方法的适应性比较

	对比要素	平衡计分卡（BSC）	关键指标法（KPI）
管理趋势	管理思想	全方位、立体测评	主要成功因素测评
	应用对象	战略、企业、部门、岗位	战略、企业、部门、岗位
	适应企业类型	越大越复杂越适用	范围相对独立
	对业务的影响	整合整个产业链，一体优化	重点突出，方向明确
行为方法	操作思路	战略目标，分层单独制定	自上而下分解
	测评指标数量	每个组织 15~20 个指标	5~8 个指标
	操作难易程度	更难	难
	制作路径	目标—四大维度—关键指标	关键成功要素、绩效指标

续表

对比要素		平衡计分卡（BSC）	关键指标法（KPI）
结果特征	对企业的影响	体系、方向都有影响	对流程关键环节有影响
	时间特性	战略前瞻	部门的方向性
	可比性	组织自身在不同时期可比	纵向、横向部分可比
	副作用	影响到管理系统	无法覆盖企业所有领域
	对绩效的影响	保证长远绩效，不偏不倚	在工作主要方面取得进展

总体而言，平衡计分卡更适合于大中型企业和比较成熟的、有一定市场话语权和竞争力的企业，而各种 KPI 方法比较适合市场环境残酷、工作流程随市场起伏变化大的广大中小企业。BSC 具有战略性和长期性，各种 KPI 方法的短期局部效果明显。

三、绩效考核级别设置与考核结果的处理

企业绩效考核应当分为几个等级呢？理想来说，分为五个等级最符合正态分布原则，但是也要考虑被考核者人数问题，如果人数少于 20 人，不建议分为五级，可以分为三级或者四级。三级可以分为：优秀、正常和需改进；四级可以分为：优秀、良好、正常和需改进；五级可以分为：优秀、良好、合格、需改进、差等。具体建议如表 14-4 所示。

表 14-4　五级绩效考核等级系数与控制比例参考表

考核五等级制	五等级分数段	考核等级奖金系数	占人员比例	备注
优秀	90~100	1.3	不超过总人数 5%，可空置	超额绩效奖金
良好	80~89	1.1	不超过总人数的 20%	超额绩效奖金
及格	70~79	1.0	不超过总人数的 50%	基础绩效奖金
需改进	60~69	0.8	不超过总人数的 20%	减额绩效奖金
差等	59 以下		不超过总人数的 5%	没有绩效奖金

表 14-4 中，我们把及格定位为基础绩效奖金，即奖金系数为 1。这部分员工应当占所有员工的 50% 左右，如果没有达到这个比例，就可以认为目前实行的

绩效考核方案过于苛刻，没有考虑到企业的现实。在优秀部分，奖金系数放大到1.3，体现了拉开差距重奖优秀员工的原则。在这个方案中，有5%的员工拿不到绩效奖金，20%的员工拿到的是减额绩效奖金。因此，在绩效考核方案实施前，特别建议绩效考核组织者必须在部分员工中"试打分"，当试打分结果与被考核部门的主要领导和方案设计者预判结果二者基本一致时，才可以大规模正式实施，否则应当分析原因，对方案进行适度的修正，这是绩效考核不会出现大问题的根本保证，非常重要。

另外，怎样用绩效考核的结果与浮动薪酬挂钩呢？在这个部分，首先要把基础奖金数额确定下来。我们以公司管理层考核为例，如公司决定拿出当期利润的10%作为奖金总额，用奖金总额为A的70%作为分子（30%预留作微调公平系数所用），把管理层所有员工得分数作为分母，就得出了基础奖金每分多少钱。这个基础奖金数不能变，然后用各种系数微调公平。

这里举一个例子，一位基层管理干部绩效考核得了83分，一个部门经理得了83分，他们的含金量应当是不一样的。一般我们把所有管理干部中的中等职位者，定位为基础奖金，即权重为1。所有岗位职级与这个中等职位比，有些大于1，有些小于1。例如，在高等院校中，有四个等级的教职，即教授、副教授、讲师和助教。这四个等级中，哪个是中等职位呢？显然是讲师，那讲师的岗位系数即为1。教授可能为1.6，副教授为1.3，助教为0.7。这样用岗位系数就可以算出某个具体岗位的管理人员的奖金数额＝他的得分×基础奖金×岗位系数。

同样地，我们沿此思路还可以得出产品系数、销售系数、地区系数等，来微调绩效考核的公平。总而言之，在算出基础奖金之前，先预留部分奖金份额处理系数问题，然后得出基础奖金，用各种系数的微调作用处理公平。这里给出一家企业的岗位等级系数的实例（见表14-5）。

表14-5 岗位系数与绩效考核实例

岗位等级	岗位系数	对应岗位
9	4	董事长
8	3	总经理、营销总监、技术总监
7	2.5	行政总监、人力资源总监、财务总监
6	2	大区经理、大区财务经理、质管部长
5	1.6	市场经理、高级业务经理、财务会计

续表

岗位等级	岗位系数	对应岗位
4	1.2	业务经理、内部高级讲师、行政助理、会计
3	1	初级业务经理、初级行政助理、内部讲师
2	0.8	一般会计、出纳、初级内部讲师、资深文员
1	0.6	文员、仓管、司机、保安

还有一个要重视的问题，就是绩效考核结果与加薪的关系。一般绩效考核是与浮动薪酬，即所谓的奖金挂钩的，并不涉及加薪操作（固定工资）。但是对于历次绩效考核优异的员工，应当特别重视，不但在奖金方面给予系数倾斜，而且在固定工资方面也应当设计晋升渠道，这对员工管理来讲，是非常重要的事项。

比较理想的做法是，企业应当成立由管理者代表、员工代表共同组成的"企业薪酬委员会"，由这个委员会处理员工绩效升薪问题。例如，几次绩效考核连续优秀者可以向企业薪酬委员会提出申请要求加薪。企业薪酬委员会定期召开会议，根据企业决策层每个周期的升薪名额和预算，处理员工的加薪申请，召开会议。会议的一般程序是，由人力资源部介绍申请者情况，请企业薪酬委员会审核和投票决定可以升薪的员工，企业决策层不应干预，这样的民主机制十分有利于员工的公平感受。

本节最后一个要讨论的问题就是在设计和实施企业绩效考核方案时，有几个必须注意的要点，应当引起充分重视。

第一，绩效管理不能代替企业系统管理。有些企业的 HR 反映，企业高层不重视绩效管理。那为什么有些企业老板对绩效管理特别是绩效考核感到厌恶和无奈呢？一些企业的 HR 把员工的劳动纪律问题、标准执行问题、团队培养问题、现场卫生问题，甚至员工忠诚问题、职业操守问题、计划生育问题，统统纳入考核，各种 KPI 多达 20~30 项，指标之下有的还要再分项，有些指标只有 0.1~0.2 分，这样的绩效考核方案，HR 觉得很科学，老板无从下手，员工觉得无奈。

其实绩效考核只是企业系统管理中的一个环节，主要是起到奖勤罚懒的作用，利用浮动薪酬调动员工的积极性，这是根本目的。不能把绩效考核作为一切管理员工的手段。从这一点上来看，绩效考核越简单越好，简单到大家的业绩上来，大家心情舒畅就好。日本没有什么绩效考核，日本人对平衡计分卡特别嗤之以鼻（当然这和日本民族的等级认同和文化有关）。

第二，当前在中国企业强化绩效管理有三个理由：中国还有相当部分企业还是劳动密集型企业，员工素质参差不齐，因此要加强绩效管理；市场不成熟，职业经理人管理水平和操守问题决定了要加大绩效考核力度，加大犯错误的成本，因此要强化绩效管理；中国企业文化决定了中国人文化当中人情重、规则轻，随意重、原则轻。因此要订立基本规矩，在企业中就是要加强绩效管理。

第三，绩效考核是一种人为地制造组织矛盾的管理方法。如果考核者与被考核者对工作目标从意识到行为一致，那就没有必要考核，正是由于管理层与执行层认识不一致才需要考核。任何管理手段的使用都是以牺牲某些群体、某些时点、某些局部的利益为代价的，绩效管理也不例外，因此要讲究技术和方法。

第四，定性指标的量化考核要尽可能采用模糊评价方法。高层次员工定性指标越多，越不能采用精确评价方法，越精确越不准，越精确企业绩效管理的成本越高。如为了一个指标，写了大半张纸的指标说明，老板看着眼晕，人力资源部还在"津津乐道"，这样的考核，结果可想而知。

第五，绩效管理中的绩效考核方法选择是有客观规律的。对发展的成熟企业，考虑战略问题，那最好是 BSC 方法；对市场压力大的企业，精细化考核方法，即 KPI 指标这样的方法就比较适用。另外，绩效考核方案大规模使用前，必须先小范围内试打分，当打分效果和主观认识基本一致时才可以大规模应用。

【本章要点归纳】

企业绩效考核之前，首先要建立企业的绩效考核系统。这个系统分为前置部分、中置部分和后置部分。企业文化、企业战略和企业薪酬政策是对这个系统的强有力的约束。

关于绩效考核方法的选择，一看被考核对象工作的可量化程度，二看被考核者的素质。前者可量化程度越高，越要加大考核力度，反之弱化指标考核；后者员工素质越高，越要淡化考核。企业文化在高层员工中的作用，比低层员工要大得多，用企业文化的行为规范对业绩做出评价对高层员工更加有效。

企业绩效考核分为五个等级最符合正态分布原则，五级分为：优秀、良好、合格、需改进、差。在绩效考核方案实施前，特别建议绩效考核组织者必须在部分员工中"试打分"，当试打分结果与被考核部门的主要领导和方案设计者预判结果二者基本一致时，才可以大规模正式实施，否则应当分析原因，对方案进行适度的修正，这是绩效考核不会出现大问题的根本保证，非常重要。

绩效考核结果与浮动薪酬（奖金）挂钩，首先应当算出基本分值，然后用各种系数微调公平，如岗位系数、产品系数、职务系数、地区系数等。绩效考核结果与升薪没有"一对一"的对应关系，应当在企业内成立薪酬委员会，处理业绩长期优秀的员工的提薪申请。

绩效考核是一种人为地制造组织矛盾的管理方法。任何管理手段的使用，都是以牺牲某些群体、某些时点、某些局部的利益为代价的，绩效考核也不例外。因此要讲究技术和方法，特别是定性指标的量化考核要尽可能采用模糊评价方法。

Part Four 第四篇

企业薪酬设计与企业运营策略

第十五章　薪酬的作用与企业战略薪酬
第十六章　企业薪酬设计的关键是员工对公平的感知
第十七章　企业横向薪酬结构与企业运营策略
第十八章　企业纵向薪酬结构与企业运营

| 第十五章 |
薪酬的作用与企业战略薪酬

一、薪酬发展回顾与当代理论支撑

市场经济本质上是交换经济，各类劳动者付出自己劳动的同时（包括付出时间、知识和技能），必须获得回报。这些回报中，一切主流社会认为有价值的东西（不仅是经济收益，还包括心理上、精神上的）都称为报酬。因此报酬是物质收益和精神收益的集合体。

薪酬是报酬中最重要的组成部分，但是薪酬到底包含哪些报酬，至今理论界未有定论。一般人们认为的薪酬就是物质收益，而且是以货币形式为主的物质收益。薪酬这个词英文是"Compensation"，英语系国家目前认为这个词主要是指货币性报酬。由于现代薪酬中，福利所占比重越来越大，因此，"Compensation"中，又可以分为作为货币发放的"直接薪酬"和作为物品和服务给予员工的"间接薪酬"。本书所讲的薪酬，就是这个概念。

从这个概念出发，薪酬的发展在历史上有四个阶段（见图15-1）。

最早薪酬从金属货币转换为信用货币，即纸币、支票等才使当代薪酬有了基本实施的条件。到了19世纪末工业革命的来临，大规模的产业工人的出现，工资的概念开始盛行，当时工资是按照工作量支付的，这个时期计件工资大行其道。20世纪中叶以后，月薪开始流行，在月薪中还包含少部分的福利。20世纪

图 15-1 薪酬发展的历史与现状

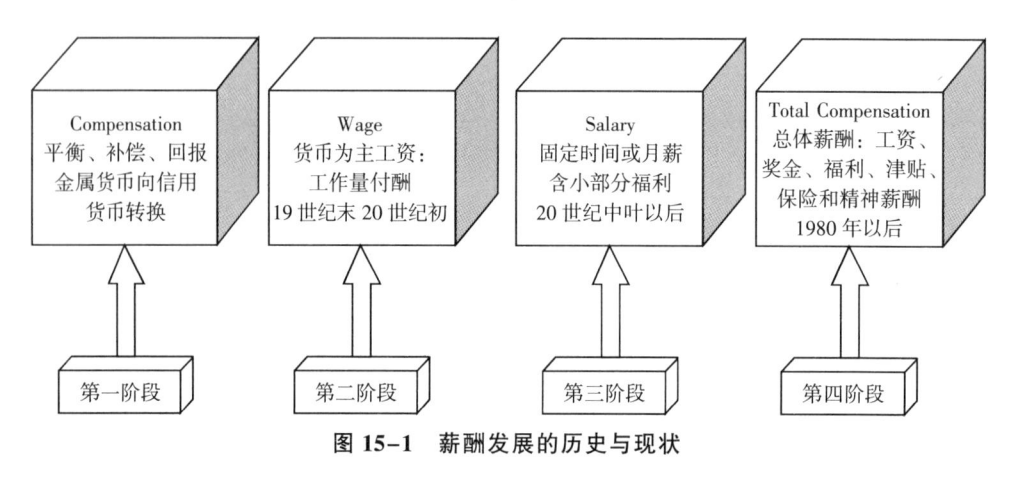

80年代以后，出现了总体薪酬的概念，它包括工资、奖金、福利、津贴、保险和非物质薪酬（精神薪酬）。薪酬发展的轨迹与社会的变迁，包括经济、科技、文化和对人的重视，特别是心理和精神层面对人的呵护是同步的。

薪酬发展的理论支撑也随着时代的发展而深化，但是不同时期一些最基础的标志性的理论，在今天的薪酬系统中仍然可以看到它们的影子。这里做一个纲要性的提示，以使读者能够解决一部分"所以然"的疑惑。

最低工资理论：威廉·佩蒂认为工资和商品一样，有一个自然水平，即最低生活资料的价值，这个价值应当是工人的最低薪酬水平，低于这个水平，工人无法生活，高于这个水平，资本家受到损失。工人劳动有必要时间和剩余时间，应当只对必要时间付酬。现代薪酬应用的解释：政府进行工资调节的主要依据，政府规定最低用工标准。

工资基金理论：约翰·斯图亚特·穆勒认为，工资是资本家生产资本的一部分，这部分是固定的，称为工资基金。因此工资多少和工资基金有关，而工资基金多少取决于生产率以及工人数量。现代薪酬应用的解释：工资增长必须依据劳动生产率的提高。

工资差别理论：亚当·斯密认为，工人、资本所有者、土地所有者构成基本阶级；工资是劳动的价格，劳动本身有差异，这就决定了工资的差异。现代薪酬应用的解释：岗位工资制的诞生，由于岗位不同，津贴也就产生了。

边际生产率工资理论：约翰·贝茨·克拉克认为劳动力人数增加，导致生产率先升后降，最后的那个投入是边际投入，这个投入产生的效益增加，就应当是薪酬价格。现代薪酬应用的解释：工资水平取决于企业边际生产率水平。

集体谈判工资理论：克拉克·庇古认为，工资取决于劳资双方力量抗衡的结果。现代薪酬应用的解释：为谈判工资制奠定了基础，短期谈判确定薪酬（非完全理性因素），长期薪酬水平靠边际生产率。

效率工资理论：罗伯特·索洛认为，企业产出取决于劳动要素和工人的努力。现代薪酬应用的解释：保持必要的失业比例，可以提高有效劳动供给量。

分享工资理论：马丁·魏茨曼认为，把工人工资与企业利润联系起来，工资来源于分享基金。现代薪酬应用的解释：工资不是刚性的，可以上升与下降，为实施企业战略薪酬提供了依据。

人力资本理论：舒尔茨和贝克尔认为，人力资本投资可以产生收入效应。现代薪酬应用的解释：基层员工收入变化不大，高端员工收入增长快，拉开的差距大。

二、薪酬是企业劳资矛盾和社会公平的焦点

失败的企业究其原因，林林总总各不相同。而成功的企业之所以成功却有很多规律性的东西。笔者看过很多做得比较好的企业，它们有一条比较一致的经验，就是有一个员工认为比较公平和满意的薪酬系统。

企业员工对薪酬的认识来自四个方面，即员工眼中的薪酬＝生存条件＋心理满足＋荣誉＋地位。在生存条件方面，薪酬能够应付员工的日常开支，薪酬的增幅能够跑赢物价增幅。如果物价指数增长过快，人们就会觉得自己的薪酬在缩水。

另外，薪酬对于员工的心理满足，出自四个公平，第一，员工的薪酬与同行业有可比性的岗位去比，在什么位置，如果差距太大，心理满足就会失衡，这是外部公平。第二，即使外部公平没有问题，在一个组织内部是否能够做到同工同酬，如果做不到，心理满足同样失衡，这是内部公平。第三，员工的付出和他的所得是否在薪酬方面体现了公平，这是个人公平。第四，制定薪酬的整个过程是否体现了公开透明，这是过程公平。换句话说，员工薪酬的心理满足取决于四大公平。

在现今的中国社会，能否说明一个人的薪酬比较高，是和这个人的能力和社

会地位正相关的呢？对这个问题的回答应当是肯定的，这是社会主流的认知。在20世纪80年代，社会上曾经流行一句话，"做原子弹的，赚不过卖茶叶蛋的"。现在听起来这句话极其荒谬，可是当时的社会状况的确如此，导致了整个社会价值观的扭曲。现在颠倒的历史，又重新颠倒过来。

薪酬在员工的心理激励方面，体现了员工分享企业盈利的一种权利，同时也是企业对员工绩效的直接认同。在总体薪酬的配套方面，还体现了这种配套适合员工经济和精神的需要（比如说企业福利的企业文化属性）。

企业眼中的薪酬与上述内容，基本上是南辕北辙。企业给员工薪酬主要是让员工过好生活吗？如果你能比较清晰地回答这个问题，就可以比较清楚地理解劳资关系。

企业眼中的薪酬＝组织认可的员工绩效报酬＋引导组织认为有效的行为工具（多劳多得）＋向员工传递改善绩效的强烈信号（浮动薪酬）＋企业战略和变革中调控员工行为的利器（各种津贴）＋薪酬设计体现组织的价值观（企业文化）＋员工的生活保障

从以上"员工眼中的薪酬"和"企业眼中的薪酬"这两个公式的比较中可以得出非常清晰的结论，他们对薪酬的认知大相径庭。企业主要把薪酬作为调控员工行为的工具，员工主要把薪酬看作生存的条件，这就是"劳资矛盾"的核心根源。如果说这其中的共同点，就是企业在薪酬系统设计中体现多劳多得，这与员工对"公平的认知"是相同的。由于企业组织与员工个体在薪酬的认识上如此不同，对这种劳资矛盾，劳资双方必须找到一个"平衡点"，以促进企业平稳发展。

社会眼中的薪酬＝反映了某地区劳动力市场的价格水平＋代表了产品竞争力和招商引资成本＋显示城乡差别、区域差别和行业差别的信号＋体现了政府的部分财政支出

一个企业的运营成本中，人工成本是可变成本中最重要的一部分（另外一部分是流程成本）。它最终会反映在该企业的产品成本中，如果这个成本可以降低，这家企业的产品可能在价格方面就会有市场的竞争力。在某地区的招商引资领域，劳动力价格比较低廉，对外来商家也有吸引力。这方面中国企业目前的竞争力逊于东南亚很多国家，换句话说，在人工成本方面中国企业已经没有什么竞争力。

一个国家总会有城乡差别和区域差别，但是如果这种差别过大，会带来很多

严重的社会问题。日本人口密度很大，东京和大阪有点像北京和上海的人口密度，但是如果按照日本的国土面积和中国的国土面积来看，日本的城市人口密度和我国的城市人口密度相比，仍然不高。这是因为日本城乡差别没有我国大，日本的公共社会资源的分布，特别是乡村公共社会资源的分布比我国均衡。所以从社会的角度，国家应当综合平衡城乡差别和区域差别。

我们经常听到一句话，"不怕嫁错郎，就怕入错行"。这句话讲的是，一个地区或一个国家不同行业的薪酬差别也是比较大的。同样能力水平的人，在不同行业中，薪酬差异很大。这方面既有经济学问题，即企业产品的市场弹性问题，也有行业形成垄断的问题。企业产品的市场弹性问题，我们在下一章薪酬的外部公平中分析，这里主要谈一下行业垄断带来的行业薪酬差别问题。最近国家限制了国有企业，特别是垄断性国企高管的最高薪酬，如石油、石化、电力、电信等，这些行业是国有企业垄断行业，如果完全按照企业产生的效益来制定高管薪酬，恐怕是天文数字。一旦实施，社会的公平感将受到严重冲击。因此限制他们的薪酬是必要的，这也是社会公平的一个重要组成部分。

另外，国家公务员、事业单位人员（如教育、医疗、公共服务领域）的工作性质导致了他们的组织是非营利组织，他们的工作薪酬是来自政府的财政支出，政府的财政来源目前在国内主要是两部分：一部分是企业和个人依法纳税收入，另一部分是出售国有资产的收入（如土地资源和其他资源）。最近美国经常冒出政府面临着停摆的消息，就是由美国参、众两院没有在政府的财政支出方面达成一致意见所致。这个部分从理论上来讲，社会力量应当有限制政府规模和制衡财政支出的能力。

综上所述，员工眼中的薪酬、企业眼中的薪酬和社会眼中的薪酬从视角到内容都有很大不同，因此，薪酬是劳资矛盾和社会公平的一个焦点问题，也是企业组织和员工最关心的问题。

三、现代薪酬的适应方式和企业的战略薪酬

现代薪酬的适应方式是指薪酬与企业发展内外部环境的匹配方式问题。从宏观方面来看，企业薪酬目前的种类如表15-1所示。

表 15-1　薪酬制度的几种形式

特征类型	分配原则	特点	常见形式	优点	缺点
绩效工资制	根据员工近期绩效决定工资	与绩效直接挂钩，随绩效浮动	计件工资、销售提成	短期激励效果非常明显	助长员工短期行为，不利于提高员工技能和素质，不适合协同性强的工作
技能工资制	根据工作能力确定工资	因人而异，技高薪提	技能级别工资制	鼓励员工学习技术，有利于企业人才队伍建设	工资与当前绩效和责任关系不大，导致员工工作热情丧失
职务工资制	根据与职务相关的因素决定工资	一岗一薪，薪随职变	职位工资含年薪制	鼓励员工承担责任	激励受组织内等级职数的数额限制
结构工资制	综合考虑员工能力、职务、绩效和资历确定工资	由基本工资、职务工资、绩效工资和资历工资及各种补贴构成	岗位技能综合考虑的工资制	综合考虑员工对企业所付出的劳动，易产生公平感和激励作用	设计和管理都比较复杂和麻烦
年功工资制	根据年龄、工龄和学历经历来确定工资	工龄与工资同步增长	日本独有工资制	稳定员工队伍，满足员工安全感和提高员工的忠诚度	论资排辈，不利于调动员工积极性

表 15-1 中，绩效工资制主要应对工作流程清晰度高和工作可量化程度高的生产一线工人和营销人员岗位，这种薪酬充分体现了回报的客观性和及时性，刺激员工短期效果非常明显。但是也可能造成员工过分追求短期利益，忽视甚至损害企业长远利益的结果。另外，对协同性、关联性工作，这种方法并不适用。

技能工资制对应于技术工人和企业的技术人员，你是什么技术级别，就拿这个技术级别的薪酬。这有点像大学，你是教授就拿教授的薪酬，你是讲师就拿讲师的薪酬。当然，这个技术级别的甄选和评审是这种方法应用的前提。在企业中对技术工人和技术人员用这种薪酬体系鼓励这些岗位的员工钻研技术，培养人才，这也符合技术人员短期效益不确定的特征，可以保障他们的薪酬"旱涝保收"，与企业的绩效关联度不大。在高校中被评为教授已经是技术职称的最高等级，相当比例的人在评上教授享受教授薪酬的同时，也失去了做科研的热情。在企业里也是一样的，可能会导致员工的工作热情丧失。

职务工资制特别适合于企业职能部门管理层的薪酬，"一岗一薪"，这和公务员体制中处长拿处长的钱，科长拿科长的钱是一样的。你既然有能力胜任这个岗位，就说明你具备了这个岗位所需要的能力，这个能力就值这个薪酬。这种薪酬给管理层开拓了一条明显清晰的"职业阶梯",鼓励管理层员工积极向上,承担责任。但是由于在组织中,职位越高,职数越少,基层上到中层,比中层上到高层容易得多,因为高层职数过少,容易形成管理层的"天花板",即没地方和位置给员工升职。

结构工资制就比较全面,考虑了各个方面。之所以叫作结构薪酬,就是考虑了岗位、绩效、福利、津贴等诸多要素,是一种比较平衡的薪酬制度,平衡总是好的。它主要平衡了员工的能力要素和业绩要素在薪酬中的权重和动态调整,平衡了企业文化(企业福利是企业文化的组成部分)和企业战略在薪酬中的反映(津贴可以体现企业的战略意图)。但是这种薪酬设计和实施都比较复杂,后续本书会把结构薪酬作为企业薪酬设计的重点来讲解。

年功工资制度是日本独有的薪酬系统,它是指员工到企业后,随着员工在企业中任职年限的增加,他的职位和工资都制度化地伴随着升高和增加,员工对自己的将来有比较明确的预期。这导致了企业员工对企业有非常高的忠诚度,甚至以企业为家。但是不利于人才的脱颖而出,也保护和提拔了一批庸才,加大了企业成本,导致企业活力不足。这种制度别的国家很难学习,这和日本的国民性和大和民族的文化中,下级对上级的绝对臣服有关。但是笔者 2015 年到日本本田汽车企业考察时,发现日本人也在修正这种制度,本田当时雇用了很多"季节工"。这些季节工在现代日本年轻人中还很流行,一年中在某个公司业务繁忙时去工作几个月,然后拿着赚到的钱,跑到泰国等其他国家住一段时间,这样的日本青年越来越多。这和传统的日本人在一家公司"从一而终"形成了鲜明的对照。这样的做法客观上也给企业减轻了成本负担,便于企业经营转型升级,可谓一举多得。

企业战略性薪酬管理是美国当代薪酬管理专家米尔科维奇(Gorere T. Milkovich)在 1988 年提出的。他的主要指导思想有三条:一是企业发展战略是决定薪酬战略的根本,薪酬管理要站在企业发展战略角度制定,因此叫战略性薪酬;二是薪酬管理要"闻鸡起舞",这个"鸡"就是企业战略,薪酬管理这把"剑"要随着企业战略的变化而变化,因此战略性薪酬要有比较强的系统性和动态性;三是薪酬管理有些是常规性的,只有那些对组织绩效和组织变革具有关键助力作用的薪酬制度的制定和调整,才是战略性薪酬管理。

遵循以上三条指导思想,从企业发展宏观上来看,企业的生命周期(企业的生命周期也可以理解为企业主导产品的生命周期）受企业外部市场和企业内部人、财、物和时间资源配置的影响很大，这种影响导致了企业战略的动态性。而战略性薪酬恰恰在这方面可以起到关键作用（见图 15-2）。在图 15-2 中，企业的生命周期从开创到消退是一个循环，而在这个周期中，员工的基本工资、绩效工资（浮动部分）和员工的福利也是不断调整的。

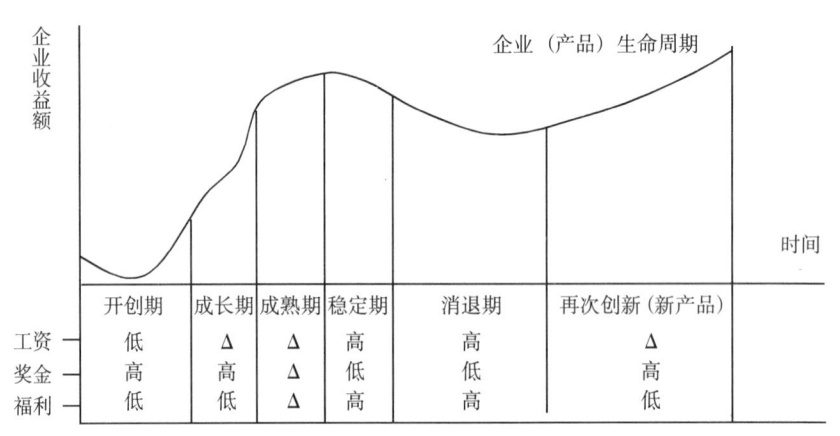

	开创期	成长期	成熟期	稳定期	消退期	再次创新（新产品）
工资	低	Δ	Δ	高	高	Δ
奖金	高	高	Δ	低	低	高
福利	低	低	Δ	高	高	低

图 15-2　企业战略性薪酬：企业薪酬与企业（产品）生命周期的互动关系

在开创期，企业呈现净投入而零产出，现金流比较困难，因此给员工的基本工资部分，企业选择行业内比较低的薪酬水准，同时福利也是比较低的。但是绩效工资最高，这一方面鼓励员工此时企业最需要的有效的绩效行为，另一方面也吸引和淘汰了特别能干的员工和绩效一般的员工，可谓一举两得。

在企业（产品）的成长期，有了基本客户，企业开始有一定的收入，最困难的时期已经过去（很多新企业在这段时间破产）。此时再给员工行业内垫底的固定工资明显不符合一般员工的心理预期，因此要调整提高，但是多数还是没有达到行业内的平均固定工资水准。此时绩效工资仍然处于行业内的高位，以鼓励员工有效的绩效行为，便于企业立稳脚跟。

在企业（产品）的成熟期，此时固定工资继续提高，一些优秀企业很可能会超过行业内平均工资水平，以回馈员工的努力和吸引并留住行业内优秀员工。但是值得注意的是，此阶段绩效工资在最高水平上有所回落，这是因为此时的企业有了固定客户，客户的维护成本小于客户的开发成本，换句话说，绩效的取得比在企业的开创期和成长期相对容易。另外，由于企业要留住优秀的员工，为了回馈那些与企业共同成长的员工，福利保障提高能给员工一个很好的心理安慰。

在企业（产品）的稳定期，此时企业给员工的固定工资达到了企业发展周期的最高点，留人意味明显。而绩效工资则降低到企业发展周期的最低点，一方面是因为绩效的取得较前几个周期相对容易，另一方面也意味着企业（产品）消退期的到来，老产品利润率在降低。企业福利在这个阶段也达到了比较高的水平，希望员工与企业一起奋斗。

在企业（产品）的消退期，企业转型或者新产品的推出成为主要工作，此时薪酬延续稳定期薪酬政策并只做微调，维持企业平稳向第二个发展周期过渡，实施又一轮发展循环。

战略性薪酬的第二方面，就是注重不同类型企业的不同薪酬曲线，以适应不同企业面临的市场环境和内部发展问题。一般来说，企业的薪酬曲线常见的有四种（见图15-3）。图15-3中纵轴均为薪酬数量，横轴为企业内职级。

图15-3（1）中，企业各职级薪酬以固定斜率上升，这个斜率反映了该企业所在的行业薪酬均线的斜率。但是这种薪酬的一个最大问题是没有反映出企业战略对薪酬的配合要求，也没有顺应不同企业类型的不同要求，因此不是战略薪酬的基本考虑。

图15-3（2）中，企业基层和中层员工薪酬上升平缓，高层员工薪酬拉开差距。这种薪酬在中国境内的跨国公司外方高层和部分中方高层中可以看到。对外方高层体现了国家和地区之间的发展水平和不同国家和地区公民生活水准的不同，这是公平的，即外方高层如果没有来到发展中国家，在他们本国工作也可以得到这样的薪酬。对跨国公司中方高层来说，体现了能力与薪酬的匹配，也是公平的，有可能中方高管比外方高管能力更强，如果按照中国发展水平制定他的薪酬，在企业中就会形成能干的人比不能干的人拿的还少这样的荒谬局面。图15-3（2）体现了跨国公司的战略意图，有利于培养本土精英。

图15-3（3）基层和中层员工薪酬上升幅度快，高层员工薪酬升幅平缓。这种薪酬制度非常适合于急速扩张型企业的发展战略，整个企业高速发展，急于"跑马圈地"，大概就是这个样子。一方面需要大量中基层人才，另一方面高速扩张。很多互联网相关行业就是采用这种战略薪酬配合企业发展的。

图15-3（4）中，企业基层员工薪酬升幅较大，中层平缓，高层升幅又较大。这种薪酬的企业战略往往是企业行业前景好，企业盈利能力比较强，强调稳健经

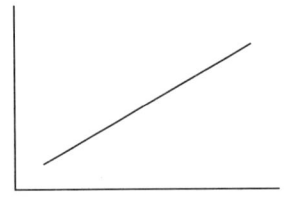

(1) 低中高各职级薪酬均衡提升 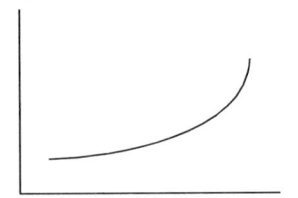　　(2) 高职级薪酬大幅提升，低中职级升薪缓慢

(3) 低职级薪酬快速提升，高中职级升薪平缓 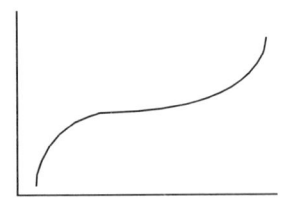　(4) 中职级薪酬提升缓慢，高低两级薪酬大幅提升

图 15-3　战略性薪酬在不同类型企业中薪酬曲线的差异化

营型的企业，这种薪酬曲线在各类企业中有相当的比例。

另外，战略性薪酬的实施还体现在企业在不同时段，薪酬与具体战略行为的配合上。不同时段企业往往要找一个"关键抓手"，这个抓手就是这个时段企业的"痛点"，如何配合企业解决这个痛点，战略性薪酬也给出了有效的方案（见表 15-2）。

表 15-2　企业不同发展阶段战略痛点与战略薪酬的关系

某时段企业痛点	企业战略举措	HR战略与举措对接	战略性薪酬安排
创新优先 产品创新，提高产品复杂性和科技含量，创新市场经营	行业产品领袖定位；向某类集中客户和创新性产品转移；缩短产品生命周期	培养和引进机敏、开拓和愿意承担风险、勇于创新的员工，提倡创新的企业文化	弹性和宽泛的工作描述，增加薪酬带宽；利用浮动薪酬和津贴奖励在产品以及生产方法方面的创新；采用市场平均基准薪酬
效益优先 降低企业各环节运营成本	标准化模板管理，各种追求成本有效性的问题解决方案	中层轮岗，培养一专多能的管理和技术干部；员工中培养各类操作能手和标兵，大规模、持续科学培训	薪酬水准与竞争对手成本比较得出；提高薪酬体系中绩效薪酬比重；强调制度的控制性以及具体化的职位描述与薪酬体系挂钩
客户优先 提高客户期望，开发新客户、提升老客户忠诚度	采用各种数据化手段靠近客户需求；为客户提供系统、全面的解决方案；加快营销周期和推进速度	培养和引进大数据分析人才；加大客户满意度考核的权重；倡导客户满意的企业文化	以客户满意为绩效薪酬的基础；由员工接触到的客户进行绩效或技能评价作为绩效薪酬的直接依据；鼓励超出客户预期的客户服务行为并予以薪酬方面的制度安排

比较传统薪酬系统与战略性薪酬系统可以发现，它们最大的不同就是战略性薪酬具有动态性、长远性和对人才的资本性认识的特征（见表15-3）。

表15-3 战略性薪酬系统与传统薪酬系统的区别

	传统薪酬系统	战略性薪酬系统
目标	为管理员工提供制度支持	吸引激励优秀员工，强调企业组织与个人协调发展
薪酬观念	是企业付出的成本	是企业的投资行为（人作为资本类资源）
对员工的认识	员工是工具性资源	核心员工是竞争力的战略力量
对绩效的判断	中短期绩效，强调结果导向	长期绩效，结果和过程指标同等重要
薪酬设计的依据	传统职位等级为依据	职位等级与长远战略方向并重
关注的重点	强调公平与基本制度	强调贡献，注重分配效果
员工参与度	员工是被管理者，接受组织安排	核心员工是主体，采纳员工建议
动态性	比较稳定	动态随时调整

对表15-3要特别指出的是，传统薪酬与战略性薪酬之间并没有一条天然的界限，战略性薪酬也不是一个全新的薪酬系统。战略性薪酬的绝大多数基础还是传统薪酬的要素，只是因为战略性思维导致了设计者在传统薪酬基础上做了主动的改变。因此，不要把战略性薪酬看得太"高大上"，客观和深切认识薪酬对人的物质需求和精神需求的作用，是薪酬设计的永恒主题。把握了这个主题，就可以在薪酬设计和应用中，面对内外部环境的变化，游刃有余。这一点是笔者认为必须要重点强调的。

【本章要点归纳】

本章所言的薪酬概念，就是物质收益，而且是以货币形式为主的物质收益。这种收益又可以分为以货币发放的"直接薪酬"和以物品和服务给予员工的"间接薪酬"。

失败的企业究其原因，林林总总各不相同。而成功的企业有一条比较一致的经验，就是有一个员工认为比较公平和满意的薪酬系统。

员工眼中的薪酬和企业眼中的薪酬以及社会眼中的薪酬，从观察视角和考虑内容均有非常大的差异，这是使薪酬成为劳资主要矛盾和社会焦点问题的关键所在，企业设计薪酬要在三者矛盾之间寻找平衡点。现代企业薪酬制度中，结构薪酬的应用比较普遍，因为这种薪酬体系综合平衡了很多考虑因素，适应性比较强。

企业的战略薪酬是以企业发展战略决定的薪酬战略，因此战略性薪酬体现出较强的系统性和动态性。只有那些对组织绩效和组织变革具有关键助力作用的薪酬制度的制定和调整，才称得上是战略性薪酬管理。尽管如此，传统薪酬与战略性薪酬之间并没有一条天然的界限，战略性薪酬也不是一个全新的薪酬系统。战略性薪酬的绝大多数基础还是传统薪酬的要素，只是因为战略性思维导致了设计者在传统薪酬基础上做了主动的改变。因此，客观和深切认识薪酬对人的物质需求和精神需求的作用，是薪酬设计的永恒主题。

|第十六章|
企业薪酬设计的关键是员工对公平的感知

一、薪酬系统设计的外部公平

公平的含义不是自己和自己比,是自己与有可比性的其他人比较而得。公平既有比较客观量化的比较标准,也有自我的心理感受,后者就是所谓的"攀比"的来源。因此,公平既有客观性也有主观性。从企业的角度来说,薪酬涉及对员工、对组织、对社会三方面的认识差异,好的薪酬系统设计应当是在这三者之间寻找一种动态平衡,这种平衡得到了绝大多数员工的认可,我们就可以称为公平的薪酬体系。

在薪酬系统设计中,有四大公平要牢牢把握(见图16-1)。企业是市场形成的价格接受者,这里有不同行业、不同地区的不同公平标准。图16-1中外部公平是指企业内某岗位薪酬与本地区、本行业内其他企业或组织有可比性的岗位的薪酬是否"基本相当"。如果偏离过大,就会使员工感到不公平。内部公平是指企业内的比较,用岗位的重要程度衡量该岗位的薪酬。个人公平是指个人的付出和个人的所得是否公平,比较的基准是企业内的其他人(也有社会公认的职业要素)。过程公平是指这个企业的薪酬系统是否具有公开性还是暗箱操作,是否有因人设计制度的情况。

```
           外部公平性

过程公平性   薪酬系统设计的   内部公平性
              四大公平

           个人公平性
```

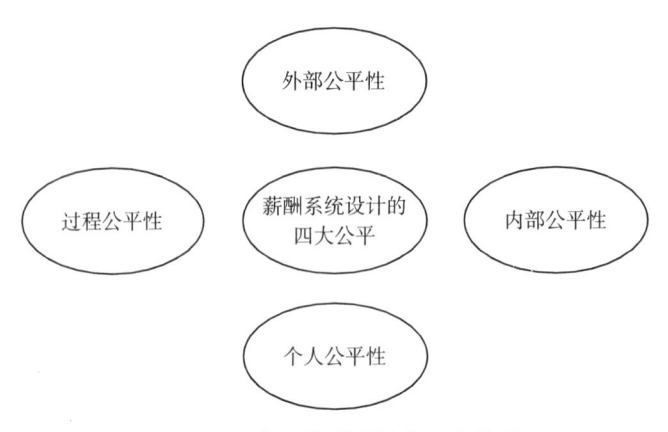

图16-1　企业薪酬设计的四大公平

首先，我们分析外部公平。一般而言，薪酬的外部公平包含以下因素：

薪酬的外部公平=当地生活费用与物价水平+政府法律法规+企业负担能力+地区行业平均工资率+劳动力市场供给情况+劳动力潜在替代物+市场产品需求弹性+工会的力量（西方）+风俗习惯（宗教等因素）

第一，员工在某个具体岗位薪酬的外部公平与他所在的当地生活费用与物价水平直接相关，是深圳的工资应当高一点，还是郑州的工资应当高一点，回答了这个问题，也就理解了这个道理。第二，外部公平还与政府的法律法规直接相关，特别是与当地的最低薪酬标准有关。第三，一个企业的负担能力和该地区行业的平均工资率也直接决定了岗位薪酬的具体数额。

图16-2左图中的纵轴是企业的工资率（可以理解为工资的多少），横轴是企业雇佣人数。A是本行业的劳动生产率（我们以直线来代替曲线比较容易说明问题，现实当中一定是曲线），它是正斜率的直线，因为随着企业雇佣人数的增加，企业培训达到一定水平，一般而言劳动生产率是上升的。B是企业的利润率，B这条线有两个问题，一是为什么B平行于A；二是为什么B比A小，在A的下面。这是因为B和A是同一行业，所以平行；A为劳动生产率是毛利率，B为利润率是净利润，毛利扣除了成本才是净利润，所以净利润一定是小于毛利率的。D是劳动力市场的理论价格。如在北京劳动力市场，时间点是2018年11月，多少钱可以招募到一位办公室的普通文员，这个价格在北京的劳动力市场是存在的，比如说4000元。但是，在武汉的劳动力市场，2018年11月是不是要4000元呢？显然不是。那么就算是在北京，在2017年11月或者说2019年11月要招

募到一个普通文员是不是也是 4000 元呢？也不一定。但是在某一地区某个时间点，要招募某个岗位的人员，一定是有一个可以让企业和应聘者都接受的市场价格，这个价格就称为"劳动力市场理论价格"。换句话说，就是任何一个岗位，在某地区某时间点，当地的劳动力市场都会有一个价格，这个价格是随着时间的变化和地点的变化而变化的。那这条直线为什么是负斜率往下走的线呢，是因为劳动力市场给这个岗位提供的备选人员越多，这个岗位的价值就越低。例如，一个企业发出招募两名普通文员的信息，原以为来 5~6 个人应聘就不错了，结果一下来了将近 20 人，这个时候，企业可能会把他们理解的劳动力市场的理论价格压低，因为压低以后照样可以招募到满意的人员，所以这条线是向下走的。C 是"出清价"，出清价的含义是企业真正招到人的价格，这个价格为什么比劳动力市场理论价格高呢？因为劳动力市场的理论价格没有考虑企业的招募成本（招募人员的工资和广告费用以及上岗前培训费用等），如果加上招募成本，真正招到人的价格，一定是高于劳动力市场的理论价格的（图 16-2 是一个合成图，它的纵轴和横轴对 C 和 D 两条线而言，可以分别看作雇佣成本和劳动力市场对某一岗位的供给量）。

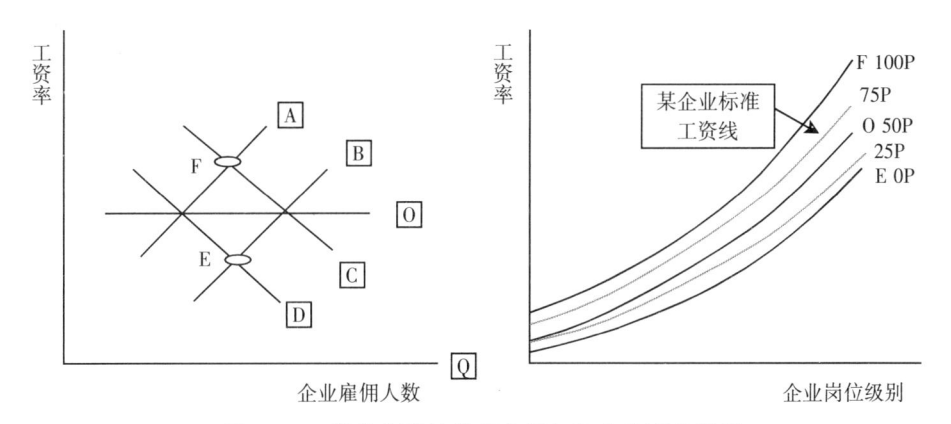

图 16-2　岗位薪酬的外部公平与行业薪酬趋势线

图 16-2 左图的意义在于，图中的 F 点就是某一具体岗位在本地区、本行业中的工资最高点，E 点可以理解为该岗位在本地区、本行业中工资的最低点。只要该岗位的薪酬收入在 F 点和 E 点之间菱形框内的任何区域，这个员工的薪酬都能达到外部公平，即岗位薪酬的外部公平不是一个点，而是一个区域。

还要指明的是，图 16-2 左图中的 O 线是这个岗位在本地区、本行业的平均工资。如果一个企业的薪酬对员工有竞争力，那这个企业的岗位薪酬就应当在 O 线以上，相反，如果是一家刚刚入行的企业，现金流比较紧张，其企业岗位薪酬就应当在 O 线以下，但是不能低于 E 点，如果低于 E 点，在劳动力市场是招不到员工的。

下面我们结合图 16-2 左图，来分析一下 16-2 右图。右图的纵轴还是工资率，横轴表示某行业内企业岗位的不同级别，越向右企业内的级别越高。图 16-2 左图中 F 点是某地区、某行业、某个具体岗位的最高工资，如果把这个行业内企业的所有岗位最高工资的 F 点都连接起来就是右图中的 F 线；相同地，左图 E 点是某地区、某行业、某个具体岗位的最低工资，如果把这个行业内企业的所有岗位的最低工资的 E 点都连接起来就是右图中的 E 线。换句话说，F 线是这个行业内企业的最高薪酬线，E 线是这个行业内企业的最低薪酬线，O 线就是行业薪酬平均线。这三条线非常重要和著名，我们把其称为"行业薪酬趋势线"。

如果一个企业想吸引优秀的员工，在外部公平方面，这个企业的薪酬线就应当在右图的 O 线以上。我们可以把最高行业薪酬线 F 定位为 100%薪酬线，即 100P（Percent）。行业最低薪酬线 E 定位为 0%薪酬线，即 0P。然后如右图分成 25P、50P（中线）、75P。如果一家企业为了吸引人才确定为 75P 的薪酬线，的确会对应聘者有基于市场的吸引力，但与此同时也会加大企业成本。那么，存在不存在这样一种方法，既吸引优秀人才来企业，又不加大企业的成本，所谓两全其美？这种方法是有的，就是所谓的"权变薪酬"。在同一家企业中，对那些关键岗位员工的薪酬，给予行业 50%以上的薪酬起点，对于一般岗位，特别是技术含量低、比较容易替代的岗位，给予低于行业 50%的薪酬。也就是在同一个企业（组织）内部，采用不同的行业起薪标准，以达到既吸引和留住优秀人才和员工，又控制企业成本上升的目的。例如，广东惠州的 TCL 公司，有资料介绍，其对普通员工的薪酬是白色家电行业的 60P，已经具有吸引力。其的技术人员在行业内的薪酬是 75P，营销人员是 80P，TCL 公司采用的是权变薪酬系统。

如果我们知道行业最高薪酬线 F 和行业最低薪酬线 E，就可以画出包括中线在内的其他薪酬线。一般而言，我们有四种方法可以知道行业薪酬趋势线。

第一，要求企业人力资源部薪酬专员关注当地人社局（厅）官方网站，这个政府职能部门会不定期地发布一些行业薪酬报告，这是政府的职能。企业要注意收集分析这些报告。当然这些薪酬报告可能存在着时间上的滞后，或者不是本行业的薪酬报告，但是仍然可以部分分析出本行业薪酬趋势线的一些端倪。

第二，企业请咨询公司针对本企业的行业做薪酬调查。这种方法固然很好，但是也有两个问题：一是要花费不少的费用，二是也有理由怀疑调查报告的质量和真实性。随着大数据的逐渐应用，有些数据网站今后应当会做这方面的工作。笔者建议密切关注相关数据网站业务。

第三，要求企业薪酬专员做详尽的"薪酬记录"，既做"入职薪酬记录"，又做"离职薪酬记录"。例如，有应聘者被录用，这个人是应届毕业生，还是有经验的人士？如果是应届毕业生，他是什么学历水平？企业当时给他安排什么岗位？给他什么样的薪酬？如果是有经验人士，他在原工作单位是什么岗位级别？在原单位拿多少薪酬？到本企业来，企业给他安排什么岗位级别？给他多少薪酬？这是入职薪酬记录。如果有员工离职，那么这个人在离职时，是在什么岗位级别上？他当时拿多少薪酬？这是离职薪酬记录。如果企业薪酬专员长期做这样的记录，那行业最高薪酬F线和行业最低薪酬E线就可以大致把握。而且它的好处是，不断有人入职和离职，因此有不断的新数据补充，使这两条线体现了动态和市场化的特点，因此这可能比薪酬调查都有用，是值得大力推荐的方法。

第四，就是关注招募广告，某企业招募程序员，工资是4000~8000元。有经验的HR可能会得出结论，这个公司程序员的薪酬应当在4000~6000元，8000元有吸引应聘者眼球的成分。如果这样的广告看多了，做了足够的记录，那行业薪酬线也是画得出来的，这种方法也体现了动态性的特点，也比较好。

在外部公平中，岗位薪酬还受劳动力市场供给情况的影响。如果某岗位在某地区劳动力市场稀缺，则会造成外部公平的薪酬曲线上移，这体现了市场经济的平衡作用。另外，如果某岗位的工作存在着潜在的替代物，特别是被机器所替代，那该岗位的价值会急剧下降，造成外部公平薪酬曲线的集体下移。

20世纪70年代中期有一部朝鲜电影，叫作《摘苹果的时候》，讲的是朝鲜农村一个25岁的小伙子到了结婚年龄，找了一个对象。这个对象很漂亮，但是小伙子的妈妈坚决反对这门婚事。儿子找了那么漂亮的儿媳妇，妈妈为什么反对呢？原来是这个女孩子太瘦了。朝鲜妈妈这样劝儿子，你不能找她，"漂亮的脸蛋能出大米吗"？当时，中国的发展水平和朝鲜差不多，所以朝鲜母亲这句经典语言马上就传遍了中国的大江南北。的确，那么漂亮有什么用，当时朝鲜和中国的农村都需要繁重的体力劳动，插秧割稻、养猪喂牛、担水劈柴，你那么瘦，连自己都养不活，怎么能够生儿育女，养家糊口呢。可是我们把这句话拿到今天，21世纪的第二个十年来看，漂亮的脸蛋能出大米吗？恐怕不用那么麻烦，直接出钞票了。为什么？因为很多岗位的替代物诞生了。以前找丈夫要找一个五大三粗的，一个小时挖半立方米土的壮小子，找他有饭吃。现在轰隆隆过来一个挖掘机，半分钟就挖了半立方米的土，这个时候那个壮小子站在挖掘机下，他的价值在升高还是降低就不言而喻了。所以我们看到，有些岗位甚至有些行业都在渐渐萎缩甚至消亡，就是这个道理。在外部公平方面，作为个人如果希望能够使自己的岗位增值而不是贬值的话，最好的也是唯一的办法，就是通过不断的学习实践，自己把自己替代掉，而不是等着别人来替代你。

在薪酬的外部公平方面，另一个极其重要的原因，就是行业产品的需求弹性问题，它也决定了行业薪酬的水平。在第十五章中，我们曾经讲过，"不怕嫁错郎，就怕入错行"。其实不同行业的薪酬水平差异很大的原因，主要是由经济学原理决定的（当然也有行业垄断问题等人为因素，这个问题这里不做讨论），如图16-3所示。

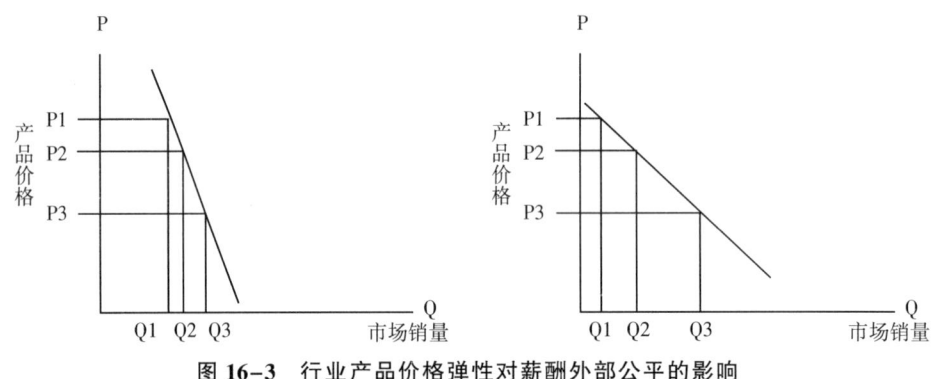

图16-3　行业产品价格弹性对薪酬外部公平的影响

这里首先要讲一下产品的价格弹性。所谓弹性，是指一个变量随着另一个变量变化的程度，而产品的价格弹性则指当产品的价格发生变化，该产品的市场销量变化的程度。比如说图16-3左图是来自食用盐的价格与市场销量的关系，右图是家用轿车的价格与市场销量的关系。首先来看左图，当食用盐价格从P1下降到P2再到P3的时候，价格基本腰斩，但是我们观察市场销量从Q1到Q2再到Q3的增幅是非常有限的，因此我们说食用盐这个产品的价格弹性很低。而右图家用轿车价格从P1到P2再到P3，市场的反应也非常强烈，销量也几乎增长了一半。所以家用轿车的产品价格弹性远大于食用盐的价格弹性。话又说回来，这两个行业，哪个薪酬会高一些呢？当然是家用轿车行业。这个经济学的原理是说，产品价格弹性比较高的行业的薪酬一般会高于产品价格弹性比较低的行业。这就很好地解释了为什么会出现"不怕入错行，就怕嫁错郎"的现象。但是，产品价格弹性大的行业往往市场风险也大，受外部环境的影响也大，而产品价格小的行业往往比较稳定，大多是国民经济的基础产业和与民生密切相关的产业。

在西方主要发达国家，我们可以观察到，往往是把价格弹性大的产业让给私营企业来做，让这些企业在赚取高额利润的同时，也承担比较高的市场风险。而把价格弹性比较低的基础产业和民生产业由国有企业来做，因为这些行业不能大幅涨价。由于这类产业的特性，如果出现亏损，国家将动用财税收入补贴这些行业中的企业，以保证国民经济的稳健运行，这是市场经济的精髓。我国许多价格弹性大的行业，如电信、高铁等还掌握在垄断国企手中，但是这个情况也在发生变化，国家提出"混合所有制"的概念，就是希望能够慢慢放开市场，以增强市场经济的主导功能和企业效益，这方面国家还有很长的路要走。

在影响外部公平方面，西方由于有独立工会，在劳资双方的博弈中，具有举足轻重的作用。宗教民俗方面，有些伊斯兰国家也会影响到企业薪酬的外部公平。这些在我国还不太突出，所以这里不做讨论。

二、企业内的岗位价值决定薪酬的内部公平

在一个企业组织内部，工资高的高、低的低，最高和最低的差距在一个组织内部甚至有十倍之多。几年前，有一次笔者在广东东莞的一家企业做内部培训。休息之余，走廊外有一名员工来找被培训的中层干部，结果两个人在走廊里吵了起来。笔者这个外来的老师很兴奋，赶快围上去，看看两个人吵什么。结果，看到那个员工，20来岁的男孩，愤怒地对他的领导说："凭什么你一个月拿8000多，我拿3000！"我听到这句话，很诧异。其实，越是底层员工，才会问这样的问题，高层员工不会这样问。

这样的问题怎么回答，如果那个主管说：人比人气死人，那糟糕了，员工恐怕会与他动手，不但没有解决矛盾，反而激化矛盾。其实他应当和这个年轻人

讲，不是我值 8000，你值 3000，我们的人格是平等的。至于我为什么拿 8000，是因为我现在在这个岗位上，我就拿 8000，有一天我不在这个岗位上，这 8000 对我来讲将不复存在。还可以跟这个小伙子讲，假如有一天你有这个能力胜任这个岗位，你也能拿 8000。

还有一次，笔者从广州到郑州去讲课，到了广州新白云机场，天气电闪雷鸣，飞机无法起飞，一等就是 6 小时。郑州的主办单位比我还急，明天就有他们的课程，打电话不断与笔者联系，询问情况。笔者整个人都很烦躁，就和旁边的一个 30 岁左右的年轻人聊天，他是讲普通话的，笔者也是讲普通话的，聊得比较投机。笔者就问他，靓仔来广州几年了，他回答我 4 年多，我又问，现在一个月可以挣多少？笔者对他来说也是萍水相逢。这个问题他可以回答，也可以不回答，可是他很爽快，马上就回答笔者，一个月 3 万多吧。笔者怕自己听错了，当笔者确认他拿月薪 3 万多的时候，笔者越看他越生气。因为笔者不平衡。我一个来广州十几年的资深教授，在广州月薪才 13000 元，还是税前。凭什么他一个 30 来岁、来广州 4 年的年轻人拿 3 万多元。笔者直接问他干什么工作的，他回答笔者，他是波音 737 的飞行员……原来他也在等待飞行命令，没事出来看看情况，和笔者这个旅客聊聊天。当笔者知道他是开自己需乘坐的那架飞机的，立即和他说，应该应该，你多拿些，保证我的安全！

讲到这里，你应当清楚了，薪酬的内部公平没有指人，指的是岗位的内在价值。岗位的内在价值是如何确定的？资本主义的鼻祖亚当·斯密 200 多年前就指出：工资是劳动的价格，劳动本身有差异，这就决定了工资的差异，他同时指出：

职务（劳动）价值 = 责任 + 工作困难度 + 学习这项工作的困难程度 + 工作内在成功的可能概率 + 雇佣关系的稳定性

亚当·斯密把岗位责任的大小作为岗位价值的第一评判依据，其次几项也很值得玩味。岗位工作的难度越大，其岗位价值也就越高，而且学习这项工作的难度越大，岗位价值也就越大。这使笔者想起在西方为什么医生和律师岗位的工资普遍要比社会其他岗位要高，就是因为学习这项工作的难度比一般岗位要大，而且付出的时间成本也高（其他专业本科生一般四年制，而医学院本科生普遍是六年制）。工作内在成功的可能概率越低，就说明这项工作难度越大。雇佣关系的稳定性是指，短期雇佣一般比长期雇佣价值要高，因为一般短期雇佣都是为了解决自己组织中解决不了或者不理想，必须借助外来人力资本解决的问题（如国内

"长江学者"到某高校短期项目学术工作，一定会比该校其他教授的薪酬更高）。

讲到这里，我们清楚了薪酬的内部公平是在组织内部各岗位之间的比较得出的。那么都有什么方法评价岗位的内在价值呢？目前比较流行的方法有以下六种：岗位排列法、岗位配对法、岗位分类法、要素比较法、要素记点法、海氏岗位评价系统。这几种方法中难度适中、被广泛采用的是要素记点法。海氏岗位评价系统是由美国薪酬设计专家艾德华·海于1943年研究开发出来的，经过后期无数实践总结，于1984年形成一套完整的岗位评价体系。从形式上来看，海氏评价法也是一种要素记点法，但是它的要素和点数有固定的模板，要素分为三个，一是诀窍：各种技术、技巧的总和，包括科技知识、管理要求、人际关系技巧；二是解决问题的能力：分为五种思维难度；三是责任：分为五个档次。海氏评价法把等级作为横轴，环境作为纵轴，力求从深度和广度来确定岗位价值，因此堪称目前最科学的岗位评价系统。因为这个方法技术含量比较高，也相对复杂，应当由专业人士协助企业进行，海氏评价法对管理人员的薪酬设定契合度比较高。[①]

在企业中应用要素记点法评价岗位价值时，以笔者企业咨询经验，可按照五大步骤运作。

第一步是划分组织内部的职系与职种。职系顾名思义就是某一大类，职种就是职系中的具体岗位。表16-1展现了某家企业的职系和职种的现有情况。这张表的好处是，你可以在相同的职系中找到"标准岗位"，也就是说，评价岗位价值并不是所有岗位都要评价，这样工作量太大也没有必要。我们找到所谓的"标准岗"，即有代表性的岗位或者在职系中处于中等难度的岗位来评价，该职系的其他岗位参照此岗位薪酬做出上下调整。

第二步是进行现有在岗人员的岗位等级梳理（见图16-4）。图16-4中该企业目前的岗位分为11个等级，图16-4左图是没有进行等级梳理前的情况，我们从左图中看不出除公司最高层以外的所有目前在岗人员的等级情况。右图是进行梳理后的情况，在右图中我们可以清晰地看到不同人员目前的岗位等级，这样的梳理会为下一步分析岗位等级和设计薪酬系统提供某些重要的约束条件。也就是说，设计薪酬系统不可能抛开现有在岗人员的岗位等级和薪酬情况，而是要在新

[①] 如果读者对海氏方法有兴趣请参考刘昕编著：《薪酬管理》（第二版），中国人民大学出版社2007年版，第115–124页。

系统和现有在岗人员目前薪酬这两个因素上取得动态平衡。这样的薪酬系统才会被企业接受，才有现实的可操作性。

表 16-1 企业组织内职系与职种分类

职系	职种	职系	职种	职系	职种	职系	职种	职系	职种	职系	职种
管理类	董事长	事务类	部门经理	技术类	总工程师	市场类	销售经理	生产类	生产经理	作业类	仓库主任
	总经理		部门副理		副总工		策划经理		副经理		车队队长
	副总经理		主管		研发经理		品牌主管		厂长		餐饮主任
	营销总监		专员		技术经理		销售主管		车间主任		班组长
	财务总监		文员		工程师		策划主管		班组长		员工
	人事总监				技术员		员工		员工		

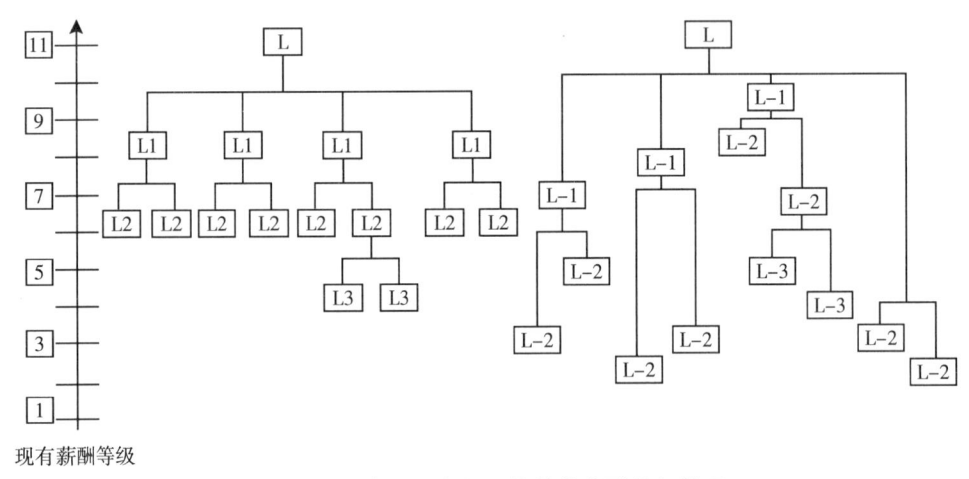

现有薪酬等级

图 16-4 在岗人员岗位评价前的薪酬等级梳理

第三步也是最重要的一步，就是找到评价岗位重要程度的主要素（维度），找到支撑这些要素的子要素（指标），并给主要素和子要素分配权重（见图 16-5）。从图 16-5 中我们可以看出，这有点像绩效考核，主要素就是维度，子要素就是指标，主要素的权重就是一级权重，子要素的权重就是二级权重。但是绩效考核的对象是某个具体的人，而要素记点法没有给人设计考核方案打分，而是给岗位打分，判断岗位的重要程度。在图 16-5 中，我们选择了四个主要素评价一个岗位，即能力、责任、体能和工作环境，权重分别是 43%、30%、15% 和 12%。这个权重的选择应当由企业召集直线干部与人事干部共同决定，必要时还需请外部专家提供咨询意见解决。因为这些要素和权重的选择，直接关系到是否可以准确地评价本企业的岗位价值，即企业薪酬系统的内部公平问题。相对应地，我们也找到了每个主要素下的子要素，并给出子要素的权重数额。

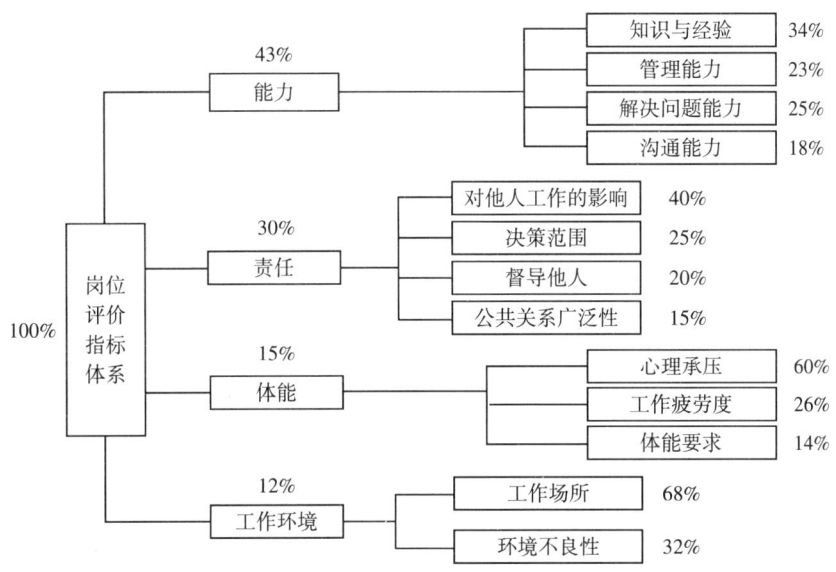

```
                              ┌─ 知识与经验   34%
                  ┌─ 能力 43%──┼─ 管理能力     23%
                  │           ├─ 解决问题能力  25%
                  │           └─ 沟通能力     18%
                  │
                  │           ┌─ 对他人工作的影响 40%
                  ├─ 责任 30%─┼─ 决策范围      25%
岗位评价           │           ├─ 督导他人      20%
指标体系 100%─────┤           └─ 公共关系广泛性 15%
                  │           ┌─ 心理承压      60%
                  ├─ 体能 15%─┼─ 工作疲劳度    26%
                  │           └─ 体能要求      14%
                  │
                  └─ 工作环境 12%─┬─ 工作场所    68%
                                  └─ 环境不良性  32%
```

图 16-5　要素记点法实例一：确定组织内岗位评价要素、子要素和权重

第四步是设计记点的要素表，给典型岗位进行打分（见表 16-2）。表 16-2 是把图 16-5 的框架具体落实，形成岗位评价打分表。需要说明的是，要素记点最终会落实在每个岗位得了多少点，点数越多，该岗位重要程度越大。一般的经验是，应当给予不少于 600 点的总点数，因为如果子要素比较多的话，少于 600 点可能点数就不够分，当然也没有必要几千点，具体点数要看企业的现有人员的规模和组织架构情况。一般来说，如果该子要素权重比较大，分数比较高，等级也应当比较多，表 16-2 体现了这个原则。至于说点数等级的间隔多少，可以是相同点数间隔，也可以拉开差距，即越高等级的点数越高，后者更合理一些。但是不论哪种方法，对所有待评价的岗位都是一样的，因而关系不是很大。

表 16-2　要素记点法实例二：评价要素及等级的点数配给

评价要素	权重(%)	点数600	子要素（指标）	权重(%)	点数	等级1	等级2	等级3	等级4	等级5	等级6
能力	43	258	知识与经验	34	88	35	44	53	62	71	88
			管理能力	23	59	5	17	31	45	59	
			解决问题能力	25	65	6	26	33	49	65	
			沟通能力	18	46	9	18	28	37	46	
责任	30	180	对他人工作的影响	40	92	37	48	59	70	81	92
			决策范围	25	45	9	18	27	36	45	
			督导他人	20	36	12	20	28	36		
			公共关系广泛性	15	27	6	13	20	27		
体能	15	90	心理承压	60	54	11	22	32	43	54	
			工作疲劳度	26	23	5	9	14	18	23	
			体能要求	14	13	3	5	7	10	13	
工作环境	12	72	工作场所	68	49	8	16	24	32	40	49
			环境不良性评价	32	23	5	9	14	18	23	

第五步是打分专家对具体的某些标准岗位评价打分。打分专家应当主要从企业内部寻找，请直线干部和一些对企业工作流程熟悉、在企业工作多年的有经验人士，如果觉得不够专业，可以请外部专家协助，但是以笔者的经验，无论如何还是应当以企业内部的人士为主。打分结果我们可以划分分数段，确定岗位等级，分数段的确定和岗位等级的多少，也要考虑企业的人员规模和具体的企业组织架构情况（见表 16-3）。这个例子中以 50 分划分岗位等级，一共把企业岗位分为 10 个级别。得到某个分数的岗位，就可以归纳为某个岗位等级。而非典型岗位可以参照典型岗位分数做增减归位。

岗位等级评价做完以后，就为企业薪酬设计方案的实施和落地提供了依据。最终每个岗位等级的薪酬会有一个范围，这个范围就是本书第十五章所阐述的企业薪酬外部公平问题，即某个岗位的薪酬范围应当在行业最高薪酬线和最低薪酬线之间。

表 16-3　要素记点法实例三：按照分数范围划分岗位等级

岗位等级	分数范围	要素记点法说明
1	101~150	1. 先找到反映职位重要价值的要素，这些要素可以适应企业内的所有职系，也可以分不同职系来寻找要素 2. 给出各要素的权重 3. 找出要素下的子要素（评价指标），并给予子要素权重 4. 给出不少于 600 点的总点数（一般不少于 600 点，如果点数过少子要素比较多，就容易出现不够分的现象） 5. 寻找企业内或部分企业外评价打分专家（以企业内为主） 6. 给不同职系中的典型岗位打分并统计结果 7. 打分结果按照一定分数差形成薪酬等级（等级多少主要考虑企业人员规模和企业的组织架构这两个关键因素） 8. 要素记点法的优点：主观性小，可靠性强，评价标准比较通俗易懂，规范，容易推广 9. 缺点在于设计要求技术较高，时间相对比较长，成本高
2	151~200	
3	201~250	
4	251~300	
5	301~350	
6	351~400	
7	401~450	
8	451~500	
9	501~550	
10	551~600	

三、薪酬要公开吗？——关于个人公平与过程公平

如果说外部公平和内部公平是研究工作本身，比较客观，而个人公平侧重个人所得的公平性，由个人投入比率与他人投入比率比较得出，参照系是企业其他人。个人公平要素有两方面：一是员工投入，如经验、教育、特殊技能、能力和工作时间。二是员工产出，如工资、福利、奖金、津贴、成就、认同及其他形式的报酬。个人公平是个人投入与产出是否相当的问题。

公平理论中比较有影响力的是亚当斯公平理论。它是由美国学者亚当斯（J. S. Adams）于 20 世纪 60 年代在综合有关分配的公平概念和认知失调的基础上提出的一种激励理论。他的公平模型为：公平＝我的报酬/我的贡献（投入）＝别人的报酬/别人的投入。沿此逻辑，个人对公平的感知也有两个方面：一是作为个体是否感到公平，这方面主观成分居多。二是社会是否为个人公平创造了一个大环境和比较具体的制度体系，这个体系一般来讲比较客观。对企业制定薪酬来说，个人公平是指后一方面，企业要遵循个人公平的原则，遵循社会的基本价值观和行为规范。在组织内部也要沿着这个基本行为规范，处理个人薪酬所得问题。

举个例子，一名本科生和一名研究生一起应聘某企业，都是首次就业，企业经过考察研究，决定两个人都录用。但是招募者已经感到，本科生的能力比研究

生还要强。那么，这两个人在企业定薪酬的时候谁应当高一点？当然是研究生，因为研究生所付出的努力和资源（包括他家庭为他付出的努力和资源）都远大于本科生，这就是个人公平的真谛。当然，一年以后，可能本科生的薪酬又会超过研究生，那也很正常，因为进入企业的"门槛"以后，主要是看个人的能力和给企业做出贡献的大小。我们的社会要保证这个"门槛"，在这个基本制度面前个人感知只能服从。

在诸多个人公平理论中，加拿大裔英国工业心理学家，著名管理学者、精神病学者埃里奥特·杰奎斯，定义了个人不公平的六种情况，几乎囊括了所有个人感到不公平的因素（见图16-6）。在图16-6中，C表示个人的工作能力；W代表完成某项工作上级认为（或组织认为）所需要的时间。这个定义很巧妙，当上级交给某下属的任务，并要求下属何时完成时，其实就是上级认为该下属应当达到的能力，如果下属没有按时完成，可能上级就会把工作交给其他下属完成。因此，W可以理解为企业或组织所要求的能力，P是企业或组织给予这个岗位的薪酬，那么三者之间就会出现六种个人感到不公平的状态。

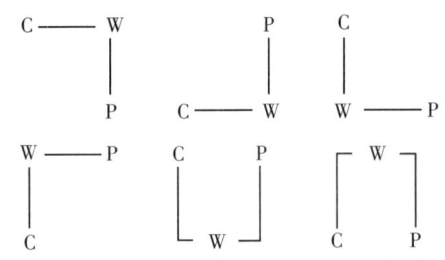

图16-6 杰奎斯定义的个人不公平因素

注：C为个人工作能力；W为工作所需要时间；P为企业配给的工资额度。

第一种情况（上图左）：个人工作能力与工作所需能力相符，但岗位薪酬太低，这会使员工牢骚满腹，工作情绪受到较大的影响，并有可能离职。

第二种情况（上图中）：个人工作能力与工作所需能力相符，但企业付给的岗位薪酬过高，这时拿超过自己能力薪酬的员工中，最多人的反应很耐人寻味，他们可能试图说服老板给其他人加薪，以掩饰企业的错误，保住自己的薪酬。所以，当有人试图为别人争取加薪时，老板有必要考虑一下他本人的薪酬是否合理。

第三种情况（上图右）：企业要求的工作能力与岗位薪酬相符，但个人能力太高，工作职位安排太低，也就是说，不论是岗位和薪酬都双低，员工会有怀才不遇和受到侮辱的感觉。

第四种情况（下图左）：企业要求的工作能力与岗位薪酬相符，但个人能力太低，德不配位，不但其他员工感到不公平，而且员工自己也会处于忐忑不安的精神状态。这样的感觉，从负面来说，该员工可能会试图诋毁其他岗位员工对企业的贡献，以求心理平衡，这同样对企业整体绩效有很大的杀伤力。

第五种情况（下图中）：员工个人工作能力与岗位薪酬相符，但岗位要求的工作能力过低，员工感到工作没有成就感，称为"大马拉小车"。

第六种情况（下图右）：个人工作能力与岗位薪酬相符，但岗位要求工作能力太高，员工感到自己再怎么努力也无法达到要求，有极大的挫折感，这种情况在所有六种个人不公平中对企业的危害最大。

不言而喻，好的个人公平应当是 C—W—P，这三大要素在一条直线上。薪酬不足引起的行为有：要求加薪、减少贡献、使别人增加工作量、选择另外的人作参照系比较。薪酬过多引起的行为有：增加工作量、要求减薪、试图使别人加薪、试图减少别人的贡献、选择另外的人作参照系。以上这些情况都不是企业组织希望看到的。

在员工薪酬管理实践中，往往很难做到绝对公平。也就是说，总会有一些员工在收入方面受到这样或者那样的委屈，从而影响他们的工作热情，也即事情的结果对他们不公平。这时企业管理者应当做些什么？苍白无力的安慰、不负责任的许愿、沉默无语的回避，这些都不对。我们知道，程序公平和结果公平是互不隶属、各自独立的。也就是说，结果不公平，如果程序上多与接受结果者解释沟通，可以部分化解结果不公平带来的负面影响。制定薪酬的过程公平显然属于程序公平的范畴。美国企业很早的一个经典案例：公司降薪10%，有主动向员工解释和沟通的部门和没有解释和沟通的部门比较的结果是，前者员工盗窃企业原材料的比例明显低于后者员工的比例。解释和沟通就是把做这件事的程序尽可能公开，让员工的思维参与其中，便于员工换位思考。

一般来说，公开性带来公平性，没有公开性也就没有公平性。例如，一家企业薪酬保密，老板要求员工不要互相打听攀比。老板把小张叫来，塞给他一个红包，告诉他，自己很看好他，鼓励的话说了一大堆。小张希望老板赶快说完，因为他不知道红包里面包了多少钱。可是老板一直唠叨，小张实在忍不住了，就把手放进裤袋里去捏，一捏红包还挺厚，小张心里盘算到底有多少钱。老板好不容易讲完了，小张赶快出来，到卫生间打开红包一看2500元。上次老板给了他2200元绩效奖，这次老板多给了300元。但是小张还真不知道这2500元是多还是少，因为他不知道和他在一个办公室做同样工作的小李拿了多少。由于老板对小李也是一个套路，所以这两个人在一个办公室里你想问我，我想问你却又谁都不敢问。终于有一天机会来了，这两个人喝酒，小张首先发难："我和你关系好不好？"小李说当然好啊，"好什么好啊，老板这次给你多少钱你都不告诉我"。小李说老板不让说啊，小张很气愤，"现在这儿就我俩，天知地知你知我知，怕啥，说多少"？小李说2800元，小张诧异，这个时候他是什么心情可想而知。小李不知情，一个劲催小张说。小张回他：当然是2800元啦，他要面子。可是小张回到家，辗转反侧夜不能寐，越想越气。所以说公开性带来公平性，没有公开性也就没有公平性。

"但是理论很丰满，现实很骨感"。笔者为企业家授课，特别是为民营企业家授课的时候，都会做一个现场调查，企业内薪酬公开的占比极小。也就是说，在一个组织中，A不知道B拿多少，B不知道C拿多少是普遍情况。那这又是为什么呢？存在即合理，这句话很对。那么国内企业薪酬保密的合理性在哪里呢？归纳起来有三点：

第一，很多民营企业老板是"见人谈人"的，即在人力资源市场人才稀缺的情况下，签约了一位员工，他的工资水涨船高；当在人力资源市场人才充沛的情况下，又签约了一位员工，他的工资水平就会比较低。可是恰恰是在人才充沛的情况下签约的这位员工的能力，远高于在人才稀缺的情况下签约的那位员工。如果公开，在企业中就会出现非常荒谬的现象：能干的员工比不能干的员工收入还低。这是组织和员工不愿看到的，因此薪酬保密。这个问题的解决方法，只能靠制度的顶层设计。人力资源部应当对每个岗位做出薪酬与岗位等级的考核标准（该问题在本书第十八章第一节中将详尽论述）。老板和员工只谈要不要的问题，不谈薪酬问题。如果录用，请到人力资源部参与考核，考核到哪一级，就拿哪一级的薪酬，这样就可以避免老板"见人谈人"的现象发生。

第二，和企业老板的价值观有关。有些民营企业老板，就是喜欢偷偷摸摸，制造神秘感，让员工感觉他对每个人都很好，喜欢员工感恩于他。这是由老板价值观决定的。解决这个问题，就要提醒老板，他不是一个作坊企业，不是一个小老板，是企业家。企业家是靠制度来管理企业的，要转变观念。

第三，在这里还想讲讲毕马威中国公司的事情。他们招募的中国"985"大学的学生，只要录用，第一年入职薪酬8000元，第二年10000元，第三年12000元，第四年开始保密。也就是说，组织中基层员工的薪酬公开，中高层员工的薪酬保密。其实很多跨国公司都是这样的，这个道理一点就破：在企业中是基层员工的工作好量化，还是中高层员工的工作好量化？当然是基层。好量化就好公开，因为量化是客观成分占主导的，大家都认可的、看得见的。可是中高层员工的工作量化就比较难，今天我加了个班，明天多写了一份报告，怎么算？而且中高层员工的薪酬彼此差距很大，彼此工作对方也不是很了解，一旦公开矛盾很大，因此保密。笔者在这里要指出，我们可以向毕马威中国公司学习，薪酬能够公开尽量公开，这是第一条原则；第二条原则，基层薪酬公开，中高层薪酬保密。

【本章要点归纳】

薪酬体系建立的基础是四大公平，即外部公平、内部公平、个人公平和过程公平。在外部公平中，最为关键的是行业动态薪酬趋势线，如果某企业薪酬在行业动态薪酬线以内，就已经达到了外部公平。

影响薪酬外部公平的因素比较多，其中产品的市场需求弹性解释了行业薪酬的高低和行业本身的产品相关。外部公平中对企业薪酬设计具有很大意义的是，在同一家企业（组织）中采用行业的不同起薪标准，以达到既留住优秀的员工，又节省企业的人工成本支出的做法，这种做法称为"权变薪酬"。掌握行业薪酬趋势线最好的动态方法，不是请咨询公司或者自己做行业薪酬调查，而是做企业内的薪酬记录和关注行业内招募广告中关于岗位薪酬的信息并进行分析整理。

薪酬的内部公平是指岗位在企业内担负责任的大小，岗位责任越重大，岗位的价值越高。对岗位内在价值的评价，首先应当在相同的职系中找到"标准岗位"，也就是说，评价岗位价值并不是所有岗位都要评价。我们找到所谓的"标准岗"，即有代表性的岗位或者在职系中处于中等难度的岗位来评价，然后该职系的其他岗位参照该岗位薪酬做出上下调整即可。对现有岗位的评价是设计薪酬系统的关键，因为我们不可能抛开现有在岗人员的岗位等级和薪酬情况，而是要在新系统和现有在岗人员目前薪酬的现状这两个因素上取得动态平衡。

　　企业的个人公平指个人付出与个人所得相平衡，社会主流价值观对个人公平有一个衡量标准，企业要遵从这个标准。企业的过程公平与结果公平彼此独立，互不隶属，过程公平就是程序正义。因此，要尽可能把制定薪酬的过程公开化，薪酬的分配公开化。公开就便于解释和沟通，让员工的思维参与其中，便于员工换位思考。在企业中薪酬能够公开尽量公开，这是第一条原则；第二条原则是，基层薪酬公开，中高层薪酬保密。

| 第十七章 |

企业横向薪酬结构与企业运营策略

一、横向薪酬结构概要

企业薪酬设计与管理是现代企业管理中的一个重要组成部分，它与现代企业管理的关系如图 17-1 所示。企业的人力资源战略要服从和服务于企业战略。薪酬设计与管理是人力资源战略不可或缺的组成部分。另外，薪酬设计与管理离不

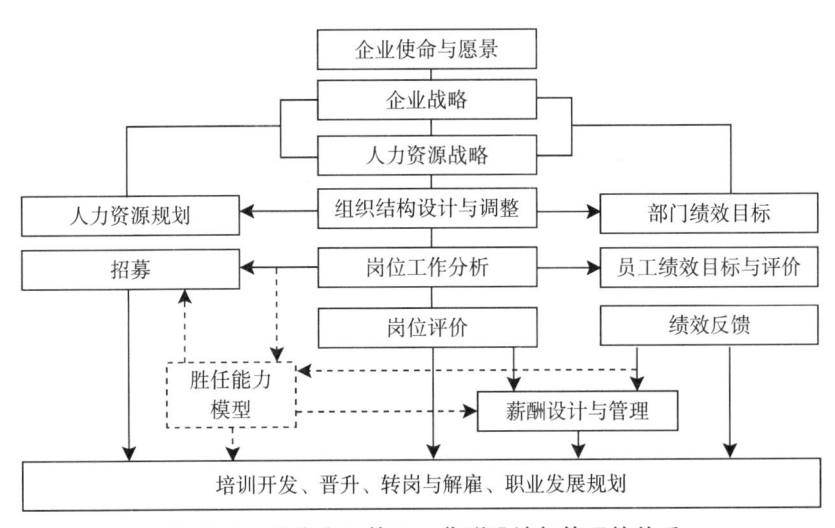

图 17-1 现代企业管理、薪酬设计与管理的关系

开企业组织结构和具体岗位的评价，组织结构的层级与薪酬分为多少等级密切相关。同样，薪酬设计与管理也离不开员工的绩效，因为绩效工资是薪酬当中重要的组成部分。另外，企业的人力资源规划，反映了企业的发展需求，在具体招募环节，与企业岗位之间最大的问题就是它们的"匹配性"，这个匹配性最终反映到岗位胜任力模型中。综上所述，薪酬的设计与管理最终会体现在企业员工的晋升和发展方面。

在第十五章开头，我们阐述了当前企业的薪酬一般为总体薪酬，总体薪酬包含的内容如图 17-2 所示。

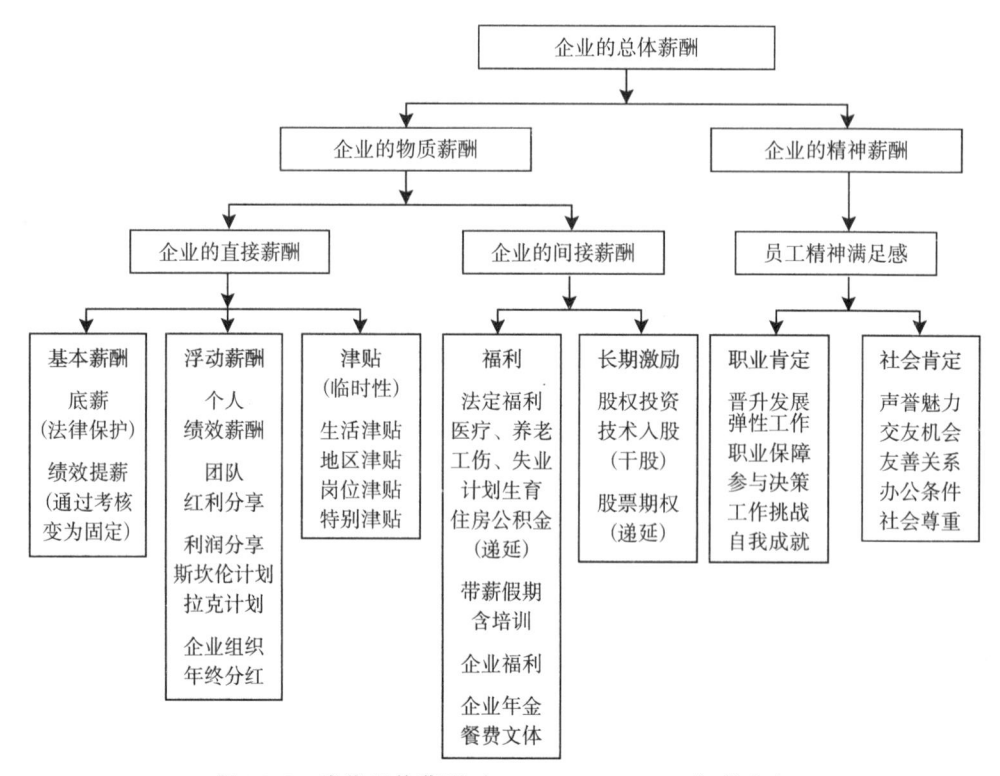

```
                        企业的总体薪酬
                    ┌──────────┴──────────┐
             企业的物质薪酬              企业的精神薪酬
        ┌────────┴────────┐                 │
   企业的直接薪酬    企业的间接薪酬      员工精神满足感
   ┌────┬────┐      ┌────┬────┐        ┌────┴────┐
 基本  浮动  津贴   福利  长期激励      职业肯定  社会肯定
 薪酬  薪酬 (临时性)
```

基本薪酬	浮动薪酬	津贴	福利	长期激励	职业肯定	社会肯定
底薪（法律保护）绩效提薪（通过考核变为固定）	个人绩效薪酬 团队红利分享 利润分享 斯坎伦计划 拉克计划 企业组织年终分红	（临时性）生活津贴 地区津贴 岗位津贴 特别津贴	法定福利 医疗、养老 工伤、失业 计划生育 住房公积金（递延）带薪假期 含培训 企业福利 企业年金 餐费文体	股权投资 技术入股（干股）股票期权（递延）	晋升发展 弹性工作 职业保障 参与决策 工作挑战 自我成就	声誉魅力 交友机会 友善关系 办公条件 社会尊重

图 17-2　当代总体薪酬（Total Compensation）的含义

在图 17-2 中，企业薪酬可分为物质薪酬和精神薪酬。正如我们已经阐明过的，本书主要讲的是物质薪酬部分。物质薪酬又分为直接薪酬和间接薪酬。所谓间接薪酬，是指不一定是货币形态的薪酬，可能是物品和提供某种服务，或者某种类型的股权。

企业的薪酬分为横向薪酬和纵向薪酬两种结构。横向薪酬展示了企业薪酬中各部分的结构和它们之间的关系，特别是数量上的比重关系。纵向薪酬则展示了不同岗位薪酬等级之间的关系。本章我们首先分析横向薪酬，正如我们在第十五章讨论过的，目前企业的横向薪酬是结构化的，因此横向薪酬一般又称为"结构薪酬"，它的一般范式如图17-3所示。

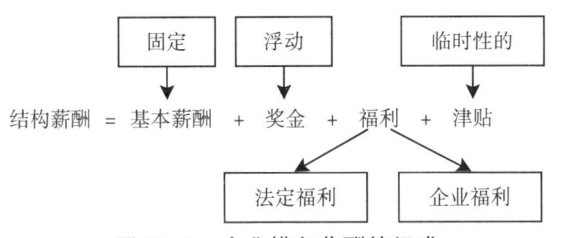

```
              固定        浮动       临时性的
               │          │           │
结构薪酬 = 基本薪酬  +  奖金  +  福利  +  津贴
                              ╱    ╲
                          法定福利  企业福利
```

图 17-3　企业横向薪酬的组成

结构薪酬的第一部分是基本薪酬，基本薪酬最大的特征就是固定性，这个固定工资反映了岗位的基本价值。对固定工资部分，各个国家都几乎制定了"最低工资标准"。这个最低工资标准不但代表了本地区某段时间的最低生活水平，而且还是一个"人道"的问题。何谓人道？笔者认为，在薪酬方面的人道就是："饿，饿不死；过，过不好。"以广州2017年为例，这个城市的最低用工标准是月薪不得少于1850元，一个月拿到这个收入在广州应当饿不死，但是过好要靠自己的努力。人道的问题政府当然要管，所以最低工资标准受法律保护。受法律保护的含义是，这个钱与这位员工的表现好坏无关，也不能够把它列入绩效考核。

结构薪酬的第二部分是奖金，它的最大特点是浮动性，对普通员工而言是与周期性的绩效考核相关，因此又称其为浮动工资。企业管理层是利用其浮动的特征，作为调控员工行为手段使用的。如果浮动工资再向上追溯，就具有战略意义了。因为绩效考核如果本身带有战略意义，那奖金也就具有战略导向的功能。

第三部分是福利，福利分为法定福利与企业福利两种。法定福利按照我国现行法规就是"五险一金"。"五险"是养老保险、失业保险、工伤保险、医疗保险和计划生育保险。"一金"是住房公积金。

在医疗保险方面，通常由企业缴纳10%，个人缴纳2%，医院的大部分常规检查和普通药品医保都可以报销，报销标准因地制宜。以北京为例，一年内看病费用累计没有超过1800元的话，这笔钱就得自己出，超出1800元的部分可以报销。

养老保险在"五险"中比例最高，一般情况下，企业会按员工个人工资的

20%交付，个人交付比例是8%。按现行规定，养老保险必须累计缴满15年才能申领，如果没缴满，员工自存的8%可以退还，企业为个人缴纳的20%由国家养老统筹基金纳入账户，与企业无关，因此企业鼓励员工自行缴满所余年限额。个人缴纳的养老金又称"递延工资"，其含义是：你的现在不能给你，所以叫递延。对递延工资部分，国家可以用个人缴纳的递延工资，再去投资，而且也必须投资。如果不投资存在银行，很可能被通货膨胀蚕食光。这个投资，从理论上讲，称为"保值增值"。但是保值是员工的，增值是国家的。如果投资亏损，理论上应当由财政给予补偿。如果财政缺口太大，补偿不了，就要采取其他措施，比如延迟退休年龄，这是符合逻辑的。

生育保险由单位全额缴纳，只要缴纳的年限符合所在城市的年限，并且在公立医院生产，费用大部分可以报销。生育险不仅和母亲有关，和父亲也有关，现行规定是，父亲也有产假和津贴。

失业保险目前执行的依据是国务院《关于阶段性降低社会保险费率的通知》的规定。从2016年5月1日起，失业保险总费率在2015年已降低1个百分点基础上可以阶段性降至1%~1.5%，其中个人费率不超过0.5%，企业缴纳2%。降低费率的期限暂按两年执行。具体方案由各省（区、市）确定。但是国家对"失业"有明确的规定，员工主动辞职不可以申领，必须是被企业开除或企业倒闭。需携带有关资料，回户口所在地办理申领手续。如果员工缴纳失业保险1~4年内，可领取的失业保险金为4个月；四年以上，每缴纳失业保险半年可增加一个月，但失业保险金领取最长期限为24个月，即两年。领取数额为户籍所在地最低用工标准的80%。笔者的评价是，目前这项制度，在劳动力人口流动非常频繁的情况下，可操作性比较差。工伤保险中对工伤的认定有明确的规定，以工伤致死为例，有"48小时"的规定，即在工作过程中受伤，必须在48小时内死亡才算工伤致死。

关于住房公积金，根据国务院颁布的《公积金管理条例》，凡是国家机关、国企、集体企业、外企、私企和各种非企业单位，都必须为职工缴纳住房公积金。住房公积金可以用来申请公积金贷款，如果已购住房的，可以用公积金装修、还贷。租房的可以用公积金缴纳房租。虽然住房公积金也被纳入法定福利，可是目前绝大多数私营企业并没有给员工这项福利。这是因为国家认为私营企业目前还需要扶持，经营环境还比较艰难，所以暂时没有强制要求。所以现在也出现了一些乱象：有些企业把住房公积金作为招募员工的手段，还有一些企业在同一个组织内部，有些核心员工有，一般员工没有。这不论从法律上来讲，还是从福利本身的特性来讲，都是说不过去的。据资料显示，目前北京、上海、深圳这三个城市，私企员工也普遍享受了住房公积金。希望随着中国的崛起，这样的城市越来越多。

除了法定福利以外，企业提供的所有非现金的物品和服务都是企业福利。如果一家企业法定福利都有，企业福利一点都没有，这家企业也不违法。但是，到目前为止，笔者还没有见到任何一家企业一点企业福利都不给员工的。这是因为企业福利是企业文化的组成部分，它代表企业是一级组织，代表了企业内外有别，这对员工在企业内的归属感非常重要。

结构薪酬的最后一项就是津贴，津贴是临时性的，随时可以加上去。津贴的这种特性给企业管理层带来了两方面的便利条件：一是便于企业对有些岗位内外环境的变化做出薪酬方面的反映，又保持了相当的灵活性。例如，企业内有一个岗位又脏又累，谁都不愿意干。老板说，这个岗位从下个月开始，每个月增加300元的津贴。这样的措施无疑会吸引一部分员工去应聘这个岗位。过了半年，这个岗位经过技术改造，工作环境大变。老板说，从下个月开始，取消300元津贴。这种灵活性在结构薪酬中，只有津贴可以做到。体现在企业制度战略方面的便利，我们说津贴是战略薪酬，如图17-4所示。图中左面2P分别是任职资格和岗位说明，代表了固定工资，中间的"P"代表绩效考核决定的浮动薪酬。而最右面的"S"代表了战略薪酬，这个战略薪酬的落脚点就是津贴。例如，企业战略方向反映在某些岗位上，这些岗位如果是完成战略布局的核心岗位，那就可以加大这个岗位的津贴，吸引企业内优秀人才向这个岗位移动。二是在对待优秀管理层干部方面，津贴也凸显了战略意图。如一名中层干部由于其特别优秀，其他中层干部负责一个部门，他负责两个部门。他在某一个负责部门拿固定薪酬和浮动薪酬及这个岗位的津贴，但是他还领取了另一个他负责的部门的津贴，也就是说，他领取了两个岗位的津贴。这样的设计便于优秀人才脱颖而出，又为企业妥善处理优秀人才和同级人员的关系提供了大家都能够接受的妥善方案。

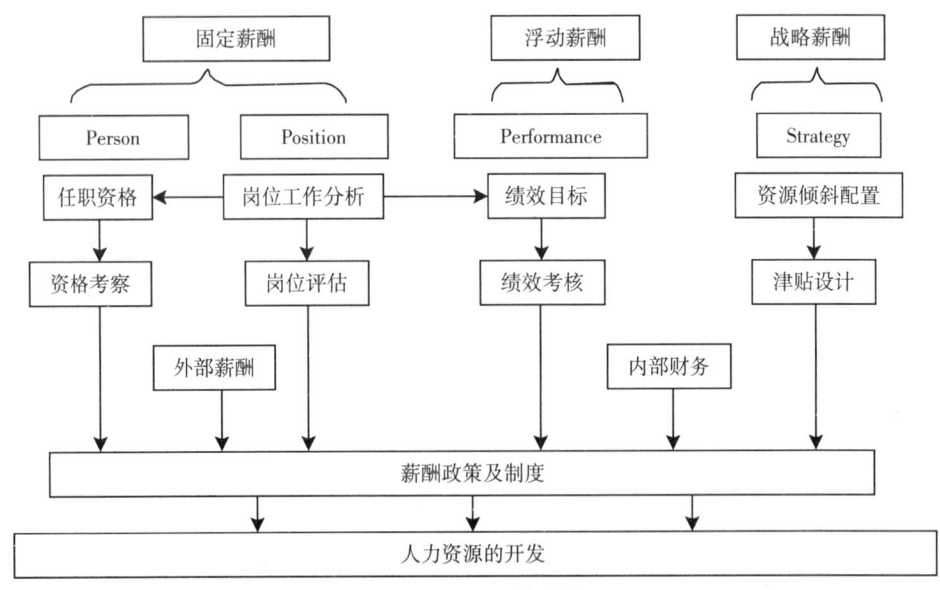

图 17-4　3P+1S 薪酬体系

二、横向薪酬结构的比例设计与企业运营

在当代企业的横向薪酬结构中，员工最大的收益就是基本工资和奖金，这两部分是存在比例问题的。从员工的角度来说，他可能会希望基本工资的比重越大越好，因为基本工资是固定的，而奖金是浮动的，跟着业绩走的，还不一定是他的。而从企业拥有者的角度来讲，可能会希望尽量压低基本工资的比重，拉高奖金的比重，这样既可以降低企业人工成本，又可以加大对员工的物质刺激力度。劳资双方这样针锋相对的观点造成的矛盾怎么解决？在国际上很多国家独立工会的罢工，都和这个比例有关。

对于基本工资和奖金的比例问题，企业顶层设计要找到一个劳资双方都可以接受的"平衡点"。试想，一个在北京工作的员工，每月收入大概 4000 元，构成是基本工资 3000 元，奖金 1000 元；另一位在北京工作的员工，每月收入大概 8000 元，构成是基本工资 5000 元，奖金 3000 元。那么哪位员工生存压力更大一些？当然是第一位员工！他本来就拿那么少的总额，你多扣他 50 元对他来讲都很重要，恐怕就是因为这 50 元，他就租不了房子，所谓"一分钱难倒英雄汉"。而第二位员工，就是把他 3000 元奖金全部扣掉，他还有 5000 元，在北京还混得下去。因此，企业设计薪酬横向结构比例有一条原则，即越是低层岗位的员工，奖金份额占薪酬的比重就越小；越是高层岗位的员工，奖金份额占薪酬的比重就越大。问题是多少算小，多少算大。一般而言，基层员工奖金份额不要超过薪酬的 20%，即小于 20%。如果超过了 20%，可能这位员工便会离职，他必须找到一个在这个地区能够赖以生存的工作岗位；中层员工这个份额可以放大到 30%左右；到了高层员工，这个比例可以在 50%以上。以上数据是笔者多年观察得到的，后来也得到了统计结论的支持。当然，这里还要指出的是，这个比例与不同岗位以及岗位的级别密切相关。

从表 17-1 到表 17-12，是不同岗位和级别在设计横向薪酬结构要素配置的参考比例。[1] 从表 17-1 到表 17-3 是企业行政管理人员的横向薪酬结构要素配置的比例。高层行政管理人员即企业的董事长、总经理等，他们的基本工资是很低的，绝大部分在股权。在很多私营企业，他们就是企业主，企业的薪酬对他们没有实际意义。企业中层行政管理人员横向薪酬结构要素配置比例当中，基本工资中加入了工龄因素，借以鼓励长期服务于企业的员工。但是由于当前国内企业员工流动十分频繁，这项设计对留住员工的力度和效果不是很理想。在中层行政管理人员当中，"津贴"一项没有包括战略薪酬中的"岗位津贴"，这项的比重与津贴的性质一样，也非常灵活。另外，中、基层行政管理人员奖金根据绩效考核，按月度发放，激励效果会好一些。

表 17-1　企业高层行政管理人员横向薪酬结构要素配置比例

薪酬模块	影响因素	重要比例	支付方法
基本工资	上年度公司和个人业绩、劳动力市场价格约束	低于 20%	按月付给现金，有些企业支付 50%，其余半年支付一次
奖金	视企业年度业绩和当年基本工资情况	20%~40%	年终奖金形式，分档次发放，设置岗位系数
津贴	国家和企业政策、本人工作性质	较小	较高的通信、交通、书报费等
福利	同上	5%~7%	除"五险一金"外，还有企业退休金计划、年薪计划、理财计划
股权	企业业绩、个人业绩、企业股票市值	大于 50%	股票期权、股票持有计划、虚拟股票
精神薪酬	企业业绩、个人业绩		组织声誉、优越办公条件、媒体宣传

---

[1] 刘爱军：《薪酬管理理论与实务》，机械工业出版社 2008 年版，第 198-203 页。

表 17-2　企业中层行政管理人员横向薪酬结构要素配置比例

薪酬模块	影响因素	重要比例	支付方法
基本工资	职务、学历、技术、工龄	50%~60%	结构工资制，按月发放
奖金	企业年度业绩和部门业绩，个人工资水平	25%~40%	月度绩效奖和年终奖，系数应以部门绩效为基数
津贴	国家和企业政策，本人岗位和工作性质	3%~5%	通信、交通、差旅、防寒防暑补贴等
福利	同上	10%~15%	"五险一金"、脱产培训、住房补贴、子女入托上学、出差旅馆星级
股权	企业业绩、部门业绩、企业股票市值	小于10%	部门企业由企业配送股权
精神薪酬	个人业绩及职位		领导表扬、优越办公条件、参与决策

表 17-3　企业基层行政管理人员横向薪酬结构要素配置比例

薪酬模块	影响因素	重要比例	支付方法
基本工资	岗位、学历、技能、工龄	大于60%	结构工资制，按月发放
奖金	部门业绩与个人业绩，个人工资水平	20%左右	月度绩效奖和年终奖，部门业绩为基础，个人业绩乘以岗位系数
津贴	国家、企业政策，本人和工作性质	3%~5%	交通、差旅、防寒防暑补贴等
福利	国家和企业政策，本人岗位和工作性质	15%	"五险一金"、培训和带薪休假
股权	同上	无	我国应用很少
精神薪酬	个人业绩及职位		领导表扬、优越办公条件、参与决策

表 17-4　企业高层生产管理人员横向薪酬结构要素配置比例

薪酬模块	影响因素	重要比例	支付方法
基本工资	上年度公司和生产业绩、劳动力市场价格约束	低于20%	年薪制，企业按月支付，或支付50%，其余50%半年支付一次
奖金	企业业绩和产量、成本水平和个人年薪	30%~50%	年终奖金，依据产量和生产成本规定计算，按年发放
津贴	国家政策、企业政策，本人岗位和工作性质	较小	较高的通信、交通、书报费，节日费用
福利	同上	5%~7%	除"五险一金"外，企业退休金计划、年金计划、理财计划
股权	企业业绩、生产业绩、员工重要程度	25%~40%	根据公司业绩、生产业绩给予
精神薪酬	企业业绩、个人业绩		组织声誉、优越办公条件、媒体宣传

表 17-5　企业中层生产管理人员横向薪酬结构要素配置比例

薪酬模块	影响因素	重要比例	支付方法
基本工资	岗位、学历、技能、工龄、市场薪酬水平	40%	结构工资制，按月发放
奖金	部门业绩、产量、生产成本、个人工资水平	30%~50%	绩效奖金，年终奖金形式，月度考核发上月绩效奖金
津贴	国家和企业政策、本人工作性质	3%~5%	通信、交通、差旅、防寒防暑补贴等
福利	同上	10%~15%	"五险一金"、脱产培训、住房补贴、子女入托上学、旅馆星级
股权	企业业绩、部门业绩、企业股票市值	小于10%	很少企业有此项
精神薪酬	个人业绩及职位		领导表扬、优越办公条件、参与决策

表 17-6　企业基层生产管理人员横向薪酬结构要素配置比例

薪酬模块	影响因素	重要比例	支付方法
基本工资	岗位、工龄、等级及市场的薪酬水平	40%左右	岗位、工龄、计件工资、根据部门产量成本绩效
奖金	团队业绩与个人业绩、个人工资水平	30%~45%	月度绩效奖和年终奖，由部门业绩和个人业绩决定多少
津贴	国家和企业政策、本人工作性质	5%	交通、防寒防暑补贴、劳动环境补贴等
福利	同上	15%	"五险一金"、培训和带薪休假
股权	企业业绩、部门业绩、企业股票市值	无	只有很少企业有全员持股
精神薪酬	个人业绩及职位		领导表扬、优越办公条件、参与决策

高层生产管理人员的横向薪酬结构中，由于这部分人很多是职业经理人，对职业经理大多采用年薪制（这个制度在下节企业长期激励薪酬中将详尽阐述），他们的固定工资不高，主要看业绩，因而他们年终奖金部分的比例比较高。对职业经理人是否给予股份的问题，一直有争议，这部分内容，将在本章的下节讨论。

表 17-7　企业高层技术人员横向薪酬结构要素配置比例

薪酬模块	影响因素	重要比例	支付方法
基本工资	技能薪酬、市场薪酬水平	40%左右	学历、职位资格认证，每月现金发放
奖金	项目参与程度、项目属性	数目大不定期	根据不同项目难易程度，在项目里程碑时，以阶段收益×研发提取比例确定
津贴	国家政策、企业政策、本人工作性质	5%	给予最优的津贴与补贴，视情况给予劳动环境补贴

续表

薪酬模块	影响因素	重要比例	支付方法
福利	同上	5%	除"五险一金"外，企业退休金计划、年金计划、理财计划
股权	企业业绩、企业市值、员工重要程度	30%~50%	不可转让股份，员工非正常离开企业，股权自动转给企业
精神薪酬	个人业绩与职位		负责项目，给予拓展能力机构，发展事业机会

表 17-8　企业中层技术人员横向薪酬结构要素配置比例

薪酬模块	影响因素	重要比例	支付方法
基本工资	技能薪酬、市场薪酬水平	50%~60%	学历、职位资格认证，每月现金发放
奖金	项目参与程度、项目属性	数目大不定期	根据不同项目难易程度，在项目里程碑时，以阶段收益×研发提取比例确定
津贴	国家政策、企业政策、本人工作性质	5%~10%	给予中等的津贴与补贴，视情况和劳动环境给予补贴
福利	同上	20%~30%	除"五险一金"外，技术培训成为福利重要组成部分
股权	企业业绩、企业市值、员工重要程度	10%~20%	不可转让股份，员工非正常离开企业，股权自动转给企业
精神薪酬	个人业绩与职位		参加重大项目开发，给予拓展能力机会、发展事业机会

表 17-9　企业基层技术人员横向薪酬结构要素配置比例

薪酬模块	影响因素	重要比例	支付方法
基本工资	技能与职位薪酬相结合、市场薪酬水平	60%~70%	技能与职位并重考核，每月现金发放
奖金	部门绩效、个人绩效、基本工资	15%~25%	月度平均奖和年终奖，年终奖与部门奖结合，系数由个人绩效考核决定
津贴	国家政策、企业政策、本人工作性质	3%~5%	给予一般的津贴与补贴，视情况和劳动环境给予补贴
福利	同上	10%~15%	除"五险一金"外，相关的技术培训和企业其他福利
股权	企业业绩、企业市值、员工重要程度		极少采用
精神薪酬	个人业绩与职位		参加项目开发，给予拓展能力机会、发展事业机会

对技术类岗位，一般采用什么技术岗位就拿什么固定工资的技能工资制。高层和中层技术人员奖金额度不封顶，随着项目走。因为项目有可能失败，因此虽然奖金算起来很高，但风险也大。基层技术人员奖金要固定，因为他们的固定工资本来就很低，如果完全跟着项目走没有奖金的话，就没有办法生活，这样的安排合乎情理，他们的月奖金数额拿企业相同级别岗位的平均数额比较合适。津贴部分，高中层技术人员大多采用具有战略考量的岗位津贴，体现强烈的企业战略意图。高中层技术人员的股权不可转让的规定，是考虑到知识产权问题，不希望他们离开企业，以使企业知识产权流失或外泄。

表 17-10 企业高层销售人员横向薪酬结构要素配置比例

薪酬模块	影响因素	重要比例	支付方法
基本工资	整体销售业绩、大区业绩、行业市场薪酬水平	15%左右	企业按月支付，或支付50%，其余50%半年支付一次
奖金	销售业绩、提成比例、奖金发放标准	40%~60%	佣金按业绩提取，销售奖金以达到某额度为标准，按年或季发放
津贴	国家政策、企业政策、本人岗位工作性质	3%~5%	包括通信、交通、书报费、过节费，其中交通、通信比例最高
福利	同上	5%~7%	除"五险一金"外，企业退休金计划、年金计划、理财计划、法律顾问服务
股权	整体或大区销售业绩、员工重要程度	20%~30%	非正常离职不得转让股权或股份
精神薪酬	企业业绩、个人业绩		组织声誉、个人表彰、媒体宣传

表 17-11 企业中层销售人员横向薪酬结构要素配置比例

薪酬模块	影响因素	重要比例	支付方法
基本工资	员工岗位、市场薪酬水平	30%左右	每月领取所在岗位的工资，以现金发放
奖金	销售业绩、提成比例、奖金发放标准	50%以上	佣金按业绩提取，销售奖金分个人奖金和团队奖金，以达到某额度为标准，依据行业和市场情况提取，按年或季发放
津贴	国家政策、企业政策、本人工作性质	3%~5%	企业共享基本津贴，其中交通、通信比例最高
福利	同上	5%~7%	除"五险一金"外，企业退休金计划、理财计划
股权	整体或大区销售业绩、员工重要程度	5%~10%	非正常离职不得转让股权或股份
精神薪酬	企业业绩、个人业绩		组织声誉、个人表彰、媒体宣传

表 17-12　企业基层销售人员横向薪酬结构要素配置比例

薪酬模块	影响因素	重要比例	支付方法
基本工资	按当地最低工资标准	20%左右	每月领取基于当地生活水平保障的工资
奖金	销售业绩、提成比例、奖金发放标准	65%以上	佣金按业绩提取，销售奖金分个人奖金和团队奖金，以达到某额度为标准，依据行业和市场情况提取，按年或季发放
津贴	国家政策、企业政策、本人工作性质	3%~5%	企业共享基本津贴与补贴，其中交通、通信比例较高
福利	同上	7%~10%	除"五险一金"外，较多针对销售人员的培训
股权	整体或大区销售业绩、员工重要程度		无
精神薪酬	企业业绩、个人业绩		组织声誉、个人表彰、媒体宣传

企业销售人员的横向薪酬系统与其他岗位不同，销售人员不是靠底薪，而是靠提成（佣金）过活。因此，不论高、中、低层销售人员，奖金都占绝大部分。一般销售总监如果做大以后，就会产生"分离"倾向，这个时候采用给予其股份的方式，是避免其"单干"的好方法。对于非正常离职的中高层销售人员的股权或者股份，一旦离职不给予转让权，公司原价回购。这样做的目的，也是希望阻止这些员工跳槽，变成自己企业的竞争对手，带走重要客户的资源。

三、浮动薪酬长期激励的制度化安排

在横向薪酬结构要素中，有效管理和调整员工绩效的手段就是浮动奖金。从奖金的分类来看，有两种分类：一是短期激励与长期激励；二是个人激励与团队利润分享激励。由于团队利润分享激励在我国企业中并不多见，所以这部分内容将在"延伸阅读"中讨论。首先我们观察一下短期激励与长期激励。短期激励是根据企业考核周期变化的，这在本书第三篇中已经有非常详细的论述。这里重点要讲的是长期激励。浮动薪酬长期激励范式如图17-5所示。

图17-5第一部分就是对"职业的经理人"的长期激励。职业经理人的出现使企业的所有权和经营权得以分离，是现代企业法人治理结构的结果。企业所有权在董事会，董事会做出项目上马的决策。至于上马后如何干、如何具体经营，

结构薪酬 = 基本薪酬 + 奖金 + 福利 + 津贴

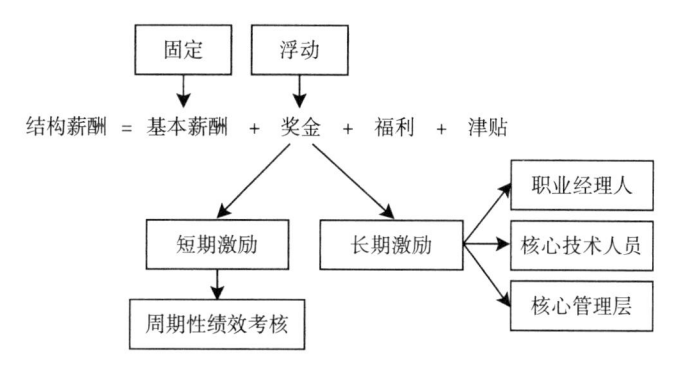

图 17-5　浮动薪酬长期激励范式

那是董事会请来的职业经理人要做的事情。对职业经理人的激励，一般采用年薪制与绩效挂钩的方法。诸如，某职业经理人年薪40万元，但是这40万元与这个岗位的一些主要经济指标挂钩，如果到期没有达到这些指标，40万元要按照比例扣减。

职业经理人不限于总经理，还包括高管。目前在国内，猎头公司涉猎的对象排序是：营销总监、财务总监、人力资源总监、生产总监。这些岗位一般都进入了长期激励的范畴。要不要给予职业经理人股份，这个问题一直在国内有各种争议。争议的核心不是该不该给，而是什么时候给的问题。如果不给，职业经理人永远都是打工者，而非所有者，这对一个人的行为取向有很大的影响。在这一点上，没有多少争议。争议在于：一是市场不成熟，职业经理人"挖墙脚"现象非常普遍，使企业所有者心有余悸，给还是不给；二是私企中很多是家族企业，要不要给外人股份，"肥水要不要流外人田"十分纠结；三是职业经理人本身的忠诚度也随着市场大环境的巨变没有得到社会的普遍认同。当下，笔者认为比较好的方法是用股票期权的方法过渡。既然是期权，就只是一段时间的股东，用这种策略来应对以上那些不确定性。

职业经理人的年薪具体算法常见的有两种：

（1）职业经理人薪酬 = 基本工资 + 风险薪金 + 股权收入 + 非持股分红 + 福利（国内）

（2）职业经理人薪酬 = 基本工资 + 奖金 + 养老金计划 + 股权等长期报酬（国外）

国外对职业经理人的退休计划给予了非常好的保障，以促使职业经理人长期服务于企业。国内这方面由于对未来社会经济预期的不确定性比较大，故实行起来有难度。

职业经理人的基本工资也有两种常用的算法：

职业经理人基本工资方案（一）=岗位系数×(本地区年度职工平均工资收入30%+本企业年度职工平均工资70%)

职业经理人基本工资方案（二）=基本薪酬倍数×(本地区年度平均工资50%+本企业年度平均工资50%)

其中，岗位系数与职业经理人年初权益期的年前初数有关，也即他的股票等权益年初在市场上值多少钱。而年薪基本薪酬倍数企业自己确定。岗位系数的具体算法如表17-13所示。这种算法体现了权益责任与基本工资挂钩的原则。

表17-13 职业经理人基本工资岗位系数参照表

职业经理人权益期年初数（亿元）	基本工资岗位系数
>5	1.5
1~5	1.4
0.5~1	1.3
0.1~0.5	1.2
0.05~0.1	1.1
<0.05	1.0

国内企业职业经理人的主要收入当然不是基本工资，而是风险薪金，因此风险薪金又称"效益工资"，它是指在按照资产规模缴纳风险抵押金后，根据保值增值水平得到的报酬。风险薪金的算法是：风险薪金方案=净资产增加额×风险系数×人均创利系数，式中的"风险系数"和"人均创利系数"如表17-14和表17-15所示。

表17-14 职业经理人风险系数

本年度利润（万元）	风险系数
<100	0.03~0.025
100~200	0.025~0.02
200~500	0.02~0.015
500~1000	0.015~0.008
>1000	<0.008

表 17-15　职业经理人人均创利系数

人均创利水平（元）	人均创利系数
<2000	0.8
2000~5000	0.9
5000~10000	1
10000~50000	1.1
>50000	1.2

职业经理人薪酬中的股权收益是指实物、现金、红股、补充养老金等权益。非持股分红收益是指针对企业法人不能持股等原因，没有持股者的薪酬权益。

长期激励部分的第二种对象就是企业的"核心技术人员"。核心到什么程度？核心到离开了这个人，这个项目就不存在，离开了这个人这家企业就不存在。对这样的人才，企业给他一个月几万元的薪酬，指望他把项目贡献出来，是不现实的。一般企业往往采用"技术入股"的方式，由于核心技术人员没有出钱，是用技术作价的，因此把技术入股，又称"干股"。我国《公司法》第二十七条规定："全体股东的货币出资金额不得低于有限责任公司注册资本的30%。"也就是说，"非货币出资金额"最高额理论上可以占到70%，但是现实中技术入股的额度一般在35%以下。

另外，对核心技术人员采用技术入股的方法，还源于企业所有者规避技术风险的现实要求。也就是说，如果各种原因导致项目失败，所谓"技术入股"也就不复存在，因此，回避了给核心技术人员很高月薪的风险，换句话说，不必要给核心技术人员很高的固定月薪，因为他们是企业的部分所有者。

长期奖励的第三种对象就是企业的"核心管理层"。企业核心管理层不是一个人，是一个群体。对这部分群体，企业会采用"股票期权"的方式。股票期权的核心在于"期"字，在一个短暂的时间内（一般是4~6年，包含"封闭期"），让管理层成为公司的临时股东，拥有比二级市场低的价格购买股票的权利（上市公司的股票期权），在这个拥有期间内，有条件地、分批量地卖出（条件一般是公司的经济效益指标）。如果没有满足卖出条件，公司最终原价回购。就等于把钱存在了公司，但是如果没有达到卖出条件（行权条件），一般只略高于银行定期存款的利息。用这种方法，把核心管理层的利益与企业的利益结合起来。

如果是非上市公司的"股票期权",最大的麻烦在于,用什么标准来确定股票的价格(因为没有上市,也就没有一级、二级市场,也就没有市场价格)。一般而言,非上市公司的股票期权的定价是以公司的某年净利润除以向员工发行股票的数量而得到的。非上市公司的股票期权还有一个比较困难的地方,如果企业的业绩一般,实施非上市公司的股票期权,员工就会质疑老板是否有"圈钱"的嫌疑。

从技术层面来讲,非上市公司股票期权也有几个难点,如股权定价,其实就是公司价值评价问题,国内采用净资产,而净资产的处理不同于会计方法,计算差距很大,也许不能真实反映公司的长期价值。还有就是员工股东进退机制问题,上市公司可以买卖,有限责任公司股东就很难处理。再有就是购买股权的资金来源,如果有国有资产在,股权就有国有资产流失嫌疑。而且非上市公司抵押贷款,要由公司50%以上股东同意,似乎比上市公司更难操作。

【延伸阅读】

在团队利润分享奖励中,斯坎伦计划(Scansion Plan)和鲁克计划(Rucker Plan)都是团队利润分享中比较成熟的做法。

斯坎伦是20世纪30年代中期,美国曼菲尔德钢铁厂的工会主席。他提出如果企业主能够将因为经济大萧条而倒闭的工厂重新开张的话,工会就会带领员工一同努力降低企业成本。20世纪40年代中期,斯坎伦又提出一种以工资总额与销售总额挂钩的方法计算员工绩效工资。自那以后的70余年来,斯坎伦计划不断得到许多专家的完善补充,现在已经成为人力资源开发的一种经典模式。具体我们看以下例子(见表17-16)。

表17-16　团队的收益分享——斯坎伦计划实例

过去三年某制造业企业数据	
平均劳动力成本 = 440万元	1. 斯坎伦计划收益分享:将企业生产成本节约和部门生产成本节约的收益,按照一定比例分配给员工。例如,企业劳动成本比原目标节约额度,员工获得50%分配权,企业占50%
平均SVOP = 830万元 SVOP:销售收入加库存产品价值总和	
斯坎伦比率 = 平均劳动力成本 / SVOP 440/830 = 0.53(越小越好)	2. 优点:鼓励员工生产改进,促进团队成就感;缺点:恶性竞争,有人可能"搭便车"
执行月数据(2018年12月)	3. 斯坎伦计划是基于成本节约的计划
SVOP = 720万元(月)	

续表

计划的劳动力成本：斯坎伦比率×SOVP = 0.53×720 = 381.6 万元
实际发生的当月总劳动成本 = 310 万元
节约成本：381.6 – 310 = 71.6（万元）。此部分可以分配给员工 50%，即 35.8 万元可以分配

从表 17-6 中我们得知，这家企业过去三年平均每月劳动力成本为 440 万元，而这家企业销售收入加库存产品价值总和三年平均每月 SVOP 为 830 万元。我们得到斯坎伦比率 = 平均劳动力成本/SVOP = 0.53（当然这个比率越低，企业效益越高）。我们观察到 2018 年 12 月的数据，12 月 SVOP 为 720 万元，则计划的劳动力成本为斯坎伦比率乘以 SVOP，得到 381.6 万元。而实际由于员工的努力，当月劳动力成本为 310 万元。那么已经节约的成本为计划成本减去实际成本，得到 71.6 万元，这个数额的 50% 应当分给员工，即 35.8 万元可以在员工中分配，另 50% 为企业所得。据此，可以看出，斯坎伦计划实际上是基于成本节约的计划。

而鲁克计划也是团队激励计划，从本质上看，鲁克比率也是成本节约计划，与斯坎伦计划相比，既有斯坎伦计划的劳动力成本，又增加了服务成本和原材料成本，更为贴近企业生产运作实际（见表 17-17）。

表 17-17　团队的收益分享——鲁克计划实例

过去一年某制造公司数据	鲁克计划：1933 年提出，核心是鲁克比率
净销售额 = 750 万元	鲁克比率 = 企业价值增值（销售额–原材料、供给以及消耗服务价值）/ c（参与计划的所有雇员的总雇佣成本）
原材料成本：320 万元 各种供给成本：25 万元 各种服务维修保养费用：22.5 万元 三项总计为总雇佣成本：367.5 万元	从本质上看，鲁克比率也是成本节约计划，与斯坎伦计划比，增加了服务成本和原材料成本，更为全面
价值增值 = 销售额 – 原材料、供给、服务费用 750 – (320+250+22.5) = 382.5（万元） 鲁克比率 = 价值增值/总雇佣成本 = 382.5/367.5 = 1.04（此值越大越好）	
执行月数据（2018 年 12 月）价值增值：67 万元，总雇佣成本：62.5 万元	
收益分享：实际鲁克比率 = 67/62.5 = 1.07，高于标准鲁克比率，因此可以进行收益分享。分享额为：鲁克系数×总雇佣成本 = (1.07–1.04) × 62.5 万元 = 1.8750 万元。这个数额，由企业与员工按事先商定比例进行分配	

从表 17-17 中我们可以看到，该企业过去一年的净销售额为 750 万元，其中原材料成本为 320 万元，供给成本为 25 万元，各种服务维修保养费用为 22.5 万元。三项费用合计总雇佣成本为 367.5 万元。价值增值＝销售额－原材料、供给、服务费用三项合计，即 382.5 万元。鲁克比率＝价值增值/总雇佣成本，即 1.04（此值越大，说明企业效用越大）。考察企业数据是 2018 年 12 月，该月企业价值增值为 67 万元，总雇佣成本为 62.5 万元，实际鲁克比率为 1.07，高于过去一年鲁克比率值为 1.04，所以可以进行利润分享。分享额为实际发生值与鲁克系数的差值，乘以 12 月当月总雇佣成本，得到 1.8750 万元。尽管这个数额很小，但是还是应当由企业与员工按比例获得，也可以留在账面，转到下月累计处理。

斯坎伦计划和鲁克计划均为以节约成本为宗旨的计划，都是始于美国 20 世纪 30 年代经济大萧条时期为了避免企业倒闭，从工会角度想出的办法，保证员工不至于失业，把企业节约与员工收益挂钩。到了 21 世纪，这两个计划成为人力资源开发的有力工具，通过这两个计划，把企业收益和普通员工的收益挂钩，对员工而言，属于额外收益，以此调动员工的工作热情。

【本章要点归纳】

企业的薪酬分为横向薪酬和纵向薪酬两种结构。横向薪酬展示了企业薪酬中各部分的结构和它们之间的关系，特别是数量上的比重关系。纵向薪酬则展示了不同岗位薪酬等级之间的关系。

在企业的横向薪酬中，主要关注点是员工基本工资、奖金、福利和津贴及其各自比例的大小对员工心理的影响和在企业运营中的具体反映。对于基本工资和奖金的比例问题，越是低层岗位的员工，奖金份额占薪酬的比重越小；越是高层岗位的员工，奖金份额占薪酬的比重越大。这个比例的大小既与员工的岗位等级有关，也与员工的岗位性质有关。考虑这个问题的出发点和归属，就是怎么样有利于企业的运营。

在横向薪酬结构要素中，有效管理和调整员工绩效的手段就是浮动奖金。从奖金的分类来看，有两种分类：一是短期激励与长期激励；二是个人激励与团队利润分享激励。短期激励是针对一般员工，由考核周期决定的，长期激励是针对特定对象的，这些对象是职业的经理人、核心技术人才、核心管理层。对职业经理人采用年薪制与绩效挂钩的方法，对核心技术人才采用"技术入股"的方法，对核心管理层采用"股票期权"的方法比较适宜。

| 第十八章 |
企业纵向薪酬结构与企业运营

一、薪酬纵向结构的几个关键要素

探讨薪酬纵向结构，必须了解四个关键要素：一是薪酬同一等级内部的变化范围；二是薪酬两个等级之间的关系；三是薪酬的等级数量；四是薪酬趋势线。首先我们分析一下薪酬同一等级内部的变化范围，其他三个问题放在后几节讨论（见图18-1）。

图18-1中，左面长方形底线是某一岗位的最低工资，我们定义为"有资格进入者最低雇佣工资"；顶部是某一岗位的最高工资，我们定义为"有资格进入者的最高雇佣工资"。在最低工资线和最高工资线之间的距离称为某一岗位的薪酬幅度，术语称为"幅宽"。长方形横向是"矢量"单位，矢量就是有方向性的量。这个方向是向右的，也就是说，在组织中越向右，表明在组织中的岗位层级越高。这个矢量单位术语称为"带"，也即岗位薪酬纵向为幅，横向为带。这是一个很重要的概念，要牢牢记住。

在上例的幅宽中，我们又以25%为标准，把幅宽分成四个部分，而且在这四部分里都做了定义，即0~25%定义为"有资格进入本级，达到岗位要求"，当然对这一定义（也可以理解为锚定）是应当有相应考核判断方法的；在25%~50%，我们定义为"一般熟练程度，达到平均业绩水平"；在50%~75%，我们定义为

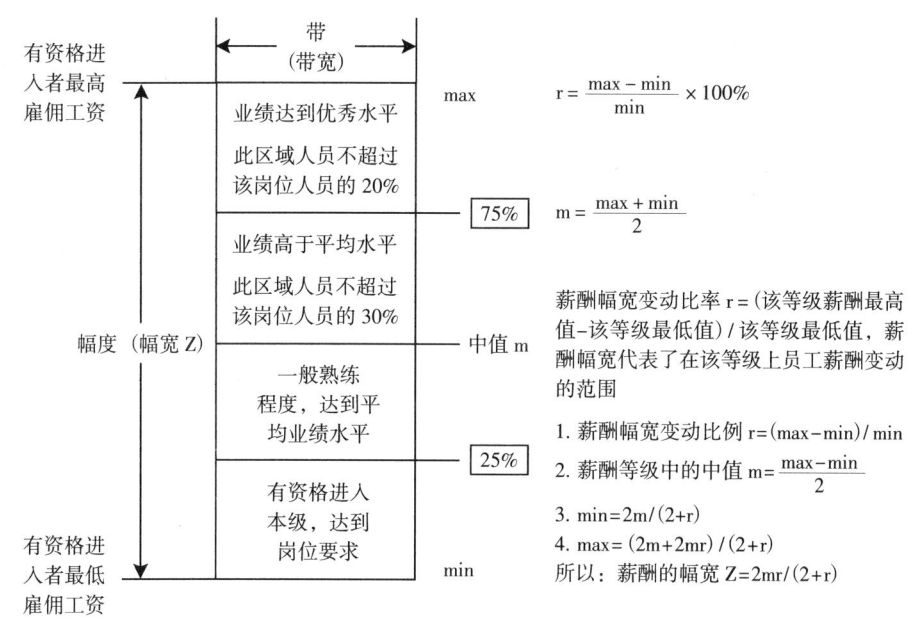

图 18-1 岗位薪酬幅宽、带宽和幅宽变动比率的基本算法

图中内容：

- 有资格进入者最高雇佣工资（max）
- 带（带宽）
- 业绩达到优秀水平，此区域人员不超过该岗位人员的 20%
- 75%
- 业绩高于平均水平，此区域人员不超过该岗位人员的 30%
- 中值 m
- 一般熟练程度，达到平均业绩水平
- 25%
- 有资格进入本级，达到岗位要求
- 有资格进入者最低雇佣工资（min）
- 幅度（幅宽 Z）

右侧公式与说明：

$$r = \frac{max - min}{min} \times 100\%$$

$$m = \frac{max + min}{2}$$

薪酬幅宽变动比率 r =（该等级薪酬最高值－该等级最低值）/该等级最低值，薪酬幅宽代表了在该等级上员工薪酬变动的范围

1. 薪酬幅宽变动比例 r=(max−min)/min
2. 薪酬等级中的中值 $m = \frac{max - min}{2}$
3. min=2m/(2+r)
4. max=(2m+2mr)/(2+r)

所以：薪酬的幅宽 Z=2mr/(2+r)

"业绩高于平均水平"；在 75%~100%，定义为"业绩达到优秀水平"。

这样分区定义的目的有两个：一是在本书第十六章第三节我们曾经讨论了薪酬是否保密的问题，我们讲到老板在不同招募时间节点上"见人谈人"，可能会导致不能干的人比能干的人薪酬还要高的问题。解决这个问题，此种方法就是最好的钥匙。老板只和这位应聘者确定录用不录用的问题，至于说薪酬定多少，要参加人力资源部的相关考核，考到录用岗位薪酬幅宽的那个部分，就拿那个幅宽下的岗位薪酬。二是从用人的角度出发，在同一个岗位中不但应当分等级，而且同一个岗位员工当中，在各个幅宽都应当有不同的比例。如果大家都在某个岗位同一个幅宽上，绝不是用人的理想状态。例如，企业办公室行政工作人员如果都是应届毕业生，或者都是资深行政管理人员，两者都不理想。因为前者重要的工作无人担当，后者简单重复性工作让资深人员干，浪费资源。例如，同一岗位行政管理人员有 10 名，那应当有 5 人左右属于幅宽 50% 以下者，在 50%~75% 这样能力的人占到三人，75%~100% 这样的优秀业绩者有两人，就体现了比较好的结构。

在图 18-1 右面有几个重要的纵向薪酬结构术语：幅宽变动比率 r =（max−min）/min，即本岗位最高薪酬减去本岗位最低薪酬，（幅宽 Z）除以本岗位最低薪酬。幅宽 Z = max − min，如果我们把幅宽的 50%的位置称为中值，用 m 表示的话，中值 m = (max−min) /2。根据以上三个公式我们可以得到这样的结果：因为 r = (max − min) /min，所以 max − min = min × r，则 max = min（r + 1）。又因为 m = (max − min) /2，所以 m = min［(r + 1) + 1］/2，进而得出 min = 2m/2 + r。相应地，max = (2mr + 2m) /2 + r。则幅宽 Z = max − min = (2mr + 2m) /2 + r − 2m/2 + r = 2mr/2 + r。

这样的推导非常有意义，我们把以上问题整理得到如下结论：

（1）薪酬幅宽变动比率 r = (max − min) /min，也可以理解为 r = Z/min，这个变动比率越大，说明薪酬的幅宽 Z 越大，也就是说，岗位内最低薪酬和最高薪酬差距就越大。幅宽中值 m = (max − min) /2。中值越大，表明在企业薪酬体系中薪酬等级越高。

（2）经过以上两个公式的推导可以得到幅宽 Z 的变换式：Z = 2mr/(2 + r)，也就是说，一个岗位的薪酬幅宽 Z 的大小与两个因素有关：一是中值，二是幅宽变动比率。如果岗位中值 m 不变的话，薪酬幅宽变动比率越大，幅宽越大。从上式中，我们还可以看到，薪酬幅宽变动比率 r 的变化对幅宽的影响，远没有薪酬幅宽中值 m 对幅宽的影响大。这是因为薪酬幅宽中值决定了该岗位在企业薪酬体系中的基本地位，是"级别"的问题（Grade），而薪酬幅宽变动比率是一个岗位内部等级的问题，是"台阶"的问题（Step）。

在企业薪酬设计中既要考虑每个职位等级本身的价值，又要考虑任职者的个人素质。薪酬等级的中值用来确定岗位价值，任职者个人素质的价值则体现在每个等级内部的薪阶中，这样就形成以"级"来体现职位价值，以"阶"来体现个人价值的薪酬结构。因此，影响薪酬幅宽大小的主要两个因素中，岗位薪酬中值占主导地位。

岗位薪酬中值 m 和岗位薪酬变动比率 r 的取得，从理论上来讲，是通过外部劳动力市场和内部职位评价数据以线性回归方式确定下来的（这部分内容在下节讨论）。它通常代表该等级职位在企业外部劳动力市场上的薪酬水平。

还有几个比较有用且比较好理解的指标是：某位具体员工的薪酬比较比例，即他的薪酬距离岗位中值上下的距离程度，我们把这个数据称为"企业内部岗位薪酬竞争比率"。公式是：内部岗位薪酬竞争比率 = 某员工岗位实际工资/该岗位薪酬等级中值。这个数值反映了该员工在企业内部岗位薪酬的情况。还有一个指标叫作"企业外部竞争比率"，它是指企业内某岗位薪酬中值，与行业内该岗位薪酬中值的比率。公式是：企业外部竞争比率 = 某岗位薪酬中值 / 行业内薪酬中值。这个数字反映了企业薪酬在行业内的位置，因此有人把这个数字称为企业薪酬在行业薪酬中的"渗透度"。还有一个非常重要的概念，就是"薪酬中值差"。薪酬中值差是指相邻薪酬等级之间的区间中值的变动百分比。公式为：(高一级岗位的中值数值-相邻低一级岗位中值数值)/第一级岗位中值数值，即 $(m_1 - m_2)/m_2$，如图 18-2 所示。

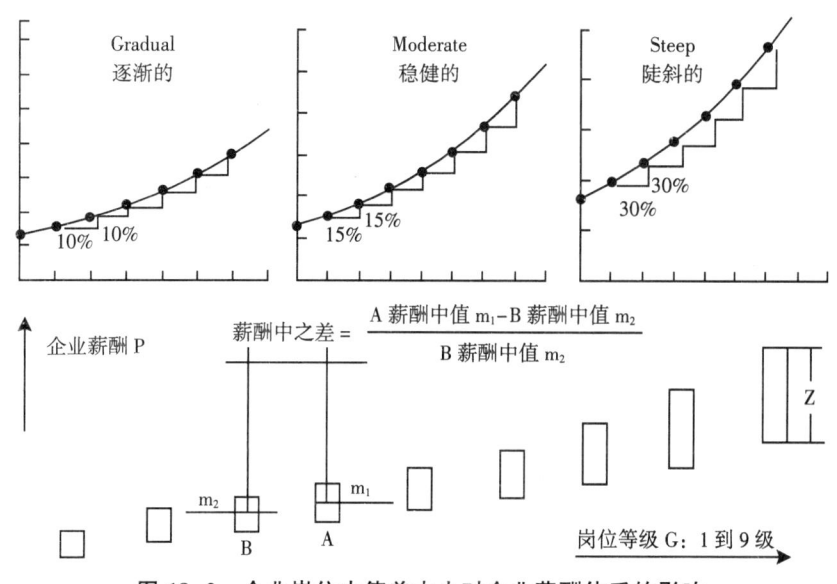

图 18-2 企业岗位中值差大小对企业薪酬体系的影响

从图 18-2 下图可以看到，该企业岗位分为九个级别，每个级别都有相对的薪酬幅宽 Z，相邻两个薪酬中值都有一个中值差比率，该图下图有 8 个中值差比率。

我们考察图 18-2 的上图可以得出结论，即中值差的大小决定了企业薪酬线的陡峭程度（斜率）。如图 18-2 所示，当中值为 10%时，薪酬曲线是缓慢逐渐上移的，这样的话，企业内岗位的等级就会比较多，企业组织呈现层级化结构。当中值差为 30%时，经测算薪酬等级会达到 50 级，但是如果中值差在 20%时，薪酬等级大概只有 5~6 级，整个企业组织呈现扁平化趋势。这是因为如果中值差一旦确定，薪酬等级达到一定数量后再增加的话，就可能会突破行业薪酬最高线与最低线的幅宽范围。图 18-2 中的上图展现了 10%、15%和 30%的不同中值差，给企业薪酬曲线带来的变化情况。对应下图，我们可以看到不同中值差给岗位带来的薪酬幅宽 Z 的变化。

从企业运营和战略薪酬的角度，决策者不可能在企业中只用相同的一个中值差来确定所有级别的薪酬，中值差决定了薪酬曲线的形状。薪酬曲线形状体现了企业的战略意图和行业的外部情况，这部分内容我们在第十五章第三节中做过详尽的讨论，请读者重温一下。

从企业的一般情况来看，基层岗位员工的中值差最小，中层次之，高层中值差最高（但这并非绝对，特别是基层岗位中值差和中层岗位中值差的关系往往取决于企业本身的战略安排，好多企业目前基层中值差大于中层中值差，以便于配合企业高速扩张的发展战略）。这样设计导致的客观效果是，职位越高者，薪酬的幅宽 Z 越大。薪酬的曲线陡峭程度（斜率）越大，工资越高，这是符合企业发展战略的客观要求的。在同一个企业的薪酬体系中，不同岗位级别采用不同的岗位中值差的做法，称为"权变中值差"。在企业里采用权变中值差设计薪酬，也是我们设计薪酬中必须遵循的设计原则。

那么企业中纵向薪酬设计各个不同级别岗位中值差多少合适呢？如果中值差确定了以后，薪酬幅宽比率 r 在不同岗位级别中定多少呢？这两个关键问题，如表 18-1 所示。表 18-1 中左面是企业内岗位类型，低职级的岗位一般来说，岗位中值差在 10%左右，中层岗位在 15%~20%，高层岗位在 25%~30%。换句话说，企业基层的岗位层级一般有 5~6 个，企业中层的岗位层级在 4~5 个，而高层岗位有 2~3 个。当岗位中值差确定以后，也就等于确定了所有的岗位中值 m（理论上来说，岗位中值 m 是由企业外部公平和岗位价值确定的），在中值 m 确定以后，岗位薪酬幅宽就由幅宽变动比率 r 决定了。不同的岗位 r 值是不同的（但要受到行业最高与最低薪酬线的制约），具体如表 18-1 所示。

表 18-1　薪酬中值差和幅宽变动比率 r 的推荐值

岗位类型	岗位薪酬中值差比率	岗位薪酬幅宽 r 变动比例
生产工人、维修和服务等岗位	10%	20%~25%
办公室文员、技术工人、专家助理	12%~13%	30%~40%
专家、中层管理人员	15%~20%	40%~50%
高层管理人员、高层专家	25%~30%	50%以上

在同一个岗位中，薪酬幅宽变动比例 r 如果变化，将给岗位薪酬幅宽带来的

影响有多大呢？表 18-2 给出了例子。该图中，会计岗位在相同中值 m=3200 元时，展现了改变薪酬幅宽变动比率 r 给薪酬幅宽 Z 带来的变化。当 r 为 30%时，会计岗位的最低薪酬为 2783 元，当 r 为 50%时，最低薪酬为 2560 元，降低了 223 元，最高薪酬也提高了 223 元，整体薪酬幅宽提高了 446 元。这里要再次强调，薪酬幅宽 $Z=2mr/(2+r)$，它的大小是由薪酬幅宽中值 m 和薪酬变动比率 r 决定的，中值 m 越大，薪酬幅宽越大。变动比率 r 越大，薪酬幅宽也越大，但是增速没有 m 快，也就是说，影响薪酬幅宽最主要的因素是薪酬中值 m，次之是薪酬幅宽变动比率 r。

表 18-2 幅宽变动比率对幅宽影响实例

岗位	薪酬变动率 r（%）	最低薪酬值（元）	薪酬中值（元）	最高薪酬值（元）
会计	30	2783	3200	3617
	40	2667	3200	3733
	50	2560	3200	3840

二、如何确定企业薪酬线和具体岗位中值

在本节中，我们将探讨企业纵向薪酬体系中，企业在市场上的薪酬线和具体岗位中值 m 的确定问题，请看图 18-3。图 18-3 中 50P 为这个行业的平均薪酬

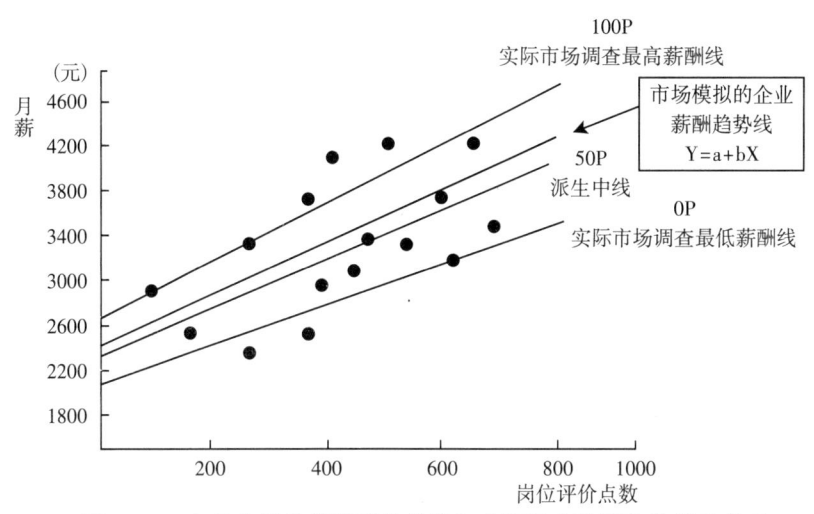

图 18-3 企业市场模拟薪酬趋势线与实际行业薪酬趋势线的关系

线，也即平均中值薪酬 m 线，从理论上来说，这条线是采用行业薪酬调查得来的。而企业自己现有的薪酬线是通过市场调查和企业岗位评价点数结合，用数学方法模拟的。

第一步，假设真实曲线大致符合直线方程，即 Y = a + bX，公式中 Y 表示来自市场的某个岗位薪酬数据，这个数据来自市场调查；X 表示企业中某个典型岗位的评价点数，这个点数我们在本书第十六章第二节岗位评价介绍的"要素记点法"中可以得到；a 是截距，也即薪酬的起点；b 是薪酬曲线的斜率。这样我们不断从市场调查中获得许多典型岗位的 Y（薪酬具体数值），把目前企业岗位评价点数和市场调查这个岗位的薪酬数额一一对应，就可以得出许多岗位的市场对应工资额（在应用要素记点法时，我们也可以获得许多典型岗评价点数）。那么我们就可以求出截距 a 和斜率 b，进而完成这条曲线。具体用到的数学工具是最小二乘法，它是一种数学优化技术，它通过最小化误差的平方和，最终逼近一组数据的最佳函数匹配（这里是用直线方程模拟现实中的真实曲线）。通过数学演算我们可以得到如下公式：

$$b = \frac{\sum x_i y_i}{\sum x_i^2}$$

$$a = \bar{Y} - b\bar{X} \qquad (18-1)$$

其中，x_i 和 y_i 分别为不同的典型岗位评价点数和对应的市场调查薪酬额，$\bar{Y}$ 和 $\bar{X}$ 分别代表典型岗位市场薪酬值的算术平均值和企业内典型岗位评价点数的算术平均值。那么我们就可以通过 Y = a + bX 这个直线方程不断求出企业内某岗位评价点数对应的工资额度，这个工资额度各点的连线形成的直线（实际情况是曲线）就是本企业在行业中的工资线（这条线上的每个点，都可以理解为企业某岗位的薪酬中值 m）。这条线的截距 a 和斜率 b 都已经对市场实际曲线用最小二乘法做了充分模拟。换句话说，我们只要有足够的 $x_i y_i$ 和 x_i 平方，就可以求出模拟市场薪酬线的截距 a 和斜率 b。进而求出企业在行业薪酬中的趋势线。

第二步，就是设计薪酬中值差，即高一级岗位级别的中值薪酬数额减去相邻低一级岗位级别的中值数额的差值，再除以相邻低一级岗位薪酬的中值数额，这其实是一个中值增长率，也即中值差不是一个绝对数，是一个增长比率。我们按照表 18-1 中推荐的中值差的百分比，就可以确定相邻岗位的中值。

第三步，确定了某岗位中值以后，再按照不同级别岗位的薪酬幅宽变动比率 r，就可以确定本岗位的最低薪酬 min 和本岗位的最高薪酬 max。

第四步，根据市场调查结果，确定行业最低薪酬线和行业最高薪酬线，这两条线应当完全来自市场调查，与企业内岗位评价点数无关，而行业薪酬趋势线的中线是派生出来的（只要知道了最低薪酬线和最高薪酬线，中线即可获得）。

第五步，考察企业内具体岗位的最高工资额和最低工资额与行业最高薪酬线和最低薪酬线的关系。如果某个岗位实际最高薪酬额已突破了行业最高薪酬线的 10%以上，或者是某个岗位最低薪酬额低于行业最低薪酬线的 10%以下，一般都需要做出调整（见图 18-3 中的具体岗位的黑点排布）。

第六步，对高于行业最高薪酬线 10%以上的现有岗位人员薪酬的调整，不能以简单的降低薪酬处理，一般可以使用的手段是：晋升岗位等级；将高出部分作为递延工资发放；一定时期内不予升薪；给予更多的工作和责任等。这类员工往往是在企业任职期较长，或者属于外部招募来的优秀人才，业绩非常好，因此要妥善处理他们的问题。对低于行业最低薪酬线 10%以下的现有岗位人员薪酬的调整就比较好办，一般的处理方式是延迟试用期（此方法不是很好，有违约嫌疑）；将其薪酬提升靠近最低薪酬点；"小步快跑"，在比较短的时间内接近最低薪酬线；或者解聘。具有这样薪酬的员工，往往是新雇佣员工和业绩较差的员工，又或者是因为公司重组从原企业并入者。

讨论到这里，有一点要特别强调，笔者一直避免用工资的字眼，而用薪酬代替。因为现代的薪酬系统都是总体薪酬，基本工资只是结构薪酬四项结构中的一项，薪酬趋势线应当是指员工总体薪酬趋势，而非基本工资薪酬趋势线，它包括员工以月为单位的总体直接报酬水平。例如，招募广告写的薪酬 4000~8000 元，指的不是基本工资一项，而是这个员工月薪的总收入水平。

对本企业的薪酬线和薪酬调查获得的外部行业薪酬趋势线的取得，笔者还是建议不要大费周折请咨询公司来做，而是根据笔者介绍的薪酬记录和关注招募广告做数据积累获得。这是因为中国正处于一个大变革时代，薪酬数据动态性太强，而且，模拟直线方程的方法有很大的误差，是我们人为地把现实市场上的曲线方程做简化，用直线方程处理，往往效果不一定会好。[①]

[①] 对于用薪酬调查和岗位点数相结合的直线方程，采用"最小二乘法"进行模拟企业在行业中的薪酬曲线的详尽计算方法，如果读者有兴趣请参考刘昕：《薪酬管理》（第二版），中国人民大学出版社 2014 年版，第 115-124 页。

三、相邻级别薪酬幅度的关系设计与企业用人策略

在企业纵向薪酬系统中，相邻岗位级别薪酬幅宽的关系是一个重要的设计内容。相邻岗位级别幅宽的关系无非有三种（见图18-4）。图18-4中左小图的相邻岗位的薪酬幅宽是相互重叠的，即低一级岗位的最高薪酬 B_2 是高于高一级岗位的最低薪酬 A_1 的，中间有一个重叠部分。我们把这样的薪酬设计称为重叠薪酬。重叠薪酬的设计与企业的用人策略密切相关。一般而言，员工在企业中工作一段时间以后，总会出现"天花板"现象。例如，一位35岁的员工，业绩特别突出，已经做到了企业中层正职的岗位，但是他的上面有40多岁的中层正职，甚至还有50多岁的中层正职，他跑去问老板，他什么时候能升到副总呢，老板真的很难回答他这个问题。那这个优秀的年轻人，是不是已经到了进步的"天花板"呢？如果回答是肯定的，那这位优秀的人才客观上已经到了不稳定期。

$$重叠度 = \frac{B_2 - A_1}{B_2 - B_1} \times 100\%$$

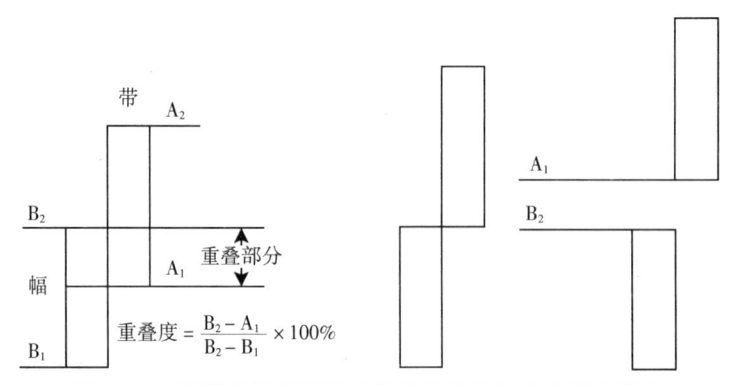

图18-4　薪酬相邻级别幅度的关系设计与企业用人策略

如何从薪酬制度设计的角度，解决这样的问题，重叠薪酬提供了比较好的方案。现在很多企事业单位都采用重叠薪酬系统，如在高等学校中，一位还有三个月就要退休的副教授，他退休的时候也没有办法被评为教授，最后在副教授的岗位上退休。另一位也在同一所学校，才36岁，是引进的海归博士，在37岁时由于成果突出，就被评上了教授。那现在问题来了，你认为是这位59岁还有三个月就要退休的副教授拿的薪酬高，还是这位37岁的教授拿的薪酬高呢？当然是年龄大的副教授应当高，因为他在学校服务了30多年，没有功劳也有苦劳，没

有苦劳也有疲劳。而那位 37 岁的年轻人才来了一年多，但是过了一两年以后，这位年轻的教授会不会超过老的副教授的薪酬呢？当然会。因为副教授的薪酬在 B_2 处已经到顶了，而教授的薪酬到 A_2 才封顶，这当然也是合理的。其实如果单说固定工资部分，新教授的收入不如老教授，但是薪酬总收入却远远超过老教授，如反映组织战略意图的各种津贴，老教授一般是没有的。

再举一个例子，一位在企业服务多年的中层干部正职已经 55 岁了，这家企业刚成立的时候，他就在，是典型的元老。对行业非常了解，与企业有感情，兢兢业业，经验丰富、老道。另外一位 35 岁的年轻人来企业四五年时间，学历高，勇于开拓，善于创新，成绩突出，是这家企业中青年干部的优秀代表人物。目前，这两个人都进入了领导的视野，要在他们两个中间提拔一位做副总。老板考虑来考虑去，本着从企业的长远利益出发，做了一个艰难的决定，提拔 35 岁的年轻人。那位 55 岁的元老什么感觉，是不是觉得很失落，很受打击？这是不言而喻的。此时老板来找他说，老同志了身体要紧，不要那么累了……这样的话是没有说服力的。老板有"撒手锏"，他让老同志看左上图重叠薪酬说："我把你的工资也提一级，你看你虽然没有当副总，可是你比刚提拔的副总工资还要高……"

讲到这里，我们清楚了，重叠薪酬可以起到提薪不提职的作用，在处理企业人事问题时，可以带来人事缓冲的效果，即让有本事但又因为各种原因无法升级的人"软着陆"。换句话说，就是"职务上不去，钱来补"，通过制度安排，部分解决了人才发展中的"天花板"问题。

在这里我们还要讨论一下重叠薪酬中，重叠多少比较合适。回答这个问题，我们首先用重叠度这个指标来衡量重叠多少。如图 18-4 左图所示，重叠度等于重叠部分，占下级幅宽的百分比。具体数学表达为：重叠度 = $\{(B_2 - A_1)/(B_2 - B_1)\} \times 100\%$。这个重叠度的大小和岗位的级别有关，因为越是基层岗位，岗位职数就越多，员工升职机会也就比较多。相反地，越是高级岗位，岗位职数就越少，员工升职机会就越渺茫。前面讲过，"职务上不去，钱来补"，所以越是高层岗位重叠度就应当越大，越是基层岗位重叠度就越小，这个道理是显而易见的。从一般的经验来看，基层的重叠度在 15%~20% 比较合适，中层的重叠度在 25%~30%，高层的重叠度 35%~40% 比较合适。但是要注意，重叠度一般不要超过 50%，这种过度重叠会带来另外一个问题，就是提职不提薪。这显然也不符合激励原则，也是我们不希望看到的。

图 18-4 中间的小图，是相邻级别岗位没有薪酬重叠的一种情况，这张图显示的是，低一级岗位的最高工资和高一级岗位的最低工资是一样的。这种薪酬制度很少见，弊病明显，没有任何人事缓冲的作用，而且升职太快，到"天花板"也太快。从激励效果上来讲也不是很好的选择，不建议采用这种薪酬设计。

图 18-4 中右小图是"跳空高开"的，也就是说，低一级岗位的最高工资 B_2，比高一级岗位的最低工资 A_1 差多了，有点像股票的跳空缺口。这种薪酬设计我们在上市公司高管中比较常见。例如，中国集装箱集团（简称中集集团），总部在深圳蛇口。记得有一年的董事会年报中出现了高管薪酬事项，总经理的薪酬与副总经理的薪酬相差几百万元（具体数值比较敏感，故隐去）。为什么在上市公司这种"跳空高开"的薪酬比较普遍，这有两个原因：一是上市公司老总责任重大，全权负责企业效益，年薪制薪酬很高；二是上市公司一般规模都比较大，企业组织架构层级比较多，如果高层采用"重叠薪酬"，很可能到最高岗位层级，会出现前述的提职不提薪的怪象。因此，为了避免提职不提薪，也要"跳空高开"。

但是，这种薪酬设计也会带来其他问题，例如，由于老总与副总年薪差别太大，可能会造成副总在他负责的业务的决策方面畏畏缩缩，裹足不前。笔者在厦门大学总裁班授课的时候，讲过这个问题，结果有一位学员举手反驳，他也是上市公司的一位老板，他说，那些副总都是我聘任的，聘任有合同，他们不敢推脱责任。后来评估这件事情，两边说得都对，以我的观点，如果副总不是老总聘任的，是董事会聘任的，就有可能产生我说的那种问题，如果副总是老总聘任的，可能那位上市公司老总说的就是对的。这也给笔者提了个醒，企业管理一定要看当时的内外环境，环境条件制约决策是管理必须正面面对的问题，只有这样才能做一个好的决策者和管理者。

四、薪酬等级数量的确定和宽带的运用

一家企业的薪酬体系分为多少等级，这个问题固然和企业规模的大小有关，在组织规模的众多指标中，首要的是企业人员数量，这个指标直接决定着企业管理的方方面面。表 18-3 展示了企业人员数量与设置企业薪酬等级数量的关系。

表 18-3　企业规模（人数）与薪酬级别的关系

公司规模（人数）	薪酬级别
跨国公司	25 级
10000~20000	20~21 级
2000~3000	18~19 级
1000	15~16 级
500~600	13~14 级
200~300	12~13 级
100	9~11 级
100 以下	6~7 级

从表 18-3 我们得知，不同的公司规模决定了薪酬级别的多少，但是这并不是决定企业薪酬级别的唯一因素，第二个重要因素就是企业的组织架构，如果企业的组织架构是层级化的，它的薪酬等级一定是多于扁平化的组织架构。

组织架构问题在互联网时代成了企业面对的突出问题之一。目前，具有互联网基因企业的获利能力是传统企业的十几倍到几十倍，这已经成为常态。美国有FAAMG——脸书、苹果、亚马逊、微软和谷歌五大科技公司，中国有阿里巴巴、腾讯、京东等公司，这类公司的一个共同特征就是，成立之初就在企业里创造了非常扁平化的倒三角形平台式组织，而不是正三角形的科层化等级式组织。

例如，位于山东济南的韩都衣舍。前端是员工自己组成的开发团队小组，后端是企业为他们提供的平台，企业和企业领导为他们配置小组营运的必需资源，包括采购、推广、品牌、仓储等。小组与企业的关系就是小组自己提出本组营运目标，企业用经济手段调控认可后，提供各种平台公共资源。小组运营具有绝对权力，如开发什么款式、颜色、尺码、件数以及销售价格；公司只规定最低零售价，参加什么促销活动自己决定；确定打折的时间，打多少折自己决定。小组获利=销售额×毛利率×提成系数。因此，小组可以算出当天获得奖金是多少，激励效果明显。韩都衣舍把这种平台型的组织架构称为赋能型组织。即充分给员工授权，一切营运事项自己决定。这与传统科层制企业定目标自上而下的方式有很大不同。传统企业定目标，如果老板强势，底下没有反对的声音。但是达不到目标，所有的责任在老板；而在赋能企业中，目标是自下而上由各个经营小组报上来的，小组内部经过充分讨论决定的。未达到目标是小组的失败，而不是老板的失败。

美国人类学教授玛格丽特·米德，在其著作《文化与承诺》中指出，现在的社会文化分为三种：前喻文化：老年人教导青年人；同喻文化：同龄人互相交流学习；后喻文化：年轻人教导老年人、中年人。现在后喻文化正成为主流（对老年人、中年人的知识认知和社会认知的淘汰也在加快）。而当代"90后"是宁愿失业，也不能容忍自己的价值被忽略；不接受自外而内的灌输和命令。他们崇尚参与，追求自我实现，这已经成为这一代的主流声音。

当然，如果一家企业刚开始就采用倒三角的平台型组织架构，那它的基因就是如此。在科层化传统企业中，实施平台型的组织架构就如同要改造基因，比较困难。然而，现在传统企业中，虽然绝大多数企业没有达到赋能型组织的程度，但是普遍都在传统组织中实施组织的扁平化改革。为什么要搞组织的扁平化？这和企业面临的外部市场和科技发展，以及移动互联网时代的人的诉求密切相关，可以说是组织内外部要求的结果。

组织扁平化带来了什么，与传统的层级化组织有哪些区别（见图18-5）？图18-5中左面是扁平化组织，右面是传统的层级化组织。扁平化组织的特点在于：一是责权利不够分明。考察左图可以看到，a这个岗位上的员工本来归属A管，但是在左图中，C也可以调a来增援他。然而也许a刚来就接到A的电话，让他赶快回去。a可能就要请C接电话，让他和A沟通，看看自己在哪个组织里面做事，因为在扁平化组织中，a归两个人管，而且a也多了一个权力，即工作的自主选择权。二是扁平化组织调整起来比较快，适应变化了的市场。由于层级少，组织比较灵活，比较适合于变化频繁、动荡的市场。三是扁平化组织容易产生管理失控。左图a岗位的员工对A说，我到C那里去工作，他又和C说，我到A那里去工作，结果是他两边都没去，跑到外面逛街去了，这种情况是存在的，因为a多了工作的自主选择权，这就造成了管理失控。四是扁平化组织工作流程不够清晰。扁平化组织中，人少事情多、头绪多，一个人承担好几项工作，因此工作往往是在一个员工身上同时交叉进行的，很难看清楚完整的工作流程。五是扁平化组织最大程度地发挥了员工的潜能。再考察左图a，如果a这位员工对组织的忠诚度足够好，责任心足够强，那么a在扁平化组织中一分钟都闲不下来：A忙赶快跑到A去做，C忙赶快跑到C去做，最大限度地挖掘这位员工的潜能。六是扁平化组织不利于员工的升迁。由于扁平化组织层级少，因此它的职数就少，职数少,员工就很难有足够的机会提拔。七是扁平化组织运作成本比较低。

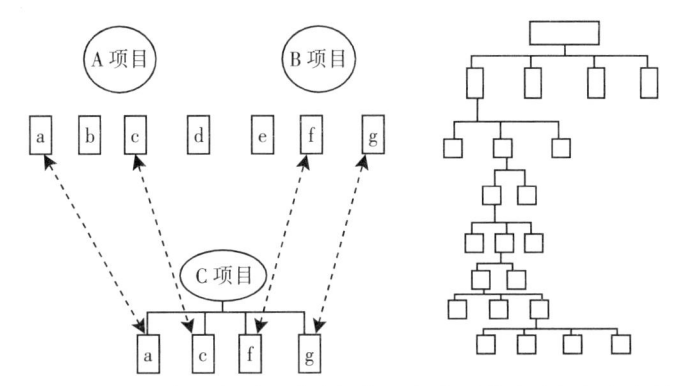

图 18-5 企业扁平化(矩阵式)与层级化(纵高式)组织架构

一般而言,扁平化组织的优点就是层级化组织的缺点(见图 18-5 右图),扁平化组织的缺点是层级化组织的优点。然而,适应市场变化、调整灵活、发挥人的最大潜能、工作流程不够清晰、运作成本低,都是特别符合互联网时代的市场情况和"90 后"人力资源的现实状况的。因此,虽然没有扁平化好还是层级化好的问题,但是企业能够扁平应当尽量扁平,这已经是一个趋势。

然而,从战略人力资源角度来看待扁平化的问题,确实有一大障碍,即扁平化不利于员工的升迁。这个问题,我们从薪酬设计方面可以给出解决方案(见图 18-6)。图 18-6 中左面展现了传统层级结构的三个岗位薪酬等级,每一个带,我们称为"窄带",假设窄带的幅宽中分为七"阶",也就是同一岗位薪酬中有七个等级。倘若在窄带中员工达到了七等,要想再升薪的话,这位员工必须升职,升到窄带 2 才行。现在由于组织扁平化的要求,我们把这三个窄带合并成一个宽带,也就是把三个岗位薪酬等级合并成一个等级。员工的职务等级从三个变成了一个,职位没有地方可以再升迁,但是宽带薪酬系统带来了"宽幅",即原来每个窄带有七等薪酬,现在三个窄带合并,由于有重叠薪酬因素,不是三个窄带的幅宽相加,得到 21 个等级的薪酬,但是还是比只有七等薪酬,多了很多,图 18-6 中的例子,可以由同一级别中的七等变为十五等薪酬台阶。如果把宽带薪酬的幅宽看作 100% 的话,原来的窄带薪酬幅宽只有 40%。也就是说,宽带薪酬中薪酬的级别减少了,但同一级别下的等级增多了。这也起到了和重叠薪酬一样的效果,即提薪不提职。

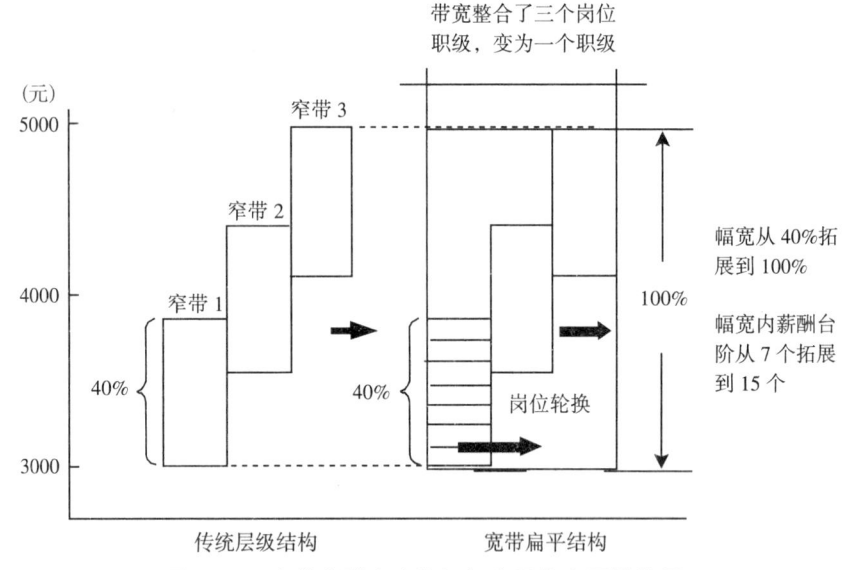

图 18-6 宽带薪酬在支持组织扁平化方面的作用

然而这里要强调，重叠薪酬的提薪不提职，主要是防止职位上升过快，达到人事缓冲的效果，这种薪酬设计在层级化组织中和扁平化组织中普遍适用。而宽带薪酬主要是应用组织扁平化，封闭员工的职务上升通道的同时，打开员工的薪酬上升通道。另外，宽带薪酬还给组织内的岗位轮换提供了条件（加大了同一级别岗位的包容性），便于企业培养多种技能人才，符合互联网下的企业发展方向。

美国薪酬管理学会对宽带薪酬结构的定义是：对多个薪酬等级以及薪酬变动范围进行重新组合，从而变成比较少的薪酬等级和比较宽的薪酬变动范围。虽然改变幅宽和改变带宽都可以达到上述目标，但是带宽的改变，本身就带来了幅宽的改变，即宽带必然带来宽幅。这种制度设计，从根本上解决了员工对组织扁平化给其升迁困难带来的疑虑。表 18-4 是美国企业采用宽带薪酬主要原因的相关统计。

表 18-4 左边事项从"支持团队建设"到"淡化等级"，再到"组织灵活"，这些都是互联网时代的热门名词。恰恰证明"宽带薪酬"符合现代组织的战略发展方向。另外，不要把宽带薪酬神秘化，不论是前面讲过的"权变薪酬""重叠薪酬"和"宽带薪酬"，都应当视为实施企业战略和适应企业运营的有力工具。也就是说，薪酬体系的设计要自觉和企业发展战略及企业运营相衔接。

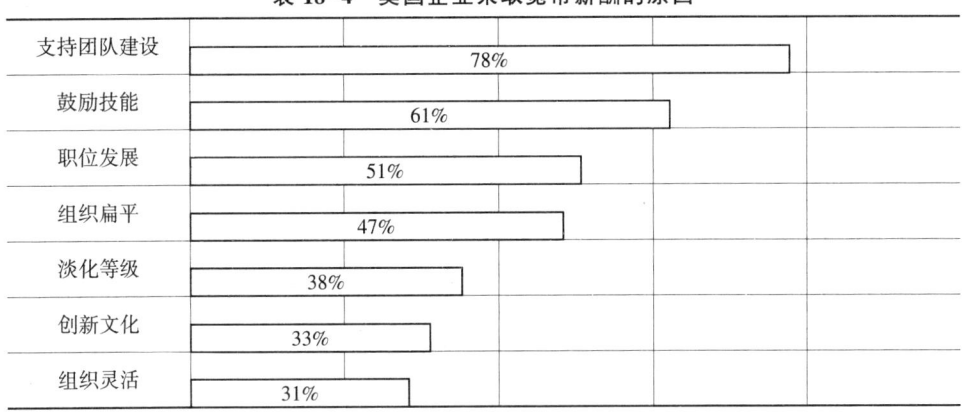

表 18-4　美国企业采取宽带薪酬的原因

原因	比例
支持团队建设	78%
鼓励技能	61%
职位发展	51%
组织扁平	47%
淡化等级	38%
创新文化	33%
组织灵活	31%

资料来源：ACA. Study Identifies Two Broading Appoaches [J]. HR Focus, 1995 (4): 11.

我们以企业薪酬纵向结构管理的发展趋势作为本书的结尾（见图 18-7）。该图从左至右：从企业管理对岗位的强调，人只是机器的附庸，到对角色的强调，这个角色是在企业流程中一个不可或缺的定位，到现在是对人的强调，在企业中机器不是主角，流程也不是主角，而人是主角，这就是互联网思维下的企业管理。相对应的薪酬纵向设计也从强调等级结构和晋升，到以级别和功能为基础，给予宽幅的薪酬设计，再到以企业增值为基础，以知识为基础的宽带薪酬设计，为人的能力的发挥打开了相对广阔的空间。

	组织结构和策略	
• 功能 • 自上而下 • 高架式	• 层级减少 • 以流程为导向 • 以团队为基础	• 扁平结构 • 以知识为基础 • 自我管理团队
岗位	角色	人
	基本薪资结构策略	
• 传统的岗位评估、等级结构 • 以任务和岗位为基础 • 强化知识的范围和深度 • 强化晋升	• 宽幅设计 • 以级别和功能为基础 • 知识和能力、深度和广度	• 宽带设计 • 以职业生涯阶段为基础 • 由企业增值所决定 • 注重员工的职业生涯

图 18-7　企业薪酬纵向结构管理趋势

【本章要点归纳】

薪酬纵向结构中有四个关键要素：一是薪酬同一等级内部的变化范围；二是薪酬两个等级之间的关系；三是薪酬的等级数量；四是薪酬趋势线。

某岗位的薪酬中薪酬纵向为幅，横向为带，带是矢量。薪酬幅宽变动比率 r 的变化对幅宽的影响远没有薪酬幅宽中值 m 对幅宽的影响大。这是因为薪酬幅宽中值决定了该岗位在企业薪酬体系中的基本地位，是"级别"的问题，而薪酬幅宽变动比率是一个岗位内部等级的问题，是"台阶"的问题。"级"体现的是职位价值，"阶"体现的是个人价值。

薪酬区间中值 m 和薪酬变动比率 r 的取得，从理论上来讲，是通过外部劳动力市场和内部职位评价数据以线性回归方式确定下来的，它通常代表该等级职位在企业外部劳动力市场上的平均薪酬水平。

薪酬中值差是指相邻薪酬等级之间的区间中值的变动百分比。当中值差为10%时，薪酬曲线是缓慢逐渐上移的，这样的话，企业内岗位的等级就会比较多，企业呈现层级化的组织结构。但是如果中值差达到20%时，薪酬等级大概只有5~6级，整个企业呈现扁平化组织的趋势。一般而言，高层中值差应当大于中层中值差，中层中值与基层中值差的关系则应根据企业的发展战略决定。

某企业岗位的中值决定了这家企业在行业内的薪酬水平。这个中值的确定，有两个因素：一是市场行业的薪酬水平，二是企业的战略要求（这个要求受企业负担水平的制约）。我们用 $Y=a+bX$ 直线方程模拟现实中的企业薪酬曲线，采用最小二乘法，即数学优化技术，通过最小化误差的平方和，最终逼近一组数据的最佳函数匹配。找到近似的某一具体企业薪酬趋势线，并与市场薪酬线作比较，得以做出企业定位和薪酬调整。

企业纵向薪酬中，相邻级别薪酬的关系，我们一般采用重叠薪酬。重叠薪酬可以起到提薪不提职的作用，在处理企业人事问题时，可以达到人事缓冲的效果。通过这样的制度安排，部分解决了人才发展中的"天花板"问题。

一家企业的薪酬体系分为多少个等级，既和这家企业规模的大小（人员的多寡）有关，又和这家企业的组织架构的层级多少有关。由于企业组织扁平化是当代企业发展的趋势,但是扁平化组织层级太少,不利于员工的职务和工资的升迁,往往造成变革的阻力。采用宽带薪酬可以解决这一问题。所谓宽带薪酬,就是对多个薪酬等级以及薪酬变动范围进行重新组合,从而变成比较少的薪酬等级和比较宽的薪酬变动范围。宽带薪酬,应用组织扁平化,它在封闭员工的职务上升通道的同时,打开了员工的薪酬上升通道。另外,也给企业内员工的岗位轮换提供了较大的空间。

不要把宽带薪酬神秘化,"权变薪酬""重叠薪酬"和"宽带薪酬"都应当视为实施企业战略和适应企业运营的有力工具。当前企业的薪酬设计遵循的指导思想应当是:企业里机器不是主角,流程也不是主角,而人是主角,这就是互联网思维下的当代企业管理。

参考文献

[1] 德斯勒. 人力资源管理 [M]. 刘昕译. 北京：中国人民大学出版社, 2017.

[2] 赵颖. 一个HRD的真实一年 [M]. 北京：清华大学出版社, 2016.

[3] 陈春花. 激活组织 [M]. 北京：机械工业出版社, 2017.

[4] 马海刚. HR+三支柱——人力资源管理转型升级与实践创新 [M]. 北京：中国人民大学出版社, 2017.

[5] 丘磐. 企业常青的十七堂课——管理创新与变革 [M]. 北京：经济管理出版社, 2017.

[6] 陈春花. 激活个体 [M]. 北京：机械工业出版社, 2016.

[7] 诺伊等. 人力资源管理——赢得竞争优势 [M]. 刘昕译. 北京：中国人民大学出版社, 2013.

[8] 戴维·尤里奇. 人力资源转型——为组织创造价值和达成成果 [M]. 李祖滨译. 北京：电子工业出版社, 2015.

[9] 侯典牧. 人员测评原理与方法 [M]. 北京：中国人民大学出版社, 2014.

[10] 付亚和, 许玉林. 绩效管理 [M]. 上海：复旦大学出版社, 2014.

[11] 新海. HRBP是这样炼成的之"菜鸟起飞" [M]. 北京：中华工商联合出版社, 2015.

[12] 刘昕. 薪酬管理 [M]. 北京：中国人民大学出版社, 2014.

[13] 惠顿等. 管理技能开发 [M]. 张文松等译. 北京：机械工业出版社, 2012.

［14］罗滨斯等.管理学［M］.孙健敏等译.北京：中国人民大学出版社，2008.

［15］刘爱军.薪酬管理理论与实务［M］.北京：机械工业出版社，2008.

［16］理查德等.九型人格心理学——发现真实的自我［M］.闫冠男译.北京：人民邮电出版社，2014.

［17］杨雪.员工胜任素质模型［M］.北京：人民邮电出版社，2012.

后　记

　　写作人力资源管理这本书的想法，其实在我写《企业常青的十七堂课——管理创新与变革》之前就有。但是因为感觉难度大，我还没有想好自己在人力资源管理方面研究的核心竞争力在哪里，定位找不准，所以一直踌躇不前。

　　在近20年的人力资源课程讲授生涯中，我的授课课件内容一直在增删。这些增删代表了我对课程本身认识的不断深化。20年来，中国经济和社会都发生了翻天覆地的变化，移动互联网的普及给社会各个方面带来的冲击十分巨大。人力资源管理这门学科也在不断地与时俱进。

　　虽然移动互联网对常规性事务和程序性事务的替代到了无以复加的地步，去中心化、中心系统化、外包、智能化招募、网络培训应接不暇。但是如果仔细观察就会发现，对人的心理的呵护和体恤，以人为本的思想的贯彻，互联网往往表现出冷冰的麻木。以我的浅见，除非移动互联网技术和人工智能的发展更进一步，深入社会的各个领域，才会从根本上颠覆现行的人力资源管理体系。而单从目前来看，为什么"e-HR"风行的时间很短，说到底这也就是因为"互联网+"，很多企业大多是把关于人力资源管理方面的程序性的东西以互联网为手段来提高效能，真正的互联网颠覆人力资源管理，还要等待。

　　企业的发展是关于人的发展。没有哪家企业发展好了，员工却没有发展。同样，也没有哪家企业失败了，员工却过得很滋润。另外，人力资源管理的核心在于帮助企业开发人力资源资本，而不是把人管理成企业发展的工具，这也是我越来越感到深刻的道理，因此，人力资源业务合作伙伴（Human Resources Business

Partner）这个概念就比较对我的心思。也就是说，人力资源的活动应当与企业业务紧密结合，成为业务上的伙伴，人力资源管理活动要上升到企业战略层面才有真正成为人力资源资本的可能。基于这个视角，本书的定位才得以真正找到，我也认为这可能是我写作本书的核心竞争力所在。

开始动笔写这本书始于2017年9月，写了个开头就到"十一"了。"十一"期间我跑到昆明，准备大干一场，可是那几天却一个字都没有写出来。不是因为游玩或其他，而是盯着电脑不知从何写起，后来索性不写。

人的思维是连续性的，不写不等于没有思考，其实自己的脑力劳动时时都在这本书上。真正写作比较顺利的是在2017年12月到2018年春节期间。这段时间的广州特别冷，南方冬天的冷是湿冷，比北方难受多了，我肚子上贴一块"暖宝贴"，两个膝盖各贴一块，坐在书桌前，还是哆哆嗦嗦，超级"冷静"。春节期间因为去看老母亲回到沈阳，外面寒风呼啸，室内温暖如春，好受多了。假期里竟能以每天5000字左右的速度快速完成了绩效篇和薪酬篇的写作，终于在春节前的腊月二十九完稿。

这本书虽然只有十八章，但是比我的《企业常青的十七堂课——管理创新与变革》那本已经出版的书的体量大了很多，大概有25万字，如果把全书的图表加上，还远不止这个字数，也算一本比较厚的"不人道"的书。我希望此书的容量能够成为企业人力资源的案头书和引起思考的著作。

本书的写作风格仍然延续了我《企业常青的十七堂课——管理创新与变革》一书的风格：把讲课的语言表达在纸面上，这种讲课语言的书面表达，生动、自然、可读性强。怎么想就怎么说，怎么说就怎么写，延续了一定的"丘氏风格"。

这本书在我将近61岁，退休一年左右的时间写成并出版，算是送给自己的又一人生礼物。同时，也希望这本书是送给听过我课程的将近10万余名学员和学生的一个礼物，还有那些即将听到我课程的学员和学生，以及没有听过我课程的学员和学生的一个礼物。希望这本书，能够在你们时间不多的情况下比较轻松地阅读，期盼能对你们企业的人力资源管理工作起到一点儿作用，甚至是从书中的某句话、某个表格、某个观点受到一点儿启发。倘若真能如此，我的辛苦就很值得。同时我也肯定地说，这本书也会伴随着我的讲课人生，跟随我出现在全国各地的讲台上。

最后要感谢深圳野文投资文字传媒董事长余来文博士。他为我的这本书和上一本书的出版做出了很好的专业安排。余博士快人快语，办事非常有效率和重情义。同时还要感谢深圳的高峰先生，高先生是原来与我有过合作的一家培训机构的负责人，他热情地为我介绍了余博士，并从中协调相关事宜。还要感谢经济管理出版社的申桂萍主任和高娅编辑，她们为此书的校对和出版一直尽心尽力，直到你们看到这本书。

丘磐

2018年6月5日

于广州寓所